Waldtraut Lewin • Columbus

cbt

DIE AUTORIN

Foto: © Werner Wille

Waldtraut Lewin, geboren 1937, studierte Germanistik und Theaterwissenschaft in Berlin und arbeitete als Opernübersetzerin, Dramaturgin und Regisseurin zunächst am Landestheater Halle und dann am Volkstheater Rostock. Seit 1978 lebt sie als freischaffende Autorin von Romanen, Hörspielen und Drehbüchern, für die sie zahlreiche Auszeichnungen erhielt. In den letzten Jahren hat sie sich aufs Schreiben für Jugendliche spezialisiert.

Lieferbare Titel von Waldtraut Lewin bei cbj:

Goethe (12796)

Waldtraut Lewin

Columbus

cbt

cbt – C. Bertelsmann Taschenbuch
Der Taschenbuchverlag für Jugendliche
Verlagsgruppe Random House

FSC
Mix
Produktgruppe aus vorbildlich
bewirtschafteten Wäldern und
anderen kontrollierten Herkünften

Zert.-Nr. SGS-COC-1940
www.fsc.org
© 1996 Forest Stewardship Council

Verlagsgruppe Random House FSC-DEU-0100
Das für dieses Buch verwendete FSC-zertifizierte Papier *Munken Print* liefert Arctic Paper Munkedals AB, Schweden.

1. Auflage
Originalausgabe Mai 2006
Gesetzt nach den Regeln der Rechtschreibreform

Lektorat: Burkhard Heiland
Umschlagfoto: Init|AGK Images, Berlin
Umschlagkonzeption:
init.büro für gestaltung, Bielefeld
st · Herstellung: CZ
Satz: Uhl + Massopust, Aalen
Druck und Bindung: GGP Media GmbH, Pößneck
ISBN-10: 3-570-30320-9
ISBN-13: 978-3-570-30320-7
Printed in Germany

www.cbj-verlag.de

Vorspruch

Auf der Iberischen Halbinsel gibt es Mitte des 15. Jahrhunderts vier Mächte, die um die Vorherrschaft ringen: Portugal im Nordwesten, das maurisch-arabische Königreich im Süden sowie Kastilien und Aragon-Leon im Zentrum.

Im Jahre 1469 heiratet die blutjunge Prinzessin Isabella von Kastilien den König Ferdinand von Aragon, statt sich für die Werbungen des englischen oder des französischen Königshauses zu entscheiden. Mit dieser Ehe verschmelzen zwei konkurrierende Staaten und das Königreich Spanien entsteht. Das neue Reich geht sofort daran, die Mauren erbittert zu bekämpfen. Nach langwierigem und zähem Ringen – im Namen des rechten Glaubens – tragen die Spanier schließlich den Sieg über die »Ungläubigen« davon. Am 2. Januar 1492 kapituliert der arabische König Boabdil el Chico. Die Muslime werden von europäischem Boden vertrieben. Die Christenheit jubelt Ferdinand und Isabella zu, der Papst verleiht ihnen den Titel »Reyes Catolicos«, allerchristlichste Könige. Auf dem Weg zur Weltmacht – was vor allem die Beherrschung der Seewege und des Handels bedeutet – gibt es jetzt nur noch einen Konkurrenten: Portugal.

Alle äußeren Feinde Spaniens sind vernichtet. Aber damit ist Isabella noch nicht zufrieden. Sie richtet ihren Blick jetzt auf die »Ungläubigen« im eigenen Land. Mithilfe der Inquisition beginnt die Königin mit »ethnischen Säuberungen« in ihren Provinzen – sie wird die Juden vertreiben.

Die Brücke bei Pinos Puente

Der Vorfrühling 1492 ist nasskalt und neblig hier in Andalusien. Die Wege sind voller Schlamm.

Das Maultier ertastet sich vorsichtig seinen Weg durch knietiefen Dreck. Die langen Beine des Reiters baumeln rechts und links zu seinen Flanken herunter wie zwei Pendel oder wie die Ruder an einem Boot.

Andalusien – das war einmal ein blühendes Land. Jetzt, nach sechs Jahren Krieg, ist die einst so üppige Tiefebene des Guadalquivir eine Wüstenei. Die Mandelbäume und Olivenhaine sind abgeholzt, die Brunnen wurden zugeschüttet, die weit verzweigten Bewässerungssysteme zerstört, die Herden wurden fortgetrieben. Schlamm, Dreck, verbrannte Erde haben die Spanier zurückgelassen.

Das war ein strategisches Element dieses Krieges gegen die Mauren – die Mauren, jene arabischen Muslime, die seit Jahrhunderten im Süden der Halbinsel ihr von Wissenschaften, Künsten, Reichtum und Prosperität überquellendes Reich errichtet hatten. Nun sind sie besiegt, diese »Ungläubigen«, von Spaniens Boden vertrieben …

Der Reiter guckt grimmig zwischen den wedelnden Ohren seines Reittiers nach vorn, ins neblige Nichts. Aus der Traum vom Miteinander der Religionen, den frühere Generationen noch hegten. Und ebenfalls aus *sein* Traum, übers grüne Meer der Dunkelheit zu segeln.

Wie er so dahinzieht durch das verwüstete Gebiet, ein

Mann, viel zu groß und zu schlaksig für das kleine Muli, das Barett tief in die Stirn gezogen, den Kopf gesenkt, die Hände in den Lederhandschuhen lässig am Zügel, zwei schwere Satteltaschen, gefüllt mit Büchern und Landkarten, auf der Kruppe des Tiers festgezurrt (seine ganze Habe!), da gleicht er wahrhaftig einem Ritter von der traurigen Gestalt, wie ihn Cervantes zweihundert Jahre später in der Figur des Don Quichote verewigen wird. Ein komischer Kauz, ein Verlorener, ein Schwärmer.

Aber lassen wir uns nicht täuschen! Wenn wir näher hinsehen, werden wir bemerken: Dieser Mann in der Mitte seines Lebens, weißhaarig schon trotz seiner vierzig Jahre, mit den seltsam verschleierten und gleichzeitig forschenden Augen von der unbestimmten Farbe des Meeres, er ist in diesem Augenblick alles andere als melancholisch und resigniert.

Er kocht vor Zorn und gekränktem Stolz.

So dicht schien er am Ziel, so nah daran, seine Vision zu verwirklichen! Dass seine eigenen Forderungen ihm die Absage eingetragen haben, das will er nicht begreifen, auch wenn seine Freunde es ihm immer wieder händeringend klar zu machen versuchten. Denn allen anderen erschien maßlos, was für Bedingungen er den Majestäten diktieren wollte – nur für ihn waren diese Dinge eine Selbstverständlichkeit …

Aber vielleicht ist dieser sein Auszug auch eine Flucht? Musste er nicht fürchten, dass man hinter seine Maske blicken könnte? Denn in diesem Spanien des Jahres 1492 ist die Gefahr für ihn größer denn je. Nun, wo das junge Großreich seinen äußeren Feind bezwungen hat, wendet es sich mit aller Schärfe gegen jene, die der Vorstellung von »reinblütigen Christen« nicht entsprechen. Der Mann weiß sehr genau: Wenn man seinen Stammbaum durchforsten würde, wenn man nach den sieben christlichen Generationen suchen würde, die einem die »limpieza de sangre«, die »Reinheit des Bluts« genannte Bescheinigung eintragen, würde man sehr bald entdecken, dass es bei ihm da gewisse Schwierigkeiten gibt.

Und seine Vertrauten am Hof waren noch dazu ein Umgang, der ihn verdächtig machte…

Der Mann zieht seinen Mantel fester um die Schultern. Arrogantes, hochnäsiges Pack! Geizig durch und durch, ohne Fantasie, ohne Vorstellungskraft und Visionen!

Dieser König – ein dümmlicher Schürzenjäger, der es ihm auf ewig übel nehmen wird, dass er ihm eine Geliebte ausgespannt hat! Diese Königin – eine kluge Frau zweifellos, aber borniert und gefangen in ihrem eifernden Glauben und ohne die Fähigkeit, einmal den Blick nach vorn zu schicken, und ihren frömmelnden Beratern allzu ergeben! Und am schlimmsten natürlich sein Erzfeind, der Chef einer neu gegründeten kirchlichen Behörde, die sich Inquisition nennt und nach Ketzern jagt.

Weg, nichts als weg! Zuerst nach Cordoba, zu seinem Bruder. Und dann an einen anderen Königshof, wo man vorurteilsfreier ist und vielleicht endlich ein offenes Ohr haben wird für ihn, wo man die unglaublichen Angebote, die er zu unterbreiten hat, endlich verstehen wird.

Als er Santa Fè, die riesige Zeltstadt vor den Toren des eroberten Granada, endlich verlassen hatte, wieder um eine Illusion ärmer, hätte er am liebsten auf den Boden gespuckt vor Zorn und Abscheu. Nein, sie verdienten ihn nicht.

Vier Meilen von Santa Fè entfernt liegt ein verlassener Weiler namens Pinos Puente. Dort führt eine alte römische

Wasserleitung, nun als steinerne Brücke genutzt, in dreifachem Bogen über eine Schlucht.

Der Nebel umwallt ihn. Und gerade als er auf diese Brücke reitet, hört er hinter sich jagenden Hufschlag. Ein Pferd nähert sich in vollem Galopp.

Einen Augenblick überkommt ihn rasende Angst. Die Inquisition! Nun, da er im Zorn vom Hof geschieden ist, hat bestimmt die Königin ihre schützende Hand von ihm abgezogen, hat ihn dem furchtbaren Thomas de Torquemada zum Fraß vorgeworfen! Schließlich fand die Kommission von Salamanca, dass seine Ideen in bedenklicher Nähe zur Ketzerei standen. Keine Chance zu entfliehen, mit einem trostlos dahintrottenden Maultier. Aber eigentlich – warum sollten sie ihn hetzen? Sie finden ihn doch überall.

Er wendet. Was bleibt ihm übrig.

Aus den Nebelschwaden taucht der Reiter auf. Er trägt die schwarze Uniform und die hohen Reitstiefel eines Alguacil, eines königlichen Amtsdieners.

»Señor Cristóbal Colón?«

»Der bin ich.«

Der Mann springt aus dem Sattel, keuchend vom schnellen Ritt. »Doña Isabel, von Gottes Gnaden Königin von Kastilien, befiehlt Euch hiermit durch mich, unverzüglich umzukehren und vor Ihrer Majestät zu erscheinen!«

Sie holt mich zurück?

Also nicht die Inquisition, denkt er, und in ihm steigt ein wildes Gefühl des Triumphes auf. Gott ist gerecht! –

Am 17. August unterschreiben die Majestäten Isabella und Ferdinand von Kastilien einen Vertrag mit Christoph Columbus, der als »Capitulaciones« in die Geschichte eingeht. Das Wort heißt zwar korrekt übersetzt »Vergleich« – aber wenn wir es genau nehmen und als »Kapitulation« bezeichnen, liegen wir gar nicht so falsch. Kapituliert haben die Majestäten vor den Forderungen des Seefahrers.

Ein neues Kapitel der Weltgeschichte wird aufgeschlagen.

Viele Türen und kein Schlüssel

Wer ist dieser Mann, den wir unter so vielen Namen kennen? Der im Italienischen Cristoforo Colombo genannt wird, im Portugiesischen Cristovao Colom, im Spanischen Cristobal Colón und im Lateinischen Christophorus Columbus – also wer ist Christoph Columbus, wie er gemeinhin bei uns heißt?

Jeder kennt den Entdecker Amerikas aus dem Schulbuch. Und es ist noch nicht so lange her, dass die Welt das fünfhundertjährige Jubiläum dieses Ereignisses feierte – und meinte, längst auch das letzte Detail über den Mann herausgefunden zu haben, der dies leistete.

Das Gegenteil ist der Fall. Wir wissen über die Person dieses Mannes überhaupt nichts. Es gibt nicht einmal ein verbürgtes Porträt von ihm. Alles, was da so durch die Vielzahl der biografischen Beschreibungen seines Lebens geistert, ist erst viel später »nachempfunden« worden.

Wohl kaum eine bedeutende Persönlichkeit der Geschichte hat sich derartig über ihr eigenes Leben ausgeschwiegen wie dieser rätselhafte Entdecker. Und durch die wenigen Äußerungen, die es von ihm gibt, hat er die Verwirrung nur noch verstärkt. Man ist geradezu versucht anzunehmen, dass er, der Admiral Columbus, uns absichtlich in die Irre führen will. –

Weit klaffen die Meinungen über Herkunft und Charakter, über Beweggründe und Ziele dieses Mannes auseinander, dessen hartnäckiger und besessener Wille Europa das Tor zur Neuen Welt aufgetan hat. Ich als Autorin, die immer von diesem Mann fasziniert war, fühle mich herausgefordert, die Facetten dieser schillernden Persönlichkeit aufzufinden und zu deuten, und ich will versuchen, »meinen« Columbus zu entwerfen. Es ergibt sich ein schlüssiges Bild – bei allen Unwägbarkeiten dieser rätselhaften Gestalt.

Hier also meine Spurensuche.

Es gibt ein Computerspiel namens »Myst«, das mich immer sehr fasziniert hat. Es ist eine ästhetisch reizvolle und anregende Reise auf der Suche nach einem Weg zu einem bestimmten Ziel. Immer wieder gerät man an geheimnisvolle Pforten, die man auf irgendeine Weise zu öffnen versuchen muss.

Manchmal führt der Pfad weiter, aber oft sind es auch Irrwege oder Sackgassen, und man muss umkehren und eine andere Straße, einen anderen Ansatz versuchen. Und immer ist dann noch die Frage, ob man auch den richtigen Schlüssel zur Pforte besitzt.

In dieser Weise wollen wir in diesem Buch versuchen, den Schlüssel für diesen rätselhaften Mann zu finden, die richtige Tür, durch die wir gehen können, um *den* Columbus vorzustellen, dessen Leben, Taten und Charaktereigenschaften ein Ganzes bilden. Ungereimtheiten und Fragen werden bis zum Schluss bleiben – sowohl bei ihm als auch bei der Frau, die die große Liebe seines Lebens war.

Das Spiel beginnt: Wer war dieser Mann wirklich? Wo stammt er her? Was werden wir entdecken?

Bis vor wenigen Jahren war sich die Forschung einig darin, dass Columbus aus Genua in Norditalien stammt, und jeder ist dieser »Erkenntnis« gern gefolgt. In seinem Testament schreibt der Admiral nämlich, er sei »genuesischer Herkunft«. Wenn er es denn selbst sagt! Die Genueser durchstöbern also ihre Archive, und siehe da, sogar ein Geburtshaus kann man vorweisen! Cristoforo soll der fünfte Sohn eines Wollkämmers gewesen sein, also eines kleinen Handwerkers, 1451 geboren und bis zu seinem zwanzigsten Lebensjahr in der Werkstatt seines Vaters beschäftigt. Und dann ging er zur See … Das galt als erwiesen. Sofort errichtet man ihm ein Denkmal und ist stolz. Der »große Sohn der Stadt«!

Dem widerspricht jedoch dies und jenes.

Zum Beispiel die wenigen Selbstzeugnisse dieses Mannes. Da gibt es einen Brief, in dem er von sich behauptet: »Von klein auf segelte ich über die Meere …« Also mit zwanzig ist bestimmt nicht »von klein auf«, denke ich.

In einem anderen Brief aus dem Jahre 1502 schreibt er, er segele seit 40 Jahren. Was bei einem angenommenen Geburtsdatum von 1451 also bedeutet, dass er mit elf Jahren zur See gegangen sein muss. Das hört sich schon realistischer an als die Annahme, dass dieser perfekte, mit allen Wassern gewaschene Seemann, dieser erfahrene Navigator und Kenner des Ozeans sozusagen als Quereinsteiger »über den zweiten Bildungsweg« Kapitän geworden sein könnte.

Und da gibt es noch ein paar andere kluge Leute, die etwas herausgefunden haben. Der fünfte Sohn des genuesischen Wollkämmers wäre seinem Stand entsprechend ungebildet gewesen: Schulen für Kinder von Handwerkern gab es nicht – also müsste Columbus angeblich Lesen und Schreiben erst in seiner »Zweitkarriere« gelernt haben. Das erregte schon immer Kopfschütteln unter den Experten.

Ein Spezialist für alte Handschriften an der Universität von Barcelona, der Provinzhauptstadt von Katalonien, hat nun neuerdings die Handschrift von Columbus analysiert –

eine Handschrift, die ganz unverwechselbar ist und die auch ich inzwischen wiedererkennen würde unter vielen anderen: die weit geschwungenen Bögen, die klare Abgrenzung der Wörter gegeneinander, präzise und filigran, die arroganten, sorgsam platzierten Großbuchstaben – eine imponierende Schrift.

Der Experte hat sie mit anderen Schriftproben aus der Zeit verglichen – und er hat den Stil genau unter die Lupe genommen.

Für ihn ist eindeutig klar: Columbus schreibt so wortreich und ausdrucksstark, so flüssig und variabel, wie das nur jemand kann, der von Kindheit an mit der Kunst des Schreibens vertraut war. Und wenn er in Eile war, formte er das »h« wie eine Acht. Das ist typisch für den Schreibstil in Katalonien zu der Zeit.

Nun war der Ehrgeiz der Katalanen geweckt. Ein Columbusdenkmal hatten sie ja schon immer – der Seefahrer steht auf hoher Säule am Hafen Barcelonas und schaut gebieterisch übers Meer. Ein zweiter Gelehrter der Stadt, Professor für forensische Linguistik, kommt neuerdings ins Spiel. (Forensische Linguistik bedeutet gerichtsmedizinisch auswertbare Sprachkunde.) Angenommen, jemand schreibt in einer ihm von Haus aus fremden Sprache: Anhand einer Computeranalyse, bei der nach immer wiederkehrenden Wörtern, Redewendungen oder kleinen Fehlern innerhalb eines Textes gesucht wird, kann man inzwischen ziemlich genau feststellen, woher er tatsächlich stammt, welche Muttersprache der Schreiber spricht.

Und siehe da: Alles weist darauf hin, dass Columbus aus Katalonien kommt, aus einem Ort in der Nähe von Barcelona – zumal da ihn auch nie jemand ein einziges Wort Italienisch hat sprechen hören!

Und damit versagt der Schlüssel in der Pforte zu Genua. Wir können die schöne norditalienische Hafenstadt bei unserer Suche nach der Herkunft unseres Helden guten Gewissens außen vor lassen. Die Tür Genua bleibt zu.

Katalonien. Das sieht also zunächst einmal gut aus. Und unser Pfad führt uns zu einer Pforte, wo man Herzklopfen bekommen kann, so dicht dran könnten wir jetzt vielleicht sein: In einem kleinen katalanischen Dorf namens Tarroja, in der Nähe von Barcelona, erzählt man sich seit Generationen, dass hier und nur hier die Wiege des Seefahrers gestanden hat! Es gab einen Pfarrer in dem Ort und der machte dem Vernehmen nach eine sensationelle Entdeckung in seinen Kirchenbüchern. Er lud zunächst einen einzelnen Historiker ein, der seinen Fund in Augenschein nahm. Der schien fasziniert, wollte aber zunächst nichts verraten. Es hätte ja auch ein Irrtum sein können. Fachkollegen sollten ran. Die gesamte Elite der Zunft soll mit ihm nach Tarroja reisen.

Aber dies ereignete sich im Jahr 1936. Und bevor die aufs Äußerste gespannten Wissenschaftler den geheimnisvollen Fund in Augenschein nehmen konnten, brach der Spanische Bürgerkrieg aus. Die Kirche wurde in Brand gesteckt. Der Pfarrer kam in den Flammen um – und das gesamte Archiv mit ihm.

Also die nächste Tür, die wir nicht öffnen können.

Ersparen wir uns die Umwege über Griechenland, Korsika, über das Baskenland oder gar Armenien – überall dort glaubt irgendwer, untrügliche Anzeichen dafür gefunden zu haben, dass Columbus bei ihnen heimisch war. Diese Türen werden sich nicht öffnen lassen, führen uns nicht zu ihm. Diese Pfade brauchen wir nicht zu beschreiten.

Der nächste Weg führt uns übers Meer. Wir landen auf Mallorca.

Dort ist eine hochinteressante Entdeckung gemacht worden, von einem Heimatforscher – ein fachlich kaum ausgebildeter Mann, einer von jenen, über die »studierte« Wissenschaftler so gern die Nase rümpfen und die manchmal, gerade weil sie andere Methoden anwenden als die herkömmlichen, mehr herauskriegen als sie, die »Experten«.

Ein inzwischen nicht mehr existierender Ort auf der Mittelmeerinsel hieß nämlich: Genoba – was die spanische Variante des italienischen Genua ist.

Zunächst zucken wir mit den Achseln und sagen: gut und schön, ein Zufall. Was soll das bedeuten? Wenn wir uns aber klar machen, dass auf Mallorca Katalanisch gesprochen wird, dann sieht das im Licht der sprachwissenschaftlichen Forschungen aus Barcelona schon ganz anders aus!

Die mallorquinische Spürnase – er kannte übrigens die Arbeiten der Sprachwissenschaftler nicht! – weist außerdem darauf hin, dass Columbus sich selbst meistens als »El Almirant« bezeichnet, das ist die *katalanische* Variante von »Admiral«. Und er hat entdeckt, dass auf von dem Seefahrer gezeichneten Karten bekannte Inseln mit ihren katalanischen Namen eingetragen sind.

Jetzt also wird es spannend. Dass Columbus als Meister der Verschleierung sich in seinem Testament als von genuesischer Herkunft bezeichnet – ich würde sagen, das sieht ihm ähnlich. Natürlich hat er damit gerechnet, dass alle auf die Stadt in Italien tippen.

Dreht sich der Schlüssel im Schloss? Werden wir fündig? Zumindest könnten wir hier ein wenig verweilen und versuchen, ob wir mithilfe anderer »Werkzeuge« ganz aufschließen können. Denn ein Geburtsort und eine Sprachzuweisung machen ja noch nicht die ganze Herkunft des Mannes aus.

Bleibt die Frage: Warum schweigt er selbst so hartnäckig – oder führt uns, falls er etwas sagt, an der Nase herum?

Dafür gibt es verschiedene mögliche Gründe.

Aber setzen wir unsere Suche ein bisschen später weiter fort.

Vielleicht finden wir ja ein Werkzeug zum Knacken der Tür in unserer nächsten Szene.

Eine reine Geldfrage

Was hat Isabel – oder, wie wir sagen, Isabella, Königin von Kastilien – bewogen, unseren Mann so eilig zurückholen zu lassen?

Die viel beschäftigte Königin, Siegerin über die Mauren und Regentin beider durch Heirat vereinten Länder Kastilien und Aragon (ihr Gemahl spielt eigentlich nur die zweite Geige), hat in Privataudienz einen Minister empfangen, und nach diesem Gespräch unter vier Augen hat sich das Blatt für Columbus gewendet.

Der Minister heißt Luis Santangel und ist von Haus aus ein superreicher Bankier und einer der mächtigsten Männer am Hof. Wir können seinen Arbeitsbereich heute am ehesten mit dem eines Chefs der Finanzen beschreiben. Seine Titel klingen auf Spanisch sehr hoheitsvoll: Santangel ist Escarbano de racion (in etwa: Kanzler) und Contado mayor (Generalzahlmeister). Aber das hindert Isabella nicht daran, diesen Herren, der dringend um ein Gespräch ersucht hat, erst ein bisschen zappeln zu lassen. Sie kann ihn nämlich nicht leiden und dafür gibt es mehr als eine Ursache. Zum einen, weil er ein Günstling ihres Gemahls ist, also zu dem Teil des Hofes gehört, den sie mit »angeheiratet« hat und dem sie aus unterschiedlichen Gründen misstraut. Und zum anderen seine Herkunft… Aber diese Königin kann sich zwar Gefühle leisten, aber sie ist viel zu sehr gewiefte Politikerin, um sich von ihnen steuern zu lassen.

Ungeduldig geht Santangel also im Vorzimmer auf und ab, eine große, schwarz gewandete, schwarzlockige, schwarzbärtige Gestalt, sein Rücken ist leicht gebeugt, und seine Hände, an denen große Ringe blitzen, hält er hinterm Rücken verschränkt. Das goldene Kreuz, das er an einer Kette um den Hals trägt, ist mit Edelsteinen besetzt.

Er hat sich mit seinen Freunden beraten, und alle sind sich einig: Man darf diesen Colón nicht wegschicken! Aber dann erfuhr er zu seinem Entsetzen: Der Mann war inzwischen schon aufgebrochen! Gefahr im Verzug! Schnell zur Königin! Und nun geht er schon fast eine Stunde hier im Vorraum auf und ab.

Dieses Santa Fé, diese Befestigung vor den Toren Granadas, von wo aus die Königin die Stadt belagert hat – wie er diese Ansammlung von Zelten und Zweighütten hasst, wie er dieses Heerlager, umgeben von Palisaden und Gräben, ohne Hygiene, ohne Komfort verabscheut! Ohne weiteres hätten die Majestäten nach dem Sieg über die Mauren am 2. Januar in Granada ein Quartier nehmen können. Aber statt nach dem triumphalen Einzug in die Stadt nun dort zu bleiben und es sich im Alhambrapalast, im Luxus der vertriebenen muslimischen Herrscher, wohl sein zu lassen, war Isabella hierher zurückgekehrt – (Ferdinand, ihr Gemahl, war inzwischen ohnehin wieder auf der Jagd). Sie vertrat den Standpunkt, dass es Gott nicht wohlgefällig sei, wenn sie diesen Ort verlassen würde, bevor nicht der Letzte der Ritter, Kämpfer und Soldaten von hier heimwärts gekehrt sei in sein Heimatland, denn viele hatten geholfen, die »Heiden« mit zu bekämpfen. Eine Frau mit eisernem Pflichtbewusstsein.

Und so geht nun Santangel in diesem aus rohen Brettern errichteten Raum hin und her, statt Türen gibt es nur Vorhänge, das Kohlebecken schwelt, statt zu wärmen, und die Feldstühle sind unbequem.

Endlich. Ein Schreiber schlägt den schweren Wollvorhang zurück. »Ihre Majestät lässt bitten.«

Santangel strafft sich.

Isabella von Kastilien sitzt hinter ihrem Schreibtisch und unterzeichnet Dokumente, die ihr ein zweiter Schreiber vorlegt. Santangel geht auf die Knie und wartet, dass sie ihm das Zeichen gibt, sich zu erheben, und er weiß schon, dass sie ihn wieder eine Weile da unten lassen wird.

In dem trüben Licht, das sich durch die geraffte Zeltplane am Fenster seinen Weg bahnt, sieht ihr Gesicht unter dem weißen Schleiertuch, das sie wie immer trägt, noch kalkiger und ungesünder aus: aufgedunsene Wangen, ein Doppelkinn, der stets missmutig verzogene Mund. Isabella weiß: Sie ist so reizlos, dass es die Mühe nicht wert ist, sich hinter Schminkkünsten zu verstecken. Sie ist ja auch nicht wegen ihrer Schönheit zur mächtigsten Frau der iberischen Halbinsel geworden...

Endlich: eine knappe Bewegung der molligen königlichen Hand. Man darf sich erheben und näher treten. Die blaugrauen Augen – ebenfalls ungeschminkt, klein, fast wimpernlos – mustern ihr Gegenüber mit dem üblichen Ausdruck von Missmut. Und dann die Stimme, unerwartet klangvoll und klar: »Es muss eine sehr dringliche Angelegenheit sein, Contado mayor, wenn Ihr so auf einem Gespräch besteht.«

»Doña Isabel – Cristobal Colón ist abgereist.«

»Nun«, sagt die Majestät gelassen, »das wundert mich nicht. Wir waren ja nun wirklich dabei, seine Angelegenheit wohlwollend zu prüfen. Und da kommt er mit den Forderungen eines Wahnwitzigen daher und macht alles kaputt. Der

Seefahrer ist ein Narr, und es gibt Leute, die das schon immer gesagt haben.«

Ja, Euer Gemahl, denkt Santangel, und aus verschiedenen Gründen. Und Großinquisitor Torquemada – aber der wird noch etwas ganz anderes über den *Fremden* gesagt haben!

»Und die Ausschüsse von Philosophen und Geistlichen waren immer voller Misstrauen und voller Einwände.«

Santangel weiß, dass man bei dieser Frau ohne Umschweife zur Sache kommen muss. Brimborium imponiert ihr nicht. Wie auch immer sie ausschaut und wie auch immer sie sich gibt – Isabella ist eine kühle Rechnerin.

»Majestät!«, beginnt er. »Der Vorschlag des Colón, nämlich den Osten zu entdecken, indem er nach Westen segelt, würde der Krone, wenn er denn erfolgreich ist, mit einem Schlag aus all den Geldverlegenheiten helfen, in die dieser heilige Krieg gegen die Mauren das Land gestürzt hat. Und ich und mein Haus wären bereit, zu investieren.«

Die Königin schweigt einen Augenblick. Dann sagt sie: »Nehmt Platz, Contado mayor. Haltet Vortrag.«

Santangel atmet tief durch. Er weiß, er wird gewinnen. Er beginnt. »Wenn Colón erfolgreich ist, wenn er als Erster nach Indien gelangt, hat Spanien endlich den Konkurrenten Portugal vom Hals. Goldströme werden alsbald die leeren Kassen des Landes füllen. Und all die jungen Hidalgos, die armen adligen Herren, die nach dem Sieg über die Mauren keine Chance mehr haben, ihren Wunsch nach weiterem, neuem Ruhm zu befriedigen …«

Isabella macht eine ungeduldige Handbewegung. »Das alles weiß ich wohl. Deshalb war ich ja auch geneigt, dem Abenteuer zuzustimmen. Aber Ihr selbst habt dem Hof ja eine Kalkulation vorgelegt, nicht wahr?« Sie blättert pro forma in den Papieren auf ihrem Schreibtisch. (Er weiß, dass sie alle Zahlen im Kopf hat.) »Drei Schiffe. Zwei Millionen Maravedi. Woher nehmen, Don Luis?«

»Gerade das will ich Eurer Majestät ja darlegen. Die Krone selbst wird keinen Real investieren müssen.«

Isabella zieht die dünnen Augenbrauen in die Höhe.

»Im Hafen zu Palos sind die Brüder Pinzón zu einer hohen Geldstrafe wegen Schmuggels verurteilt worden, habe ich gehört. Die beiden Kapitäne haben zwei Karavellen. Man könnte diese beiden Schiffe anstelle der Buße einziehen und verlangen, dass sie von den Brüdern segelklar gemacht werden. Den Betrag für das dritte Fahrzeug inklusive aller übrigen Kosten könnte die Familie Santangel der Krone zu einem Zinssatz von vierzehn Prozent auf zwei Jahre vorschießen.«

Die Königin lehnt sich zurück. Ihr Blick ist nachdenklich, ohne Sympathie auf den Finanzminister gerichtet.

»Eure Familie tut gut daran, sich in diesen Zeiten das Wohlwollen der Krone zu bewahren«, sagt sie trocken. »Also über den Zinssatz solltet Ihr noch einmal nachdenken.«

Santangel verbeugt sich leicht auf seinem Stuhl. Er weiß, dass harte Zeiten kommen werden für ihn, für die Seinen und für alle wie ihn. Erst voriges Jahr ist er von Torquemada vorgeladen worden, bezichtigt heimlicher Ketzerei, und nur die Intervention Ferdinands hat ihm aus der Klemme geholfen. Aber ohne die Santangels wäre der König schon lange pleite … Und diese Frau wird gnadenlos aus denen, die sie als »Feinde des Glaubens« bezeichnet, auch noch den letzten Maravedi herausholen. Er hat da etwas munkeln hören von einer neuen Verordnung – man muss sich absichern. Andere Länder hinter dem Meer – vielleicht eine Rettung!

Isabella legt die Fingerspitzen gegeneinander. »Blieben da noch die hochmütigen Forderungen, mit denen sich Euer Mann schließlich selbst den Boden unter den Füßen weggezogen hat«, bemerkt sie. »Er ist größenwahnsinnig! Erhebung in den erblichen Adelsstand, Admiralstitel, Statthalterfunktion in allen von ihm entdeckten Ländern, ein Zehntel von allen Einnahmen – kein Mann von gesundem Verstand kann so etwas verlangen!«

Der Minister lächelt. »Größenwahnsinnig ist er vielleicht. Aber ohne einen gewissen Wahnsinn ist kein Wagnis möglich, findet Ihr nicht auch? Und Doña Isabel – was gibt es zu verlieren? Kommt Colón nicht zurück oder ist er erfolglos, ist mein Kapital verloren. Mehr nicht. Und seine Titel und Ansprüche liegen mit ihm gemeinsam auf dem Grund des Meeres. Aber hat er tatsächlich Recht mit dem, was er vorhat – dann sollte man ihm auch seine Forderungen erfüllen, denke ich. In Gottes Namen.«

»In Gottes Namen?«, wiederholt Isabella, und die Winkel ihres Schmollmunds verziehen sich ironisch nach unten. »Ich hoffe, wir sprechen vom gleichen Gott. Stimmt es, Santangel, dass dieser Mann, der aus dem Nichts zu uns kam – dass er ebenfalls *anders* ist?«

»Er ist der Schützling Eures einstigen Beichtvaters Fray Juan Pérez«, erwidert der Minister steif, und sein üppiger Bart verbirgt das Zucken seines Wangenmuskels. »Ich verstehe Euch nicht.«

»Auch unter den Benediktinermönchen soll es Beschnittene geben, ehemalige Juden«, sagt die Herrin Kastiliens beiläufig. »Ihr versteht Euch doch untereinander, Ihr *anderen*, nicht wahr? Ihr *Fremden.*«

»Ich bin nicht fremd. Ich bin ein guter Christ und Eurer Majestät ergebener Diener.«

»Zumindest Letzteres glaube ich wohl. Ihr könnt gehen, Contado mayor. Und lasst diesen Colón zurückrufen. Die Bedingungen sollen akzeptiert werden.«

Unter Verbeugungen verlässt Santangel rückwärts den Audienzraum. Wie ich sie hasse, denkt er. Der reichste, der mächtigste Mann im Staate zu sein, nach den Majestäten – und trotzdem jeden Tag in Furcht und Zittern leben…

Luis Santangel nämlich ist ein Converso. Er ist ein zum Christentum übergetretener Jude. Im Spanien Isabellas und Ferdinands, im Spanien des Torquemada, nennt man die Conversos auch Marranen. Das heißt zu Deutsch Schweine. Und bei ein paar Beschimpfungen bleibt es nicht.

Weitere Bausteine zum Puzzle Columbus

So ausgerüstet haben wir vielleicht den nächsten Schlüssel in der Hand, eine Tür zu den geheimnisvollen Lebensumständen unseres Seefahrers zu öffnen. Verschleiert er seine Herkunft, weil er – vielleicht – zu den *anderen* gehört?

Wir befinden uns also im Augenblick auf Mallorca und haben einen heutzutage nicht mehr existenten Ort namens Genoba entdeckt.

Mallorca? Was soll denn nun im 15. Jahrhundert auf Mallorca los gewesen sein?, wird vielleicht manch einer fragen. Aber da belehrt uns selbst der oberflächlichste Reiseführer in seinem historischen Teil eines Besseren.

Zu einer Zeit, als das Mittelmeer noch das Zentrum der europäischen Seefahrt und des Handels war, hatte die Insel einen hohen Stellenwert. Ihr Hafen war ein wichtiger Umschlagplatz für die Güter der Anrainer, von Spanien bis Ägypten und umgekehrt. Handel und Schiffbau florierten und vor allem war die Insel ein Zentrum der Kartenzeichner-Kunst.

Unter Karten, vor allem unter Seekarten, müssen wir uns damals etwas anderes vorstellen als heute. Die Welt war zum großen Teil unentdeckt und natürlich auch unvermessen, und die wunderschön fantasievoll verzierten Kartenblätter haben häufig eher einen künstlerischen Wert, als dass sie sich durch Exaktheit auszeichnen. Sie wiesen weder ein Netz aus Längen- und Breitengraden auf noch hatten sie irgendwelche Maßstabangaben.

Da man hauptsächlich in Küstennähe schipperte, erfüllten diese so genannten Portolanen einen ganz anderen Zweck: Sie verzeichneten die wichtigsten Städte und Häfen einer Region und die Landmarken der Gegend, wie Berge, Riffe oder Klippen, nach denen man sich orientieren konnte.

Im 15. Jahrhundert war das Mittelmeer zunehmend zur Konfliktzone geworden. Die christlichen Seefahrer sahen sich auf der einen Seite mit den kriegerischen Arabern und Mauren Nordafrikas konfrontiert, im Osten bedrängte sie das osmanische Reich. Und von den allgegenwärtigen Piraten einmal ganz zu schweigen. Es wurde eng auf dem Wasser, die Handelsmöglichkeiten schrumpften – man musste aber expandieren! Doch dazu benötigte man exaktere Karten. Karten, beziehungsweise *eine* Karte wird in unserer abenteuerlichen Entdeckergeschichte noch eine große Rolle spielen.

Im frühen Mittelalter hatte Mallorca mal diese, mal jene Herrschaftsform ertragen. Je nachdem, wer die Insel gerade mal erobert hatte. Was aber konstant blieb, das war die Tatsache, dass der Handel des Hafens Palma, das Be- und Entladen der Schiffe und der Transfer der Waren, weitgehend in jüdischer Hand war. Das hängt einfach damit zusammen, dass die Juden Europas, früh in die Position der »Geldwechsler« gedrängt (für Christen galt das als eine unehrenhafte Beschäftigung) und von ihrer Religion her seit eh und je ein Volk, in dem Bildung – Lesen, Schreiben, Rechnen – einen Vorrang hatte, einfach eher in der Lage waren, logistische und intellektuelle Prozesse durchzuführen. Jemand, der die Dreisatzrechnung seit der frühen Kindheit draufhat, mehrere Sprachen in Wort und Schrift beherrscht und vorausschauend planen kann, ist nun mal einem Menschen überlegen, der im Zahlenraum von Eins bis Zehn an den Fingern rechnet und allerhöchstens mit den Händen »fremd spricht«.

Ihre Fähigkeit, die Welt mit dem Stift in der Hand darzustellen, machte sie außerdem zu den genauesten und deshalb gesuchtesten Portolanenzeichnern. Mallorca war eine Hochburg der Kartengestaltung. Die jüdische Gemeinde auf der Insel floriert.

Und dann kommt die Pest. 1391 erreicht der »Schwarze Tod«, der überall in Europa wütete, auch Mallorca. Niemand hat damals auch nur die geringste Ahnung von den Funktionsmechanismen einer Infektionskrankheit. Die Pest wird als »Geißel Gottes«, als Strafe für die Sünden des Menschengeschlechts gesehen. Und irgendwer muss schuld sein. Gern sucht man sich immer einen Sündenbock unter denen, die anders sind als man selbst – vor allem wenn sie auch noch Reichtum und Wissen besitzen.

Am 2. August 1391 wird das Ghetto von Palma überfallen, unzählige Juden werden bestialisch zu Tode gemartert.

Die Überlebenden sind vorsichtig. Viele treten formell zum Christentum über, bewahren aber in der Stille der Familie ihren alten Glauben mit seinen Bräuchen und Riten. Und das geht für lange Zeit gut. Die »Conversos« werden ja auch gebraucht, mit ihrem Wissen und auch als unentbehrliche »Bankiers« der Kaufleute wie der Könige.

1450 dann wird die Insel wieder einmal spanisch. –

Nun gut, können wir fragen, aber was hat das mit unserem Seefahrer zu tun? Falls er wirklich auf Mallorca geboren ist – warum sollte er ausgerechnet Nachfahre von Juden sein?

Es gibt da ein paar spannende Details. Zum einen ist sein Bruder Bartolomeo einer der gefragtesten Kartenzeichner seiner Zeit. Eine Weile arbeitet Cristobal auch in dessen Werkstatt in Cordoba mit, um Geld zu verdienen. Sie beide kommen aus Genoba, also von Mallorca, und so liegt zumindest nahe, dass sie Abkömmlinge von so genannten »Neuchristen« sind.

Na schön, könnte man sagen. Aber ist das hinreichender Beweis für irgendetwas? Wohl kaum. Aber dabei bleibt es ja nicht.

Wieder einmal werden die Schriftdeuter zurate gezogen.

In den späteren Briefen des Columbus an seinen Sohn Diego befinden sich geheimnisvolle Zeichen in der linken oberen Ecke des Blattes, eine Art Schnörkel, um deren Deutung man lange Zeit verlegen war, bis sich ein paar Leute damit befassten, die des Hebräischen mächtig waren. Zunächst einmal fiel auf, dass der Schriftzug nicht von links nach rechts ausgeführt ist, sondern umgekehrt (im Hebräischen schreibt man von rechts nach links). Die Forscher entzifferten diesen Schnörkel schließlich als die beiden hebräischen Buchstaben Beth und Hei, was die Abkürzung der jüdischen Segnung »Baruch Haschem« (Gelobt sei der Name des Ewigen!) ist.

Columbus hat also im vertraulichen familiären Schriftverkehr sich einer jüdischen Segensformel bedient – und das stimmt denn doch nachdenklich.

Ein noch größeres Rätsel gibt die Unterschrift unseres Seefahrers auf. Columbus hat sich eine außerordentlich pompöse Art des Signierens angewöhnt, nachdem er ein erfolgreicher Entdecker geworden war. Ebenfalls an Diego unterschreibt er so:

S
S A S
X M Y
:Xpo FERENS.

Über diese Zeilen haben sich unzählige Leute den Kopf zerbrochen. Die letzte Zeile ist noch am einfachsten zu deuten.

Der Doppelpunkt vor »Xpo« heißt auf Spanisch »colón«, also könnte der Schreiber so seinen Familiennamen abgekürzt haben. »Xpo« ist die gängige Abkürzung für Cristo und das Wort FERENS ist Lateinisch und heißt »tragend«. Also eine andere Gestalt des Vornamens Christophorus, welcher der Legende nach den Erlöser als Kind durch ein reißendes Wasser getragen hat – so wie Columbus, als Entdecker und Missionar, »das Wort Gottes zu den Heiden« über den Ozean gebracht hat.

Aber das Dreieck darüber? Dem Geist der Zeit entsprechend, muss es sich um eine religiöse Verschlüsselung handeln. Neben vielen christlichen Deutungen gibt es auch eine jüdische. Wenn man in die Buchstaben hebräische Wörter sozusagen hineinkomponiert, ergeben sie, oben beginnend und von rechts nach links gelesen: Shaday – Shaday – Adonai –Shaday – Yehova – Moleh – Chesed. (Herr, Herr Gott Herr, der Ewige spendet Erbarmen!)

In Briefen an Diego übrigens, die offiziellen Charakter trugen und »vorgezeigt« werden sollten, fehlen sowohl das verschnörkelte Zeichen als auch diese Form der Unterschrift. Dann signiert er einfach nur mit El Almirant (also in der katalanischen Form): Der Admiral.

Was hilft uns solche spitzfindige Interpretation nun bei unserer Spurensuche? Warum diese »Spielerei«?

Unter den zum Christentum übergetretenen Juden gab es solche und solche. Einige, für die der andere Glaube nur ein Lippenbekenntnis war und immer bleiben sollte. Weil sie, einfach um zu überleben, die Taufe empfangen hatten. Andere hingegen waren echte Neuchristen und ihr Glaubenseifer war stark. Aber deswegen waren sie nicht bereit, ihre Wurzeln zu verleugnen, so gefährlich das damals auch war. Den Sabbat zu heiligen, die Söhne insgeheim beschneiden zu lassen, die alten Gebete nicht zu vergessen, bedeutete für diese Menschen nicht, ihr Christentum zu verraten.

Wenn Columbus also aus einer Familie von Marranen stammte, die den christlichen Glauben aus ehrlicher Überzeugung ausübte, so könnten diese Geheimzeichen als Erinnerung gemeint sein: Vergiss nicht, woher du stammst, vergiss unsere Traditionen nicht. Ein Forscher sagt das so: »Wenn Columbus ein Bekehrter war, dann zeigte er der Welt mit ihren mörderischen Königen, Inquisitoren und Autodafés (Ketzerverbrennungen) – schützend vorgehalten – das Zeichen des Kreuzes, aber sich selbst und seinem Sohn sagt er in der Sprache der Väter: ›Gelobt sei der Ewige!‹ An dieser Familientradition war den Marranen sehr gelegen, und sie waren bestrebt, sie nicht in Vergessenheit geraten zu lassen.«

Haben wir vielleicht unseren Schlüssel gefunden? Öffnet sich die Tür zum Geheimnis Columbus? Vieles spricht dafür. Ziehen wir noch in Erwägung, dass sich der belesene Seefahrer hervorragend auskannte in den Schriften des Alten Testaments, jenem Teil der Bibel, auf dem das Judentum basiert, und Teile dieser Überlieferung sozusagen für den »Hausgebrauch« abschrieb. Bedenken wir, dass der Familienname (in wörtlicher Übersetzung »Taube«) gern konvertierenden Familien verliehen wurde – die Taube als Symbol des Heiligen Geistes! Und dass der Vorname Cristoforo, »der Träger Christi«, ein äußerst beliebter Taufname bei Neubekehrten war!

Falls unsere Indizien stimmen, hatte Columbus in der Tat allen Grund, seine Herkunft vor den Mächtigen der Welt zu verschweigen. Wie schnell ein Marrane in den langen Verhören der Inquisition in eine Falle tappte, das hatte er täglich vor Augen. So etwas zu riskieren, wäre lebensgefährlich gewesen.

Sind wir schon am Ziel angekommen? Verbirgt sich hinter den zwielichtigen Halbwahrheiten also der Sohn einer mallorquinischen Marranenfamilie, einer Familie von Kartenzeichnern in einem Ort namens Genoba? Das würde erklären, warum dieser Mensch bereits von früher Jugend an einen hohen Bildungsstandard hatte. In jüdischen und neuchristlichen Familien standen – im Gegensatz zum in Europa Üblichen – Lesen, Schreiben und Auswendiglernen hoch im Kurs.

Und dann reißt der Junge aus und geht zur See...

Ich bin gern bereit, mir diese Variante zu Eigen zu machen.

Nicht verschwiegen werden darf aber, dass unser Spiel noch zwei andere Pfade bereithält, die alles wieder in ein völlig anderes Licht rücken. In einem Brief an König Ferdinand schreibt Columbus nämlich: »Ich bin nicht der erste Admiral in meiner Familie.« Auf einmal schlagen wir einen Haken und sind wieder in Barcelona. Da gab es eine Familie von wohlhabenden Bankiers namens Colom, und während einer Bürgerrevolte gegen den damaligen König, Ferdinands Vater, war dieser Mann, der Admiral, der Anführer. Also hätte Columbus allen Grund, diese Herkunft nicht an die große Glocke zu hängen.

Und dann der zweite Pfad, die Seeschlacht zwischen Portugiesen und Piraten! Dass Columbus daran teilgenommen hat, gilt als sicher. Aber auf welcher Seite? Der Kommandant der Seeräuber war Admiral Guillem de Casanova Colom. Columbus als Spross einer Piratenfamilie?

Der Fantasie sind keine Grenzen gesetzt, aber ich für mein Teil möchte die beiden letzten Hypothesen wieder verwerfen. Columbus' jüdische Herkunft hat allzu viel für sich, wie wir im Verlauf der Geschehnisse noch sehen werden.

Für uns jedenfalls ist *dieses* Spiel zu Ende, wir haben eine Lösung. Eine Lösung zudem, die einige Rätsel um unseren Seefahrer vielleicht entschlüsseln hilft – seine Nähe zu dem Converso Santangel und einiges mehr, was noch auf uns zukommt. Entdecker sein ist das eine. Das andere ist, mit dieser Entdeckung vielleicht noch eine geheime Mission zu verbinden…

»Auf wunderbare Weise...«

Seit seinem elften Lebensjahr also, so können wir annehmen, befindet sich Christoph Columbus auf Schiffen. Unter welcher Flagge die segelten, welche Stellung er auf ihnen innehatte, wissen wir ebenso wenig, wie wir seine Gründe dafür kennen. Ist er ein Ausreißer oder fährt er mit Zustimmung seiner Familie zur See? Treibt ihn Abenteuerlust, Wissensdrang oder die Not? Keine Ahnung.

Der Werdegang eines solchen Burschen vom Schiffsjungen bis zum Matrosen ist gewiss vorgezeichnet, und da er intelligent ist und über Wissen und Bildung verfügt, kann er es durchaus bis zu seinem zwanzigsten Lebensjahr zum Steuermann oder gar zum Kapitän gebracht haben. Die seemännischen Fähigkeiten, die er dabei erlernt, sind in etwa dem modernen Fahrtensegeln vergleichbar. Er lernt, nach dem Kompass zu steuern, die Fahrtgeschwindigkeit nach der Abdrift des Lots zu schätzen – zu »gissen« – und seine Position in eine Seekarte einzutragen, wobei er dafür sicher von Haus aus beste Voraussetzungen mitbringt – wir denken an den Bruder.

Der bevorzugte Raum der christlichen Seefahrt ist noch immer das Mittelmeer, aber es gibt auch kühne Reisende, die in westlicher Richtung über die »Säulen des Herkules«, also die Meerenge von Gibraltar, hinausgekommen sind – davon werden wir noch hören. Am liebsten jedoch hält man sich in Küstennähe, denn die Reisen zu Wasser sind risikoreiche Angelegenheiten.

In dieser Zeit der unbeherrschten Gier nach Gold und Gütern sind die Grenzen zwischen Handelsschifffahrt, Kriegsmarine und Piratentum, um es vorsichtig auszudrücken, äußerst fließend. Jeder Abenteurer kann sich die Genehmigung eines Landes oder eines Stadtstaats verschaffen, auf eigene Faust ein Schiff zu besorgen und eine Crew anzuheuern und dann auf Beutezug zu gehen. (Wir erinnern uns vielleicht daran, dass auch fast hundert Jahre später Königin Elisabeth I. von England dem Freibeuter Francis Drake »Kaperbriefe« ausstellte, damit er auf eigene Faust die Spanier bekämpfen konnte!) Egal welche Flagge da am Mast weht – wenn man ein »fremdes« Schiff sieht, gibt es nur zwei Möglichkeiten: sich verteidigen, wenn man's denn kann, oder ganz schnell Segel setzen und fliehen.

Dass Columbus nicht nur auf braven Kauffahrern, den Schiffen der Fernhändler, unterwegs war, sondern auch mal bei einem Piraten angeheuert hat, ist vor diesem Hintergrund überhaupt nicht von der Hand zu weisen…

Das Mittelmeer ist bekannt für seine Sommermonate mit klarer Luft und blauem Himmel. Trockene und stabile Luftmassen von der Sahara bestimmen das Klima. Das ist die Zeit des Handels und des Raubes. Aber ab September wirbeln mächtige Tiefs vom Atlantik heran und bitterkalte Winde von der Landmasse im Norden machen alles vollends ungemütlich. Die Flotten ziehen sich in ihre Heimathäfen zurück und die Seeleute gehen einem Zweitberuf an Land nach. Vorstellbar, dass der junge Columbus jeden Winter nach Genoba zurückkehrt und sich im Elternhaus weiter als Portolanenzeichner sein Brot verdient, wie sein Bruder auch. Und nebenbei liest er, was er nur auftreiben kann, und in der Familie pflegt man die alten, die geheimen Riten der jüdischen Herkunft.

Im Jahr 1476 (nach eigenen Angaben ist unser Mann fünfundzwanzig Jahre...) wird ein Vorfall beschrieben, dem – wen wundert's inzwischen noch? – einmal wieder viel Mysteriöses anhaftet.

Columbus soll auf einem flämischen Frachter angeheuert haben, der den Namen »Bechalla« trägt. Das Schiff fährt im Konvoi, es soll Mastix transportieren, eine heiß begehrte Pflanzensubstanz (das »Kaugummi des Mittelalters«), von der griechischen Insel Chios bis in atlantische Gewässer, nach Portugal, Flandern und England. Alles geht gut, bis die kleine Flotte im August an der portugiesischen Landspitze von Kap Sao Vicente einer beängstigenden Menge von Segeln begegnet. Es sind Korsaren, Piraten im französischen Dienst, und sie sind in der Überzahl.

Es kommt zu einer furchtbaren Seeschlacht.

Noch sind die Schiffe nicht die schwimmenden Festungen, wie sie wenige Jahrzehnte später vor allem von den Venezianern gebaut werden. Die gewaltigen, mit Kanonen gespickten Breitseiten sind unbekannt. Man entert und dann beginnt das Handgemenge Mann gegen Mann, eine grausige Schlachterei.

Die Korsaren sind den Kauffahrern nicht nur zahlenmäßig überlegen, sondern auch die besseren Soldaten. Als es Mittag wird, sind bereits drei der Handelsschiffe versenkt und an Bord der »Bechalla« bricht ein Feuer aus.

Columbus springt über Bord, klammert sich an ein treibendes Ruder und paddelt im Atlantik. – Es hätte auch sein können, nach allem, was wir – nicht! – von ihm wissen, dass er auf der Gegenseite gekämpft hat, der des »Admirals Colom« – mit dem er eng verwandt war oder der er vielleicht sogar selbst war. Doch dann hätte er sich sicher in einem Beiboot gerettet... Aber da wir annehmen, unser Columbus und jener General sind *nicht* dieselben, vertrauen wir auf die Schwimmkünste des Helden. Denn immerhin: Die Küste ist sechs Meilen (13 km) entfernt. Eine beachtliche Leistung für einen Schwimmer. Vor allem in diesem Meer!

Schiffbrüchig am Tor zur großen Welt

Verzweifelt angeklammert an dieses Stück glitschiges Holz, vom stundenlangen Aufenthalt im Wasser zitternd vor Kälte, die Augen entzündet vom Salz, kaum mehr fähig, die Glieder zu bewegen, treibt Columbus im Meer. Vor ihm ragen die zerklüfteten Klippen des Kaps Sao Vicente hoch auf in den Himmel, und weiter südlich ragt das Vorgebirge von Sagres wie der Bug eines riesigen Schiffs in den Atlantik. Je näher er der Küste kommt, umso schrecklicher wird das Brüllen der Brandung. Die Brecher donnern in die ausgewaschenen Hohlräume unter den Felsüberhängen, meterhoch spritzt weißer Gischt zum Himmel. Er weiß: Wenn er hier an Land gespült wird, ist das sein sicherer Tod.

Mit letzter Kraft schwimmt er auf einen flacheren Strandabschnitt zu, den er zwischen den Klippen erspäht. Die rollende Dünung trägt ihn schließlich zur Küste. Er zerschindet sich Hände und Füße an den Steinen, über die ihn die Gewalt der Wellen hinwegträgt, hilflos, stöhnend vor Schmerz …

Und Gott hat Erbarmen. Irgendwann spürt er Sand unter sich. Immer wieder stürzend, schleppt er sich schließlich aufs Trockne, fällt nieder und dankt dem Herrn für seine Rettung, bevor er in eine Ohnmacht der Erschöpfung versinkt.

Als er die Augen wieder aufschlägt, sieht er über sich gebeugt braune Gesichter. Bärtige Männer reden auf ihn ein, und er braucht einen Moment, bis er aus dem Speicher seines erschöpften Gehirns die richtige Sprache herausfiltert: Portugiesisch. (Auf seinen Fahrten hat er sie schließlich alle gelernt, die Sprachen des Mittelmeerraums.) Und trotz seiner Ermattung ist er auch in der Lage, genau das Richtige zu tun. Er schlägt das Kreuz und murmelt: »Gelobt sei Jesus Christus.« –

Es sind Sardinenfischer aus Lagos, die ihn da am Strand entdeckt haben. Von den Klippen aus haben sie die Seeschlacht dort draußen verfolgt und klappern nun die Strände ab – weniger auf der Suche nach Überlebenden als nach brauchbarem Strandgut. Aber als sich erweist, dass dieser Halbtote glücklicherweise in seinem Gürtel noch einen Beutel mit ein paar Münzen aus aller Herren Länder bewahrt, hat sich denn auch dieser Fund gelohnt. Auf welcher Seite der Mann gekämpft hat, das ist für sie von keinem Interesse.

Columbus wird von den Fischern in den Ort gebracht. Die Frauen umsorgen den hoch gewachsenen Fremden mit den graublauen Augen und dem gewinnenden Lächeln, bis er sich erholt hat. Dann macht er sich auf den Weg nach Lissabon und lässt die Umstände seiner wundersamen Errettung ebenso im Dunkel wie die Tatsache, dass er keinerlei Anstalten macht, nach den Überlebenden der Flotte und den anderen Schiffen Ausschau zu halten. Taucht einfach ab. Denn inzwischen muss ihm klar geworden sein, dass das Meer ihn an keiner günstigeren Stelle wieder an Land hätte werfen können als hier in Portugal.

Das kleine Land an der von Stürmen heimgesuchten, von Regen gepeitschten und häufigen Nebeln verschleierten Atlantikküste hat die Vormachtstellung bei einer Art von Seefahrt, die umso wichtiger wurde, je mehr sich die Mittelmeermächte von Venedig bis Byzanz, von Spanien bis Tunis die Köpfe einschlugen.

Zu verdanken war das einem weitblickenden Herrscher, Prinz Heinrich dem Seefahrer. Dieser Mann, der übrigens selbst nie einen Fuß auf die Planken eines Schiffs gesetzt hatte, umgab sich mit Kartografen und Astrologen, er förderte Abenteurer, die auf Entdeckungsreisen gehen wollten, und finanzierte Expeditionen. Sein Motto hieß: »Zur Ehre Gottes, unseres Herrn, und zu unserem eigenen Vorteil.« Dem ist nichts hinzuzufügen.

Sein Großneffe, König Johannes II. von Portugal, in der Landessprache Joao geheißen, tritt in die Fußstapfen seines Onkels. Er gründet eine wissenschaftliche Junta, einen Beirat, der das nötige Know-how für künftige Entdeckungsfahrten schaffen soll. Vor allem geht es darum, Instrumente zu verbessern oder neu zu entwickeln, mit deren Hilfe man auf hoher See navigieren kann – also ohne Landmarken anzupeilen. Es geht kurz gesagt darum, die Position eines Schiffs nach dem Stand der Sonne am Horizont zu bestimmen und zu errechnen. Kosmografen, Astronomen, Mathematiker waren gefordert.

Nun muss man leider sagen, dass die christliche Wissenschaft der Zeit durch strenge dogmatische Vorstellungen sehr in ihrer Entwicklung aufgehalten wurde. Wer behauptete, die Erde sei rund – was die Gebildeten der Zeit inzwischen durchaus wussten –, konnte immer noch auf dem Scheiterhaufen landen, denn in der Bibel stand das nicht so, und der Heilige Augustinus, einer der großen Kirchenlehrer, hat alles andere als Ketzerei verdammt.

Anders die arabischen Gelehrten und vor allem die jüdischen Wissenschaftler, die sich in den Zentren Nordafrikas und Südspaniens ungehindert entfalten konnten. Sie hatten die Nase vorn. Und König Johannes ist genauso weitblickend wie sein Großonkel. Für ihn geht Profit vor Religion. Und er holt in seine »Junta« Juden, Conversos, Marranen. Ich könnte unzählige Namen nennen – aber heute sind sie ohnehin vergessen. Es gibt also eine große jüdische oder ehemals jüdische Gemeinde sowohl am Königshof als auch in der Stadt Lissabon. Und dass man sich untereinander kennt, ist wohl selbstverständlich.

Die besondere Lage des Landes, an der »Straßenecke« Europas, zwingt es also, neue Wege zu entdecken – und das gelingt überraschend gut. Da der Landweg zu den begehrten Schätzen des Ostens wie Gold und Gewürzen, der Weg nach »Indien« also (wie man weit entfernte Länder mit ihren Reichtümern gern insgesamt nannte), durch die Vormachtstellung der Türken immer komplizierter wurde, erkundete man zunächst eine Route um die afrikanische Küste herum.

Nach dem Tod Heinrichs kannten die Portugiesen bereits Afrika bis nach Sierra Leone hinunter. Die »Pfefferküste« (Liberia), die »Goldküste« (Ghana), die Elfenbeinküste kamen dazu. Man trieb üppigen Handel mit den Produkten des afrikanischen Kontinents – unter anderem auch mit Sklaven. 1488 umschiffte man dann die Südspitze Afrikas. Damit war praktisch der Seeweg nach Indien gefunden.

Und immer weiter wagen sich die Karavellen, die kleinen wendigen Schiffe der Portugiesen, vor, immer kühner navigiert man auch außer Sichtweite des Landes, entdeckt Inseln im Meer, die man in der Antike schon einmal erforscht und dann wieder vergessen hatte: die Azoren, die Kanaren, Madeira. Alles dank der verbesserten nautischen Instrumente, die von der »Junta« entwickelt werden.

Das ideale Parkett für einen ehrgeizigen jungen Seefahrer!

Columbus wird im wirtschaftlich aufblühenden Lissabon ansässig und heuert von dort aus wieder auf Schiffen an, die ihn bereits weit hinaus in das »ozeanische Meer« führen. So gilt als ziemlich sicher, dass er in England, in Irland, ja, sogar in Island gewesen ist. Er erwirbt also Kenntnisse in der Hochseeschifffahrt. Von Anfang an ist es für ihn spannender, aufs offene Meer hinauszufahren, als sich am Land entlangzuschleichen.

Und da der Boden auch für das Gewerbe des Kartenzeichnens bestens ist, holt er seinen Bruder Bartolomeo nach, der schnell Fuß fasst.

Allerdings – das Kartenzeichnen ist ein heikles Gewerbe in Portugal. Man lebt gefährlich. Routenbeschreibungen und Darstellungen von Landmarken, also Portolanen, sind heiße Ware, sozusagen Schatzkarten. Portugal erklärt sie zu Staatseigentum. Wer sie dem Feind verrät, macht sich strafbar. Die Berichte der Kapitäne, die neue Wege gefunden haben, werden genauso wie Staatsgeheimnisse behandelt, und auf deren Verrat steht die Todesstrafe! Als sich drei Seeleute einmal mit nautischen Informationen nach Spanien, dem größten Seefahrtsrivalen Portugals, absetzen wollen, werden sie eingefangen und öffentlich gevierteilt.

Bartolomeo steht demnach unter strengster Schweigepflicht. Trotzdem. Sein Bruder wird ihm sicher gern geholfen haben, die Fülle der Aufträge zu bewältigen – und die Informationen sog er bestimmt begierig auf. Dem untrüglichen Gedächtnis des jungen Cristovao Colom prägt sich vieles für immer ein.

Nun ist nicht jede Seereise offiziell. Aber alle Kapitäne brauchten Karten zum Navigieren und bestimmt gab es einen regen Schwarzmarkt mit Informationen. Haben die Columbus-Brüder da mitgemischt? In den Tavernen am Tejo brodelten zudem die Gerüchte. Inseln im Meer will man bei günstigem Wetter gesichtet haben, fast mit den Händen zu greifen, fremdartige Samen und Früchte werden an der Atlantikküste angetrieben, jemand will sogar die Leiche eines braunen Menschen gesehen haben, die an Land gespült worden ist. Und immer mehr verdichtet sich die Ahnung: Da draußen ist etwas. Ein unbekanntes Land, eine andere Welt. Aber was für eine?

Eine diffuse Aufbruchstimmung herrscht, eine seltsame Unruhe. Man könnte ja etwas verpassen, wenn man nicht als Erster im Unbekannten landet. Gold, Geld, Schätze, Ruhm, Abenteuer liegen in der Luft. Über hundert Buchhändler landesweit verkaufen Bücher und Reiseberichte der fantastischsten Art.

Er, Columbus, saugt alles auf wie ein Schwamm.

Eine Vernunftehe?

Felipa Moniz Perestrilla geht als gute Christin – gemeinsam mit ihrer Mutter – jeden Morgen in die Messe im Kloster der Heiligen, das am Lissaboner Tejo-Ufer liegt. Sie kennt sich dort gut aus, denn sie hat eine Weile in dem dortigen Internat für adlige junge Mädchen gelebt.

Dass Felipa mit ihren fünfundzwanzig Jahren noch nicht verheiratet ist (damals galt man in diesem Alter schon als alte Jungfer), hat mehr als einen Grund. Nein, sie ist nicht etwa hässlich! Sie ist sogar von Adel. Aber sie ist arm. Ihre Mutter ist seit zwanzig Jahren verwitwet. Der Vater, einst Statthalter der kleinen Insel Porto Santo bei Madeira, ist tot und hat leider nicht genug hinterlassen, um seine Tochter gut auszustatten.

Das Kloster ist eigentlich ein Ort der Stille. Aber im Winter, wenn die Schifffahrt zum Erliegen kommt, füllt sich die kleine Klosterkirche zu den Gottesdiensten mit mehr oder weniger verwegenen Gestalten, die da um Vergebung für die Sünden flehen, die sie den Sommer über begangen haben. Dann weiß man: Die Matrosen sind wieder in der Stadt.

Unter den Männern, die regelmäßig in den kalten Monaten zur Messe kommen, fällt Felipa ein hoch gewachsener, gut aussehender Mann auf – zunächst deshalb, weil er trotz seiner Jugend schon fast weiße Haare hat. Dann bemerkt sie, dass ihre verstohlenen Blicke durchaus Erwiderung finden...

(Flirts und Eheanbahnungen via Kirche und Gottesdienst waren eine der wenigen Möglichkeiten, die die jungen Frauen dieses Jahrhunderts hatten, um nach einem Mann Ausschau zu halten; ansonsten saß man sittsam zu Haus.)

Irgendwann in diesem Winter ist es dann so weit: Der fremde Seemann steht »zufällig« an der Kirchentür, als Felipa mit ihrer Mutter erscheint. Er zieht das Barett, verneigt sich formvollendet und fragt, ob er den Damen das Weihwasser reichen dürfe? Als Kavalier hat man nämlich auf diese Weise eine Möglichkeit anzubandeln: das Weihwasserbecken, in das jeder beim Betreten der Kirche die Finger taucht, um sich zu bekreuzigen! Man benetzt galant die eigenen Finger und die Dame berührt dann mit ihrer Hand die des Mannes und »nimmt das Wasser«. (Woher übrigens das Sprichwort rührt: jemandem das Wasser reichen!) Hautkontakt! Blickkontakt! Eine aufregende Sache; und eine fromme Tat obendrein.

Eins gibt das andere. Irgendwann gestattet Felipas Mutter, dass nach spanischer Sitte das Mädchen abends – für ein halbes Stündchen – hinter den holzgeschnitzten Fenstergittern erscheint und ein wenig mit dem Mann plaudert, der ihr den Hof macht. Vielleicht bringt Señor Colom mal ein Geschenk mit: ein Buch mit spannenden Beschreibungen von fremden Ländern; schließlich kann Felipa lesen! Das ist bei Mädchen, zumindest bei christlichen, höchst ungewöhnlich.

Der junge Mann gerät in Felipas Gegenwart regelrecht ins Schwärmen, wenn er von den Gegenden berichtet, die es noch zu entdecken gibt. Ein gewisser Marco Polo aus Venedig behauptet, er habe auf dem Landweg eine Reise nach Kathai und Zipangu (China und Japan) unternommen. Wahrheit oder Flunkerei? Darüber gibt es für Señor Colom gar keinen Zweifel. Natürlich war der da! Natürlich existieren diese Länder! Wer nicht daran glaubt, ist einfach nur ein Ignorant. Er kann sich da so ereifern, dass Felipa fast einen Schrecken bekommt.

Und dann geschieht das Unglaubliche: Der einfache Kartenzeichner und Seemann hält um die Hand einer jungen Frau von Adel an – und erhält das Jawort!

Ich mühe mich vergeblich ab, einen Vergleich zu finden, an dem man erklären könnte, was für eine gesellschaftliche Brüskierung das dazumal ist. Die Standesgrenzen waren eigentlich unüberbrückbar, und wenn man sie übersprang, dann höchstens in der Form eines Seitensprungs, aber nicht mit kirchlichem Segen.

Wieder so ein Columbus-Rätsel! Die Forscher haben sich natürlich in die Spur begeben. Es galt, die Ahnentafel der Doña Felipa Moniz zu überprüfen. Und siehe da: Sie entdeckten in der mütterlichen Linie tatsächlich Marranen, »Neuchristen«.

Marranen heirateten untereinander. Und die geheime jüdische Gemeinschaft in Lissabon wird sehr wohl gewusst haben, wer zu ihr gehört. Vielleicht hat ja Felipa deshalb so lange auf einen Bräutigam warten müssen – nicht nur wegen ihrer Mittellosigkeit.

Ich kann mir gut vorstellen, dass nach der christlichen Trauung 1478 in der Kirche des Klosters zu den Heiligen man im kleinen Kreis noch nach altem jüdischen Brauch das Paar unter den Hochzeitsbaldachin gestellt hat. Vorher hat man mit Gewissheit sorgfältig die Fenster zugehängt und die »rein christliche« Dienerschaft unter irgendeinem Vorwand aus dem Haus geschickt. Die Brautleute werden unter dem Baldachin nach altem Brauch gemeinsam aus demselben Weinbecher getrunken haben, um ihre Verbundenheit symbolisch zur Schau zu stellen. Und dann wird Columbus seiner Braut einen Goldreif an den Finger gesteckt haben mit den Worten: »Mit diesem Ring bist du mir angetraut nach dem Gesetz Moses' und Israels. Baruch Haschem, gepriesen sei der Name des Herrn.«

Felipa hat gewiss tiefe Zuneigung, vielleicht sogar eine Art scheuer Verehrung empfunden für diesen interessanten Mann, der irgendwie so anders ist als alle anderen, halb Praktiker, Seefahrer, Kaufmann, halb Studierter, Gelehrter, Kartenzeichner – und Träumer.

Und Columbus? Nein, seine große, seine weltbewegende Liebe ist das sicher nicht. Er mag Felipa, er findet sie hübsch, sie ist sogar gebildet. Und dann bringt sie noch etwas in die Ehe ein: eine Insel im Atlantik.

Wie das?, fragt man. Wir erinnern uns vielleicht: Der vor zwanzig Jahren verstorbene Herr Papa Felipas war Statthalter einer kleinen Insel bei Madeira gewesen. Ein erblicher Posten. Da es in Portugal offensichtlich nicht angeht, dass eine Frau, also die Witwe, solche Aufgaben übernimmt, war Felipas Onkel dort Verwalter gewesen. Jetzt kann der frisch gebackene *Ehemann* der jungen Frau als Vertreter des Statthalters diese Aufgabe übernehmen. Der Herr Onkel hat inzwischen den Inselkoller und will zurück nach Lissabon, unter Menschen.

Man reist also ab.

Insel im Atlantik – Glück oder Unglück?

Die Insel heißt Porto Santo. Sie ist fünfzehn Kilometer lang und fünf breit und sie erweist sich als der Gipfel der Trostlosigkeit. Karge Hügel, ausgetrocknete Schluchten und das Ganze wird umbraust von der gewaltigen Brandung des Atlantiks. Die »Untertanen«, über die Columbus gebietet, sind ein paar Bauern und Gärtner. Die Hälfte der männlichen Bevölkerung fährt zur See, der Rest verdient seinen kargen Unterhalt durch den Verkauf von Proviant an die Schiffe, die vorbeikommen.

Eine herbe Enttäuschung, diese Inselstatthalterschaft! Kein Wunder also, dass Cristovao Colom sich mehr auswärts als zu Haus aufhält. Er heuert auf Schiffen an, versucht, auf der größeren und fruchtbareren Nachbarinsel Madeira Geschäfte zu machen, und ist hin und wieder bei Bruder Bartolomeo in Lissabon. Die Tatsache, dass 1480 sein Sohn Diego geboren wird, hält ihn auch nicht im Haus. Wenn er winters über wirklich da ist, ist er kaum ansprechbar. Unermüdlich studiert er die stattliche Bibliothek, die Felipas Onkel gegen die bohrende Langeweile seines Inselaufenthalts herbeigeschleppt hat, und stößt – so seine Äußerungen darüber – auf für ihn sehr aufregende neue Dinge – ob es Legenden sind oder Erkenntnisse, weiß keiner.

Oft steht er am westlichen Strand von Porto Santo. Sein weißes Haar weht im Wind und er starrt mit zusammengekniffenen Augen hinaus in die Unendlichkeit des ozeanischen Meeres. Zu seinen Füßen häuft sich an manchen Tagen merkwürdiges Strandgut, Zweige von Bäumen, die niemand kennt, mit Schnitzereien versehene Stöcke, Samenkapseln unbekannter Früchte. Und das alles kommt von jenseits des Meeres; wir wissen heute, dass der Golfstrom dafür verantwortlich ist. Was ist da hinter den Wellenbergen?

Und dann, irgendwann zwischen den Jahren 1477 und 1479, geschieht das Wunder für Columbus.

In diesen Jahren benutzen die Schiffe, die von Lissabon aus nach Guinea an der afrikanischen Küste segeln, einen geheim gehaltenen Umweg, um spanischen Kaperschiffen auszuweichen. Die Route führt auf Höhe der Kapverden nach Westen in die hohe See – einem geografischen Gebiet, das als die Brutstätte von Wirbelstürmen gilt, die sich quer über den Atlantik in Richtung Karibik bewegen. Eine kleine Karavelle, die in so einen Sturm gerät, ist den Elementen hilflos ausgeliefert. Mit Furcht erregender Geschwindigkeit läuft sie mit gerefften Segeln vor dem Wind, meterhoch türmt sich die Bugwelle zu beiden Seiten auf.

Schiffe, denen dergleichen begegnet, werden meistens leckgeschlagen und kehren nie mehr zurück. Aber nicht alle …

Wieder einmal hat Columbus seine Position an der westlichen Küste »seiner« Insel eingenommen und starrt hinaus auf die Wellen. Der Sturm wütet, er kann sich kaum halten da auf der Klippe.

Und da entdecken seine Augen plötzlich einen dunklen Punkt zwischen den Wellenkämmen, der langsam näher kommt. Jetzt scheint er in einem Wellental verschwunden zu sein, aber nein, er taucht wieder auf, kommt näher. Ohne Zweifel – ein Boot. Und bemannt, er kann schon die Ruder erkennen, mit denen die Insassen mit letzter Kraft versuchen, gegen die Brecher anzusteuern.

Mit langen Schritten rennt er zum Haus, schreit aus voller Kehle seine Leute herbei. »Seeleute in Not! Kommt zu Hilfe!«

Als sie allesamt außer Atem und keuchend vom Lauf am Strand ankommen, treibt das Boot auf der Brandung wie eine Nussschale, die Ruder sind verloren gegangen. Knirschend setzt der Kiel auf dem felsigen Untergrund auf. Jetzt müsste die Besatzung eigentlich ins Wasser springen, an Land waten – aber die Männer scheinen dazu nicht mehr fähig zu sein.

»Holt sie heraus, bevor sie der nächste Brecher wieder fortspült!«

Er selbst watet ins Wasser, hilft mit, die Männer zu bergen. Es sind vier ausgemergelte, von Krankheit und Fieber gezeichnete Gestalten, aber einer von ihnen hält auch jetzt noch krampfhaft seinen Seesack fest. Seine Augen treffen sich mit denen seines Retters. »Gelobt sei Jesus Christus! Du, Cristobal?«

Columbus braucht einen Moment, bis er in diesem bärtigen, abgerissenen und durchnässten Wrack von einem Menschen jemanden erkennt, der fast ein Freund war, mit dem er als junger Seemann nach England gereist ist. Er heißt Pedro, und er ist der beste Navigator, den es je gab.

»Bringt sie in mein Haus! Sorgt für Pflege – holt Wasser, Lebensmittel, einen – ach, einen Arzt gibt es ja nicht auf diesem Eiland!« Fluchend übernimmt er es, Pedro selbst zu seinem Haus zu tragen.

Mit großen Augen steht Felipa im Patio, im Hof des Hauses. »Warum bringst du diese Halbtoten hierher? Sie werden das Gift ihrer Krankheiten hier ausstreuen! Denkst du denn nie an Weib und Kind?«

Er sieht sie nicht an. »Nimm unseren Sohn Diego und zieh mit ihm vorübergehend zu einer Freundin. Wir werden diese Männer gesund pflegen. Das ist Seemannspflicht.« Und, was er nicht sagt: Diese Männer sind von Westen gekommen! –

Nein, sie können nicht überleben. Geschwächt von der furchtbaren Reise, tödlich ermattet, immer wieder von Fieberanfällen geschüttelt, sterben gleich zwei Seeleute noch am selben Tag, lallen wirres Zeug von Gold und Früchten... Columbus lässt sie auf dem Friedhof der Insel bestatten und durchsucht später sorgfältig ihre Seesäcke. Aber da findet sich kein Gold. Nur Spielkarten und wertloser Plunder.

Am nächsten Tag dann sitzt er am Bett von Pedro, dem Navigator. Er netzt ihm die ausgedörrten Lippen, wechselt die Kompresse auf seiner Stirn, hält die fieberglühende Hand. Und Pedro beginnt zu reden. Manchmal versinkt er in unruhige Träume, aber meistens ist seine Rede klar und deutlich, und der Mann an seinem Lager zweifelt keinen Augenblick an der Wahrhaftigkeit dessen, was er da zu berichten hat.

Pedro erzählt: Sie fuhren in einer ständigen sanften Strömung nach Westen, getrieben von gleichbleibenden Winden. Aber dann verdüsterte sich der Himmel. Aus dem steten Wind wurde ein entsetzlicher Sturm, dem sie hilflos ausgeliefert waren.

Nachdem der Hurrikan sie über den Atlantik gejagt hatte und als sich der entsetzliche Sturm endlich legte, glaubten die Männer seines Schiffs sich verloren. Wähnten sich am Ende der Welt! Bestimmt würden sie irgendwann von der Erde herunterfallen ins Nichts. (Bekanntlich galt die Erde eben vielen noch als Scheibe!) Aber dann tauchten plötzlich

Inseln am Horizont auf. Die Crew glaubte zuerst, eine Fata Morgana zu sehen, eine Sinnestäuschung, wie sie dem Wüstenreisenden manchmal erscheint und ihm Oasen inmitten des Sands vorgaukelt – aber nein, diese Erscheinung war real!

»Grüne Inseln!«, flüstert Pedro mit geschlossenen Augen. »Grüne Inseln, bewohnt von braunen Menschen, nackt, wie Gott sie erschaffen hat. Wir fürchteten uns. Aber sie waren freundlich, gaben uns Speise und Trank, nahmen uns in ihre Hütten auf.

Und uns trieben die Neugier und der Drang nach Wissen weiter. Wochenlang segelten wir zwischen den Archipelen hin und her – es war wie ein Traum.«

Columbus betupft das schweißfeuchte Gesicht des Todkranken mit einem in Melissengeist getränkten Tuch.

»Was ist mit dem Gold, von dem deine Kameraden geredet haben?«

»Gold?« Ein qualvoller Husten erschüttert die Brust des Navigators. »Wenn wir sie recht verstanden haben – das Goldland, das Eldorado, liegt noch weiter im Westen. Die wir gesehen haben, besitzen andere Schätze – Mäntel und Kronen aus bunten Federn, Muschelketten, seltsame, hier unbekannte Pflanzen ...« Er röchelt.

»Wolltest du nicht weiter und das Goldland finden?«, fragt Columbus geduldig.

»Natürlich wollte ich. Aber dann – wir bekamen alle das Fieber. Die Hälfte der Besatzung starb gleich. Und die Männer kriegten es mit der Angst zu tun. Wie sollten wir zurückkommen? Und sie beschlossen, nach Haus zu fahren. Ich wurde überstimmt. Schließlich setzten wir Segel. Außerdem ...«, er lächelt gequält. »Den besten Schatz, der mir daheim Ruhm und Ehre und jede Menge Gold eintragen wird –

den habe ich in meinem Seesack, eingehüllt in wasserdichtes Ölpapier und dicke Schichten Wachstuch…«

»Du hast Landmarken gezeichnet? Portolanen?«

Der Sterbende nickt. »Ich werde sie dem König bringen, wenn ich gesund bin. Mein Glück ist gemacht.«

Columbus betrachtet ihn, diesen Mann, der nicht zu ahnen scheint, dass dies seine letzten Stunden sind. »Meinst du, du hast Indien erreicht? Oder Zipangu?«, fragt er mit angehaltenem Atem.

»Ich weiß nicht, Cristobal. Inseln eben. Ruhm und Ehre und Gold… Kurs Südsüdwest…« Er versinkt wieder in eine Phase unruhigen Schlafs. Columbus widersteht der Versuchung, Pedros Seesack gleich zu inspizieren. Das hat Zeit. Gott wird diesen Mann bald zu sich rufen – man sieht es an der spitzer werdenden Nase, den eingefallenen Augen.

»Wie kam es, dass ihr euer Schiff verloren habt bei der Rückreise?«, fragt er, nachdem der Kranke wieder aufgewacht ist und nach Wasser verlangt hat.

Pedro stöhnt. »Würmer. Würmer wie Bohrer. In den warmen Gewässern haben sie das Holz unserer Karavelle befallen. Wir versuchten zu kalfatern – aber dann war das Pech alle. Kurz vor Madeira sind wir gesunken. Nur wir vier konnten uns retten – wie geht es den anderen?«

»Besser«, sagt Columbus beruhigend. (Inzwischen ist auch der Dritte gestorben.) »Wie lange wart ihr unterwegs zu diesen fremden Ländern, Señor Pedro?«

Der Navigator schließt die Augen. »Der Sturm hat uns gejagt«, murmelt er. »Es waren keine zwanzig Tage…«

Columbus stockt der Atem. Keine zwanzig Tage. Nach Westen segeln, um den Osten zu finden. Er wusste immer, dass die Route der Portugiesen um das südliche Afrika herum verlorene Zeit bedeutet. Zumal die Route noch nicht einmal gefunden ist. Er erhebt sich, geht in dem kleinen Raum auf und ab.

»Cristobal!«, stöhnt der Kranke. »Wenn ich mit Gottes Hilfe genese – versprich mir, dass du mich nach Portugal bringst? Ich muss bei der Junta des Königs vorstellig werden. Man wird mich mit Gold überschütten …«

»Ich verspreche es.«

Pedro dreht sich mit einem tiefen Seufzer zur Seite. Columbus schlägt das Kreuz über ihn. Als er eine Stunde später wieder nach dem Navigator sieht, ist der tot. Stillschweigend nimmt unser Mann den Seesack des Toten an sich. Ein dickes Bordbuch. Skizzen von Landmarken, Ankerplätzen, Flussmündungen, Wasserstellen, Nahrungsquellen. Kursangaben.

Keine zwanzig Tage. Ruhm, Ehre und Gold. Endlich weiß er, warum er so oft an der Westküste gestanden und übers Wasser gestarrt hat.

Der Priester von Porto Santo begräbt die vier Gestrandeten. Nur Columbus geht hinter ihren Särgen her.

Die innere Gewissheit

Irgendwann in dieser Inselzeit stirbt auch Felipa. Wir wissen nicht, woran und wann genau. Schließlich war diese Frau auch nicht die große Liebe unseres Seefahrers – von ihr, der großen Liebe, werden wir noch viel hören.

Nun hält nichts mehr Columbus auf dem öden Eiland – es hat ihm gegeben, was er brauchte, hat ihm die Gewissheit geschenkt, dass etwas möglich ist, was andere nur für eine Erfindung, für »Science-Fiction« halten: Man kann das Meer in Richtung Westen überqueren, um die Länder im Osten zu erreichen!

Wäre er nichts weiter gewesen als ein Fantast, hätte er wohl ein Schiff ausrüsten und allein lossegeln können. Aber es geht ihm nicht darum, einen Beweis an sich anzutreten. Fest angekoppelt an den Plan, der in ihm reift, sind die Begriffe Ruhm, Ehre und Gold. Das bedeutet: Das Unternehmen, wenn es denn je stattfindet, muss einen offiziellen Anstrich haben. Er braucht die Unterstützung der Großen dieser Welt.

Mit seinem Sohn Diego verlässt er Porto Santo und schifft sich nach Lissabon ein, zu Bruder Bartolomeo. Der Kartenzeichner hat Zugang zu allen nur verfügbaren Materialien auf dem Gebiet der Geografie und Kosmologie. Die beiden Brüder vertiefen sich in die wichtigsten Werke der damaligen gelehrten Welt.

Columbus weiß ganz genau: Vor allem muss er einen

potenziellen Auftraggeber davon überzeugen, dass die Reise nach »Indien« überhaupt von der Entfernung her zu bewältigen ist. Und da gibt es die unterschiedlichsten Meinungen. Natürlich ist alles Spekulation! Sowohl die Angaben Marco Polos (der ja nur zu Fuß unterwegs war) als auch die berühmte Seekarte eines italienischen Wissenschaftlers namens Toscanelli sind zum großen Teil Fantasie und Schneegestöber. Aber letztlich hat unser Seefahrer eine Gewissheit: Jemand hatte es geschafft. In zwanzig Tagen, so hat ihm der sterbende Navigator anvertraut, hat er die anderen Inseln erreicht. Das ist seine Richtschnur. (Dass er die Portolanen und Faustskizzen des Pedro niemandem als Bartolomeo gezeigt hat, versteht sich von selbst – die portugiesische Krone hätte sie sofort beschlagnahmt, denn dergleichen gehörte, wie wir wissen, dem Staat.)

Cristobal und Bartolomeo wühlen sich also durch die gesamte bekannte Literatur. Für Columbus ist nur eins wichtig: die Entfernung möglichst gering zu halten, damit die Überfahrt in den Bereich des Wahrscheinlichen rückt. Großzügig rundet er also die angegebene Entfernung nach unten ab.

Die »wissenschaftlichen Beweise«, die die Brüder zusammentragen, sind wahre Meisterwerke des Wunschdenkens. Als stärkstes Geschütz fährt Columbus schließlich die Autorität aller Autoritäten auf: die Heilige Schrift. Im Buch Esra des Alten (also des jüdischen) Testaments steht nämlich geschrieben, dass der Herr die Erde aus sechs Teilen Erde und einem Teil Wasser geschaffen hat. Er belässt es bewusst bei der allgemeinen Annahme, dass es nur *eine* solche Wasserfläche gibt, und errechnet messerscharf, dass zwischen den Afrika vorgelagerten Kanarischen Inseln und dem Land im Westen lediglich eine Entfernung von 750 Leguas (2400 Seemeilen) klafft.

Das konnte eine gut ausgerüstete Karavelle durchaus bewältigen.

Columbus hat also gemogelt. Ob er nur die anderen beschwindelte oder sich selbst auch, das wird ewig unklar bleiben. Aber wir dürfen annehmen, dass er durch Herkunft und Lebensumstände ein Mensch war, der sich selbst stets neu bestätigen und »erfinden« musste. Seine Visionen basierten auf Realitäten – zumindest in den Hauptzügen. Er war kein Spinner. Er war ein Praktiker.

Nun gilt es, das Konzept dem portugiesischen König, Johann II., vorzulegen.

Die beiden jüdischen Leibärzte des Königs, Magister Rodrigo und Magister Joseph, die zugleich als Hofastronomen arbeiten, sind mit Bartolomeo bekannt. Sie legen sich für die Brüder Colom ins Mittel. Cristovao bekommt seine Audienz.

Leider ist der Zeitpunkt denkbar schlecht gewählt. Zum einen hat Johann andere Probleme. Der Adel des Landes ist oft reicher und mächtiger als er, er muss sich ständig wehren. (Gerade hat er seinen konspirativen Schwager, der eine Adelsrevolte anführen wollte, kurz und bündig eigenhändig erstochen!) Und zum anderen: Er ist ja ganz zufrieden mit den Erfolgen seiner Handelsmarine, die nun bereits längs der afrikanischen Küste nach Indien schippert. Warum also noch einen anderen Seeweg finden?

Trotzdem hört er sich den seltsamen Seefahrer aufmerksam an. Besonders beeindruckt ihn natürlich die Verheißung, Columbus wolle »vom Glück begünstigte Länder« entdecken, »überaus reich an Gold und Silber und Edelsteinen«.

Johann übergibt die Schriften dieses Seefahrers, der da so stolz und selbstbewusst auftritt, seiner Junta zur Prüfung. Die Prüfung fällt negativ aus.

Dennoch muss Johann es für wert gehalten haben, die

Ideen praktisch auszuprobieren. Insgeheim schickt er von den Kanaren eine Karavelle nach Westen aus, das ozeanische Meer zu erkunden. Aber der Kapitän kehrt um, ohne etwas gefunden zu haben. Er hatte eben nicht den Durchhaltewillen und die innere Gewissheit des Columbus.

Dieser, als er von dieser Geheimmission erfährt, ist tief gekränkt und empört vom Misstrauen und der Heimlichtuerei des Königs. Bei Nacht und Nebel macht er sich mit seinem Söhnchen davon nach Spanien.

Die Chronisten behaupten allerdings, es habe noch einen anderen Grund für den überstürzten Aufbruch gegeben. Irgendetwas war da vorgefallen. In einem Brief von 1488, den König Johannes an Columbus schreibt, sichert er ihm eine Generalamnestie zu, falls er zurückkommen wolle. Aber was hat er verbrochen? Darüber schweigen die Quellen, und der Entdecker selbst ist, wie wir ja inzwischen wissen, alles andere als gesprächig, wenn es um seine Biografie geht – außer, er will uns etwas vormachen.

Ein denkbares Verbrechen könnte gewesen sein, dass er einiges an portugiesischen Seekarten mitgenommen hat; zumindest galt er auf jeden Fall, durch seine Arbeit mit Bartolomeo, als Geheimnisträger. Solche Leute lässt man nicht gern ins Ausland, seien sie nun damals Kartografen oder heute Atomphysiker.

Eine glückliche Fügung

Im Herbst 1484 passiert ein Küstenschoner die Mündung des Guadalquivir in Spanien und bewegt sich vorsichtig durch die Sandbänke und das breite Delta der Flussmündung; Seen und Sümpfe damals, Marschland, Wohnsitz von Wölfen und Wildschweinen. Der hoch gewachsene Passagier mit dem weißen Haarschopf nimmt seinen kleinen Sohn an die Hand und tritt mit ihm an die Reling.

»Sieh einmal, da!«

»Rosa Vögel!« Der Junge klatscht vor Begeisterung in die Hände, und schon erhebt sich ein riesiger Schwarm von Flamingos, die wie eine rötliche Wolke die Sonne verdunkeln. Columbus lächelt und schlingt den Arm um den Jungen. Mehr als die Flamingos interessiert ihn, nachdem sie die Sandbänke passiert haben, was da an Schiffen vor Anker liegt. In den Häfen von Huelva, Moguer und Palos sind die spanischen Kaperschiffe stationiert. Bord an Bord die prächtigsten Karavellen – wenn er nur drei davon hätte und das genügende Kapital, würde er der Welt beweisen, dass seine Theorien keine Hirngespinste sind. Indessen jagen diese Schiffe weiter die Portugiesen, obwohl ja wohl Frieden ist zwischen den beiden Ländern.

In Huelva gehen die beiden Reisenden an Land.

»Ich bin müde. Und ich habe Hunger«, sagt Diego. »Und mir wackeln die Knie nach dem Geschaukel auf dem Schiff.«

Columbus nickt. Der Junge braucht Ruhe.

Auf der Landspitze am schlammigen Ufer da drüben erblickt er einen Glockenturm. Eine Franziskanerabtei. »Die Brüder sind barmherzig. Sie werden uns bestimmt Quartier gewähren«, verspricht er dem Sohn. Der Seesack, den er über der Schulter trägt, ist schwer. Aber die Habseligkeiten der beiden sind gering – bis auf die kostbaren geheimen Dokumente, die Bücher, die Karten, die Aufzeichnungen.

Sie durchqueren einen Obstgarten und Diego guckt mit sehnsüchtigen Augen zu den reifen Feigen hinüber, aber der Vater zieht ihn mit sich und bewegt den Türklopfer an der eisenbeschlagenen Pforte.

Ein bärtiger Mönch in der braunen Kutte der Franziskaner öffnet.

»Gelobt sei Jesus Christus!« Der Seefahrer bekreuzigt sich. »Habt Ihr für einen Reisenden mit seinem mutterlosen Sohn wohl ein Quartier für die Nacht, ein Stück Brot, ein Glas Wein oder Wasser?«

Wortlos lässt ihn der Mönch ein.

Das Kloster heißt La Rábida (Die Einsiedelei). Der Einfall, hier anzuklopfen, erweist sich als einer der Glücksfälle, die Leute mit Erfolg eben *auch* haben müssen. Der Abt des Klosters nämlich ist nicht nur ein derart an Seefahrt und Geografie interessierter Mann, dass man ihm den Beinamen »Priesterastronom« gegeben hat – er war einmal der Beichtvater von Königin Isabella. Fray Antonio de Marchena ist sehr angetan von dem Gast, der ihm da ins Haus gekommen ist. Endlich jemand, mit dem er sich über seine Lieblingsthemen unterhalten kann! Und der aufgeweckte kleine Sohn des Ankömmlings, der so lustig in einem Gemisch aus Portugiesisch und Katalanisch plappert, gewinnt schnell die Herzen aller.

Als nach ein paar Tagen angeregter Unterhaltung Columbus »rein zufällig« etwas von seinen Unterlagen auf dem großen Tisch im Raum des Abtes liegen lässt, ist Fray Antonio hellauf begeistert von den Plänen dieses Mannes. Er beschließt, seine Beziehungen spielen zu lassen, damit die Visionen des Seefahrers Gestalt annehmen können. Er lädt deshalb einen der reichsten und mächtigsten Männer Andalusiens nach La Rabida ein: den Herzog Medina Celi.

Ihm sollen die erstaunlichen neuen Ideen unterbreitet werden.

Warum gerade ihm?

Nun, dieser Grande, dieser Hochadlige, dessen Burg am Golf von Cadiz gelegen ist, ist Herr eines weit verzweigten Handelsunternehmens. Der Hochadlige besitzt eine nicht unbeträchtliche eigene Flotte und ist offen für alles, was ihm noch mehr Profit verschaffen kann.

Ein Gemälde aus späterer Zeit führt uns plastisch diese Szene vor Augen. Im historisch genau nachempfundenen Raum des Abtes, der heute noch genauso aussieht (Steinfliesen, weit offene Fenster nach zwei Seiten, ein großer Tisch und weiteres hölzernes Mobiliar), steht ein weißhaariger, stattlich aussehender Columbus mit einem Sextanten in der Hand, in eifrigem Disput mit dem schwarzbärtigen Granden, der einen Zirkel in der Hand schwingt. Fray Antonio sitzt am Tisch, der mit einem großen Kartenblatt bedeckt ist, und hört interessiert zu. Es fehlt auch nicht Söhnchen Diego, der im roten Wams neben dem Stuhl des Vaters auf einem Hocker sitzt – allerdings ist der Knabe auf dem Bild etwas groß geraten. Diego wurde nachweislich 1480 geboren, kann also zur Zeit dieses Geschehnisses erst fünf Jahre alt gewesen sein.

Ich nehme an, dass Columbus, sosehr er auch auftrumpfen konnte, wenn es um seinen Stolz und seine Forderungen ging, Menschenkenntnis genug hatte, jeden Gesprächspartner bei dem zu packen, was dem wichtig war. Bei Fray Antonio war es die wissenschaftliche Neugier gewesen. Dem Herzog von Medina Celi gab er mit Sicherheit den Hinweis auf den Profit, den man durch die Erschließung eines neuen lukrativen Handelswegs erzielen konnte.

Der Grande ist sehr bald überzeugt. Er könnte mühelos von seiner Flotte drei Karavellen abzweigen, aber er will auf Nummer Sicher gehen und erwägt den Bau von Spezialschiffen.

Columbus glaubt sich am Ziel seiner Wünsche.

Dann kommt der Rückschlag. –

Man hat ihn eingeladen, im Ort Puerte de Santa Maria, direkt unter der Burg des Herzogs, zu wohnen und darauf zu warten, dass ihn der hochmögende Herr rufen lässt. Medina Celi ist zu Hofe gegangen. Columbus ist allerbester Stimmung. Eigentlich ist alles schon so gut wie erledigt. Die Zusagen des Granden sind verbindlich, so meint er.

Es ist später Abend, als ein Diener den Fremden bittet, mit ihm in die Burg des Herzogs zu kommen. Ein Maulesel steht bereit. Columbus, das Herz erfüllt von Glück und Begeisterung, wirft sich in seine beste Kleidung: eng anliegende Strumpfhosen, ein schön gefälteltes Hemd aus feinstem Leinen, Wams und Gurt, darüber ein Überwurf mit Pelzverbrämung. Der Diener führt das Tier am Halfter, als wäre er schon wer – ein Hidalgo, ein Adliger zumindest, oder gar ein Admiral? Oder bald noch etwas Nobleres?

Die Hufe des Mulis klappern auf der Zugbrücke der herzoglichen Burg.

In den hohen Räumen brennen überall Kaminfeuer. Große eiserne Körbe mit Fackeln spenden ein wildes und unruhiges Licht. Für den Besucher stehen Würzwein bereit, Mandelkonfekt, Oliven. Er hat keine Lust auf Erfrischungen, geht unruhig im Raum hin und her in Erwartung des Kommenden.

Endlich! Der Herzog. Medina Celi, schwarz und silbern gewandet, das Calatrava-Kreuz, die höchste Auszeichnung des Landes, noch um den Hals, so wie er von den Majestäten gekommen ist, tritt eiligen Schritts ein. Columbus beugt das Knie, senkt den Kopf, blickt auf – und weiß alles.

»Euer Gnaden! Was ist geschehen?«

»Erhebt Euch, Señor Colón. Es tut mir Leid. Es tut mir Leid für Euch genauso wie für mich. Ich habe Ihrer Majestät in Cordoba Bericht erstattet, wie es sich gebührte. Ihre Majestät hat sich daraufhin besonnen und will es nun ebenso handhaben wie der königliche Vetter in Portugal. Entdeckungen und Reisen dieser Art sind in Zukunft allein Sache der Krone. Ich kann nicht handeln.«

Columbus' Augen lodern. »Die Majestät untersagt einem der größten Männer ihres Landes, zur Ehre Kastiliens eine Entdeckungsfahrt auszurichten?«

»Die Majestät kann untersagen und anordnen, wie sie will, Colón. Und ich bin um einen Traum ärmer.«

Der andere atmet heftig, er hält die Hände zu Fäusten geballt auf seiner Brust. »Und ich erst, Euer Gnaden. Und ich erst.«

Einen Moment sagt keiner etwas. Dann bemerkt Medina Celi versöhnlich: »Nehmt einen Schluck Wein, Colón. Beste Trauben vom Tejo.«

Der Seefahrer schüttelt stumm und heftig den Kopf. »Und nun?«

»Was nun?«

Columbus sieht nachdenklich in die Ferne und runzelt die Stirn. »Nun ja. Wenn die Majestät der Meinung ist, Reisen und Entdeckungen seien allein die Sache der Krone – nun, so muss *sie* eben meine Fahrt ausstatten.« Seine Stimme ist sachlich.

Medina Celi sieht ihn an, diesen weißhaarigen Mann mit der wettergegerbten Haut und den meerfarbenen Augen, und plötzlich bricht er in Lachen aus. »Eure Logik ist bestechend, Señor Colón. Ja, natürlich. Wisst Ihr was? Selbst wenn ich nicht mehr davon profitieren werde – ich führe Euch bei Hofe ein. Vielleicht ist Euch Fortuna günstig, Ihr findet andere Gönner oder könnt die Königin selbst überzeugen!«

»Fortuna? Gott der Herr allein verleiht mir Gunst und Gnade.« Columbus bekreuzigt sich fromm, ehe er dem Herzog die Hand küsst.

Rückschläge werden einfach ignoriert. –

Der mobile Königshof

Natürlich ist unsere Vorstellung, wenn jemand »zu Hofe geht«, dass es da eine große Residenz gibt, eine Kapitale, wo sich König und Königin samt dem Hofstaat aufhalten. Weit gefehlt. Der kastilische Hof ist sozusagen ständig unterwegs, schlägt sein Quartier bald da, bald dort auf, nistet sich mal in Klöstern ein und mal in Kastellen, baut sich wohl auch einmal, wie vor den Toren Granadas, eine improvisierte kleine Stadt.

Das hat zwei Gründe. Zum einen ist das Land so groß, die Regionen sind so unterschiedlich in ihrer gewachsenen Struktur, dass es sinnvoller erscheint, mal hier, mal dort zu residieren – zumal die materiellen Ressourcen eben auch begrenzt sind. Mit anderen Worten: So einen Hofstaat an einem Ort durchzufüttern, dazu langt es nur für einen gewissen Zeitraum. (Das Prinzip des »Wanderhofs« ist übrigens auch in Deutschland nicht unbekannt. Die zahllosen Pfalzen, die allüberall verstreut liegen, zeugen davon. Sie waren im frühen Mittelalter die provisorischen Residenzen des Königs und seines Gefolges.) Zum anderen: Kastilien-Aragon/-Leon befindet sich zu dieser Zeit, als Columbus auftaucht, im Krieg gegen das Königreich der Mauren – das mit seiner Hauptstadt Granada den christlichen Königen ein Dorn im Auge ist.

Cordoba ist das Hauptquartier der so genannten »Reconquista«, der Rückeroberung christlichen Bodens von den »ungläubigen« Muslimen. Dahin also wird Columbus zur Audienz bei den Majestäten bestellt, und dahin macht er sich nun, wie sein gescheiterter Gönner Medina Celi, auf den Weg.

Zum ersten Mal durchquert er im Januar 1486 das verwüstete Tal des Guadalquivir, wo die »Heere des Glaubens« die Strategie der Verbrannten Erde angewendet haben. Kein Baum, kein Strauch, kein Haus und keine Brücke, keine Bewässerungsanlage sind heil geblieben. Es regnet ununterbrochen in diesem Winter. Die Wege haben sich in Schlammbäche verwandelt, in denen ein Maultier bis zu den Fesseln versinkt, von den kahlen Hängen prasseln Sturzbäche. Der Fluss, um dessen Bett sich die Mauren einst liebevoll gekümmert hatten, ist versandet und verschlammt und tritt über die Ufer.

Eine trübselige Reise. Aber so etwas kann unseren Mann nicht erschüttern. Er hat seine Bücher und Papiere regendicht verpackt und zieht sich die Ölhaut, die er als Seemann bei sich hat, bis zur Nasenspitze ins Gesicht. Seinen kleinen Sohn weiß er gut aufgehoben bei den Mönchen von La Rabida. Er ist frei und ledig und, wie wir heute sagen würden, hoch motiviert.

Als Columbus am 20. Januar endlich in das bereits von den Muslimen »gesäuberte« Cordoba einzieht, ist von der alten islamischen Pracht nicht viel mehr als ein Schatten vorhanden. Die Stadt gleicht einem Heerlager. Man bereitet sich für den Sommerfeldzug gegen den Rest des maurischen Reichs vor.

Mit wacher Neugierde betrachtet der Seefahrer die neuen italienischen Bombarden (ein Kanonentyp, vergleichbar der Feldartillerie), die da mit vereinter Pferdekraft durch den Schlamm gezogen werden, und bewundert die eleganten, auf Figur »geschneiderten« Rüstungen der spanischen Granden, die ihre Truppen herbeibringen. Und er stellt fest, dass da eine internationale Kampftruppe beisammen ist: Alles, was mit dem Schwert zu Ruhm und Geld kommen möchte, ist in Cordoba angereist: Bogenschützen aus England und Söldner aus der Schweiz, Chevaliers aus Frankreich und Ritter aus Deutschland. Viele Sprachen schwirren durcheinander, die Schänken sind stets gut besucht und der Wein fließt in Strömen.

In dieser Welt der Abenteurer und Glücksritter muss sich ein Columbus wohl gefühlt haben – weiß er doch, dass er im Grunde nichts anderes ist als diese Herren, wenn auch vielleicht auf einer etwas anderen Ebene. Und er selbst wird mit seinem bereitwillig und vielsprachig erzählten Seemannsgarn gewiss auch für diese Männer eine interessante Person gewesen sein.

Als er nun aber den Hof aufsucht – der in der ehemaligen glanzvollen Moschee, der Mezquita, residiert –, erlebt er zunächst eine Enttäuschung. Die Majestäten sind noch in Salamanca. Isabella hat gerade zum fünften (und letzten) Mal ein Kind bekommen. Es dauert.

Columbus nutzt die Zeit sinnvoll. Bei den Kammerherren und Sekretären, den Priestern und Beamten der Majestäten weiß er sich geschickt ins rechte Licht zu setzen. Er macht überall eine gute Figur und kann Informationen über Ferdinand und Isabella sammeln, ihre Eigenheiten, ihre Vorlieben, ihre Schwachstellen. So kann er seine Vorgehensweise langfristig planen.

Endlich, als der Frühling die kahlen Hänge vor den Toren Cordobas mit einem bunten Meer von Wildblumen überzieht, packt man im entfernten Salamanca die Koffer. Am 28. April 1486 reiten die Majestäten mit ihrem Tross in Cordoba ein. Die Mitteilungen der Sekretäre über diesen interessanten Ausländer, der sich vorher bei Medina Celi angedient hatte, müssen sehr wohlwollend ausgefallen sein. Die Majestäten sind neugierig. Bereits nach wenigen Tagen wird Columbus zur Audienz beordert. Die große Stunde ist da.

Die Majestäten lassen bitten

Mit kostbaren Gewändern ist er nicht gesegnet, der Seefahrer. Trotzdem sieht er stattlich aus, wie er da seinen Kniefall vor den Herrschern über Spanien macht: Eindrucksvoll kontrastiert das weiße Haar mit dem dunklen, weitfaltigen Oberkleid, das ihn ein bisschen wie einen Gelehrten aussehen lässt. Wären da nicht dies gebräunte, wettergegerbte Gesicht, diese meergrauen Augen, die breiten Schultern und muskulösen Beine eines Menschen, der sich über Jahre auf Schiffen bewegt und bewährt hat.

Isabella betrachtet ihn mit Wohlwollen und Ferdinand – zunächst – mit müder Langeweile. *Er* wäre viel lieber zur Jagd ausgeritten, aber *sie* hat darauf bestanden, diesen Mann zu empfangen, und *sie* setzt sich eigentlich immer durch.

Columbus seinerseits hat zwar den Kopf zunächst demütig geneigt, wie es sich gehört, aber unter halb gesenkten Lidern beobachtet er das hohe Paar scharf. Es entspricht genau dem Bild, das er sich nach den Beschreibungen der Höflinge gemacht hat: links die pummelige Isabella mit dem Mondgesicht und den wässrigen Augen, und rechts der Schönling Ferdinand: glatte Wangen, ein markantes Kinn, kräftige Brauen. Er liebt das Gold und die Jagd und vor allem die Frauen, heißt es über ihn. Und sie – sie liebt die Macht und Gott den Herrn. Und natürlich ihren Mann. Sehr sogar. Ihrer Eifersucht ist schon so manches Hoffräulein zum Opfer gefallen …

Isabella ergreift das Wort. »Ihr habt gewichtige Fürsprecher, Señor Colón. Wenn so unterschiedliche Männer wie Fray Antonio, mein alter Beichtvater, und der hochmögende Grande Medina Celi mir erklären, dass Eure Pläne keine Phantastereien sind, sondern auf solider Grundlage beruhen, sollten Wir Euch wohl vor Unseren Ohren zu Wort kommen lassen. Habt also keine Furcht und sprecht frei.«

Columbus lächelt. Warum sollte er Furcht haben? Könige können ihn nicht einschüchtern, sie sind für ihn Mittel zum Zweck, Auftraggeber. Geldgeber.

»Allergnädigste Majestäten«, beginnt er. »Ich schätze mich glücklich, meine Dienste den Herrschern anzubieten, die der gesamten Christenheit ein leuchtendes Vorbild an Glaubenseifer und Kampf gegen die Heiden liefern. Wenn ich die Inseln jenseits des Meeres gefunden haben werde, wenn ich den Osten bereise, indem ich nach Westen fahre, wird der Ruhmeskrone Eurer Majestäten ein weiterer funkelnder Edelstein hinzugefügt werden.«

Mit zur Seite geneigtem Kopf hört die Königin zu. Der Mann redet mit einer Art von freimütiger Schmeichelei, die schon fast ein bisschen respektlos ist. Er trägt so dick auf – macht er sich über sie lustig?

Jetzt mischt sich Ferdinand ein. »Mal abgesehen vom Edelstein in der Ruhmeskrone, Señor – äh – Colón, nicht wahr? –, was würde denn diese abenteuerliche Unternehmung, falls sie denn erfolgreich ist, außerdem einbringen?«

»Sie *wird* erfolgreich sein, Don Hernán«, sagt Columbus bestimmt. (Fährt er dem König über den Mund? Isabella verkneift sich ein Lächeln.) »Nun, wenn wir den Seeweg nach Indien kennen, so wird Portugal weit abgeschlagen hinter Kastilien und Aragon zurückbleiben. Der Handel, wie schon Herzog Medina Celi, Euer Vetter, festgestellt hat, wird einen gewaltigen Aufschwung nehmen, und der Konkurrent im Westen unserer Halbinsel wird auf der Strecke bleiben. Das verspricht Profit, Euer Majestät! Und außerdem: Unermessliche Schätze an Gold sind zu finden dort auf den Inseln jenseits des ozeanischen Meers.«

»Gold? Tatsächlich?« Ferdinand beugt sich vor. Jetzt ist sein Interesse erwacht. (Es stimmt also, seine Gier ist grenzenlos, wie die Hofbeamten Columbus unterm Siegel der Verschwiegenheit mitgeteilt hatten. So grenzenlos wie die Frömmigkeit Isabellas.) Infolgedessen wechselt der Vortragende jetzt die Taktik.

»Ja, Majestät, Gold, um den Glanz der Reiche Aragons, Leons und auch Kastiliens zu erhöhen und die Hofhaltung der Majestäten noch prunkvoller zu machen. Und dann gibt es noch den anderen Aspekt – das Seelenheil der unerlösten Menschen dort drüben.« Er wendet sich nun direkt an die Königin. »Doña Isabel! Unzählige Heidenkinder warten auf die heilige Taufe! Unzählige Seelen schmachten in der Finsternis ihrer Unwissenheit. Bedenkt, was es bedeutet, wenn Ihr das Kreuz zu diesen Menschen bringen könnt!«

Ferdinand streift ihn mit einem schrägen Blick, der wohl beinhaltet: Der Bursche weiß genau, wo man *sie* packen kann! Dann betrachtet er demonstrativ seine Fingernägel. Das ganze fromme Gerede hat er satt – aber das darf er natürlich nicht zeigen.

Isabella nickt nachdenklich. Beides sind gute Argumente – Gold und Seelenrettung. Und beides hängt miteinander zusammen… Als könnte dieser Seefahrer Gedanken lesen, fährt der fort: »Bedenkt auch, Euer Gnaden, zu welch kräftigem Aufschwung das Gold der entdeckten Länder Euren jetzigen Kreuzzug gegen die Mauren führen könnte!« Er sieht ihr direkt in die Augen, wagt wieder zu lächeln.

»Jedermann weiß, dass die Kassen dieses heiligen Kriegs leer sind.«

Die Königin schluckt. Solche offene Sprache wagt kaum jemand. Aber der Mann gefällt ihr. Und seine Argumente auch.

»Wir ziehen Euren Plan wohlwollend in Erwägung«, sagt sie. Aber nun fällt ihr der königliche Gemahl ins Wort. Sie redet mal wieder für sie beide – da muss er sich denn doch einmischen.

»Das tun Wir, Colón«, sagt er spöttisch, »auch wenn Wir diesen Plan eher als ein Abenteuer betrachten. Aber eins scheint Ihr vergessen zu haben. Bevor Ihr Uns die goldenen Berge, die Ihr jetzt versprochen habt, herbeischafft, müssen zuerst *Wir* zahlen, für Eure Schiffe, Eure Mannschaft, Eure Ausrüstung. Und die Kassen sind leer, das sagt Ihr ja selbst.«

»Nun«, entgegnet der Seefahrer mit der freimütigen Direktheit, die die Herrschaften so verblüfft, »für drei kleine Schiffe wird es ja wohl noch reichen am Hofe von Aragon und Kastilien.«

Jetzt kann sich Isabella das Lachen nicht verkneifen – und sie lacht selten. »Jeder Maravedi wird gebraucht, Colón. Ja, wenn wir den Krieg gewonnen hätten … aber so! Ich möchte meinem Gemahl einen Vorschlag machen und hoffe, er stimmt zu. Wir legen Euer Projekt in die Hände Unseres Ministers Hernando de Talavera. Er soll einen geografischen Expertenausschuss berufen, der alles bis ins kleinste Detail prüfen wird. Dann sehen wir weiter.«

Columbus' Miene verdüstert sich. Einen Untersuchungsausschuss gab es ja schon einmal, in Portugal, die Junta König Johanns …

Unterdessen fährt die Königin fort: »Versteht, dass Wir

Euer Konzept aufs Genaueste prüfen lassen müssen. Es ist, wie mein Gemahl schon sagte, sehr – abenteuerlich, und darüber hinaus brauchen Wir auch die Gewissheit, dass es nicht gegen Unseren heiligen Glauben verstößt.«

Fast wäre der Mann da vor ihr aufgefahren, Röte schießt ihm ins Gesicht, aber er beherrscht sich. Die alten theologischen Spitzfindigkeiten – die Erde kann keine Kugel sein! –, sie werden also auf ihn zukommen …

»Bleibt indessen an Unserem Hof. Es wird Uns eine Freude sein, mit Euch hin und wieder zu disputieren. Und damit Ihr nicht Not leiden müsst, soll Euch eine kleine Zahlung zum Unterhalt gewährt werden. Besprecht das mit Unserem Schatzmeister. Ich denke« – sie zögert – »vielleicht 14 000 Maravedi im Jahr. Falls Unser Gemahl einverstanden ist.«

Ferdinand nickt säuerlich. Sie macht sowieso, was sie will …

Columbus verneigt sich tief und presst die Lippen aufeinander. Diese Frau kann rechnen! Das ist ungefähr die Jahresheuer eines Leichtmatrosen, mehr nicht! Und »im Jahr« – bedeutet das vielleicht, dass er ein Jahr lang auf die Entscheidung warten muss? Er kann nicht ahnen, dass es viel länger dauern wird …

Der Fremde am Hof

Bisher war Columbus die beherrschende Figur der Szene. Jetzt tritt eine zweite, wichtige Gestalt auf. Sie wird in Zukunft eine bedeutende Rolle im Geschehen übernehmen. Jetzt wird er auf die Frau stoßen, die all seine Leidenschaften entfachen wird (soweit die nicht gebunden sind durch seinen Lebensplan) – eine Frau, die ihm an Rang und Herkunft weit überlegen ist.

Es ist das Wechselspiel dieser beiden außergewöhnlichen Menschen, die ihrer Zeit so weit voraus waren und ihr andererseits verhaftet bleiben in vielen ihrer Taten. In der Vergangenheit ist oft versucht worden, die Rolle dieser Frau im Leben des Columbus als eine bloße Episode abzutun, sie selbst als eine Person von fragwürdigem Charakter darzustellen. Nun, es war alles andere als eine Episode. Und die Meinung über eine historische Person sollte man nicht immer unbefragt von ihren Zeitgenossen übernehmen, vor allem wenn es eine herausragende Frauengestalt ist. Man sollte ein bisschen genauer hinsehen…

Von nun an also gehört Cristobal Colón zum Hofstaat der Majestäten. Zunächst aber noch ein paar Worte über das Umfeld des Königspaars zu dieser Zeit, also in der zweiten Hälfte der Achtzigerjahre des 15. Jahrhunderts. Denn bis zur Abreise der drei Karavellen in Richtung Westen, also bis 1492, wird sich ein radikaler Wandel in der Struktur dieses Hofes vollziehen – wichtig für unseren Seefahrer.

Es ist bemerkenswert, dass die beiden königlichen Ehegatten keinen gemeinsamen »Haushalt« haben. Die Herrscher von Aragon/Leon und Kastilien wirtschaften mit getrennten persönlichen Kassen, nur der Staatsetat ist selbstverständlich gemeinsam. Jeder der beiden hat einen sorgfältig ausgewählten Kreis von Vertrauten und die verborgene Rivalität zwischen Herrscher und Herrscherin wirkt sich natürlich auch auf diesen Kreis aus. Intrigen, Eifersüchteleien, Prestigekämpfe sind an der Tagesordnung, zumindest bei der Gruppe, die das Gros des Hofes stellt: bei den Adligen. Hofdamen und Kavaliere wetteifern in kleinlichen Grabenkämpfen – so langweilt man sich wenigstens nicht.

Zwei andere Gruppen sind die Geistlichkeit und – last but not least – die Verwaltungsbeamten: die Juristen, die Schreiber und Ökonomen und die Finanziers. Und hier nun entdecken wir, dass zu diesem Zeitpunkt der Anteil von Conversos, der zum Christentum übergetretenen Juden und deren Nachfahren, gerade unter den Letzteren erstaunlich hoch ist. Sie haben es, wie wir wissen, gelernt, mit Geld umzugehen. Reiche und mächtige Enkel und Urenkel von Juden sitzen also damals zunehmend an den Schlüsselpositionen dieses Hofes, wobei die strenggläubige Isabella sie eher unwillig duldet, aber nicht ohne sie auskommen kann – genauso wenig wie ihr in dieser Hinsicht toleranterer Gemahl.

Und wenn man genau hinschaut, entdeckt man sogar unter den Prälaten und Bischöfen dieses Hofes Nachkommen von getauften Juden, von »Marranen«. Dass die Leibärzte der Majestäten Juden waren, versteht sich im Mittelalter nahezu von selbst. Während bekanntlich die christliche Medizin noch in den Kinderschuhen des Aberglaubens steckte, war ihr die arabisch-jüdische Heilkunde um Lichtjahre voraus – bereits um das Jahr 1000 hatte der große arabische

Arzt Avicenna bahnbrechende medizinische Erkenntnisse gesammelt, die an den jüdischen Gelehrten nicht vorbeigegangen waren.

Columbus kann also durchaus auf ein ähnliches Klima gestoßen sein, wie er es in Lissabon in der Gesellschaft der Kartografen und Astronomen vorfand; das geheime »Sich-Erkennen«, jenes »Baruch Haschem« zu Beginn eines Briefes – das wird es auch hier gegeben haben.

Ansonsten ist er ein Fremdkörper in der Adelsgesellschaft, in der er sich nun bewegen muss. Man kann sich vorstellen, dass die feinen Herrschaften zunächst einmal irritiert sind. Was ist das nur für ein Mann, der sich so ungeniert in »höheren Rängen und Kreisen« bewegt? Der über keinerlei Titel verfügt und trotzdem kein bisschen unterwürfig tut? Der so freimütig seine – sehr eigenwillige – Meinung äußert, der so faszinierend von Dingen erzählen kann, von denen man überhaupt noch nie gehört hat und die er für selbstverständlich hält?! Was, die Erde ist wirklich eine Kugel? Ja, wieso fallen wir da nicht herunter? Wie bitte, an der Küste von Bristol in England beträgt der Unterschied zwischen Ebbe und Flut zwanzig Meter und das hat er angeblich selbst gesehen? Und dann hat er auch noch die Stirn zu behaupten, man kann nach Westen segeln und kommt nach einer Reiselänge von 750 Leguas bei den Indern an? Und da sind sogar die Dächer mit Gold gedeckt? Ja, wenn die Majestäten sich mit solchem Unfug anfreunden können, dann wird es ja, mit Verlaub gesprochen, gar nicht so ein Unfug sein …

Er muss ein bisschen wie der Hecht im Karpfenteich gewirkt haben, der seltsame Mann mit den weißen Haaren und den jungen Augen – eine erfrischende Abwechslung im öden höfischen Einerlei. Und für die Frauen, die Hofdamen um Isabella, sicher eine aufregende Erscheinung. Ein Fremder, ein Ausländer! –

»Bis ins nördliche Eismeer?«, wiederholt eine junge Edeldame ungläubig.

Sie sitzen im Schatten der maurischen Säulen der Mezquita, die bekanntlich von der Moschee zur königlichen Residenz umgewandelt ist, und in der Mitte des mit Grünpflanzen geschmückten Innenhofs sprudelt melodisch ein Springbrunnen. So sollen sich die Moslems das Paradies vorstellen, weiß er: grün und voll lebendigen Wassers. Aber jetzt erzählt er vom Eismeer.

Die Damen des Hofs sitzen um ihn herum wie die Täubchen um den Täuberich, bewegen ihre großen Fächer und hängen an seinen Lippen. Unglaublich, was dieser Mann zu berichten weiß!

»Bis nach Island, ja, Doña Juana! Hinter Kap Finisterre, das ist die nördlichste Spitze von Portugal, beginnt das Grauen für uns Seeleute«, sagt er gerade. »Fast zweihundert Leguas übers offene Meer, ohne Landmarken, ohne Schutz vor Stürmen. Wir liefen vor dem Wind bis Southampton und Bristol – das sind Städte in England, meine Damen! – und fassten dort Wasser und Proviant. Und dann ging's hinaus in die unermessliche See, Kurs Westnordwest.«

Kleine Ausrufe des Schreckens aus dem Mund der entzückten Frauenzimmer begleiten seine Erzählung. Selten hat man sich so gut unterhalten gefühlt. Columbus lehnt sich zurück und genießt die Wirkung seiner Worte.

»Heulende Weststürme«, fährt er fort. »Die Wogen, die über die Reling stürzten, waren so kalt wie schmelzendes Eis. Die Decks eine einzige Rutschbahn, die Taue steif gefroren. Statt Regen kamen Eisstücke vom Himmel, verehrte Damen!«

»Gütiger Gott!« Die Fächer werden noch heftiger bewegt.

»Tagelang kein Land in Sicht, obwohl wir nach meinen Berechnungen längst die Küste erreicht haben mussten. Aber alles war in Nebel und Dunkelheit versunken.«

»Aber was hattet Ihr dort zu tun – in dieser Hölle?«, fragt schüchtern eine junge Person mit hübschem Spitzenkragen. Columbus lächelt sie an. »Forschergeist und Wagemut treiben den Mann dazu, das Unmögliche zu leisten!«, deklamiert er. Dann setzt er nüchtern hinzu: »Außerdem wollten wir Wein gegen Dörrfisch eintauschen. Als es Frühling wurde, segelten wir bei gutem Wind bis an die Nordspitze der Insel. Das Meer war eisfrei, ein warmer Frühsommer.« Seine grauen Augen verschleiern sich, als würde er in eine andere Welt abtauchen. Er scheint seine Zuhörerinnen gar nicht mehr wahrzunehmen. »Geschaukelt von gewaltigen Wellen, fuhren wir dahin, und vor uns tauchten plötzlich die hoch aufragenden Gipfel einer Insel auf. Ich könnte sie zeichnen – der Form nach ein riesiger Schmetterling. War das schon der eisige Pol des Nordens? Ich hätte in diesen Tagen bis zu ihm vordringen können…«

Er verstummt, sieht blicklos vor sich hin. Die Hofdamen wagen kaum zu atmen.

Und dann ertönt hinter seinem Rücken eine spöttische Frauenstimme: »Ich glaube, dergleichen nennt man Seemannsgarn.«

Columbus fährt herum, die Zornesröte schießt ihm ins Gesicht.

Unbemerkt hat sich eine Dame in Reitkleid und federgeschmücktem Barett genähert, die Gerte in der behandschuhten Hand. Die Sonne steht in ihrem Rücken, sodass Columbus ihr Gesicht nicht sehen kann. Ihr Auftauchen wirkt auf die anderen Frauen wie das eines Sperbers im Hühnerhof. Aufgescheucht erheben sie sich, knicksen tief. Stecken die Köpfe zusammen und tuscheln. Einige entfernen sich schnell.

»Ihr bezweifelt meine Worte?« Er ist aufgestanden.

Die Frau lacht. Ihre Stimme ist tief und melodisch, weich wie Samt. »Señor! Verzeiht – ich kenne Euch noch nicht –, aber ich nehme an, Ihr seid derjenige, der den Osten suchen will, indem er nach Westen fährt? Nun, für so ein Vorhaben braucht man schon Fantasie – und die habt Ihr eben demonstriert. Bravo!« Sie schlägt leicht ihre Hände gegeneinander.

Columbus' Augen verdunkeln sich vor Zorn. »Alles, was ich da eben berichtete, habe ich erlebt!«

Sie nickt. »Ja, und Ihr habt es sehr eindrucksvoll beschrieben.« Der Spott ist immer noch nicht aus ihrer Stimme gewichen. Die jungen Hofdamen haben sich inzwischen samt und sonders mit ein paar gemurmelten Entschuldigungen verzogen, lassen die beiden bei ihrem Wortgefecht allein. Sie scheinen zu wissen, dass man sich mit dieser Person besser nicht anlegt…

Aber dazu kommt es nicht. Denn die Frau im Reitkleid hat jetzt eine Bewegung zur Seite gemacht und nun ist ihr Gesicht im Hellen. Ein blassgoldenes Oval dieses Gesicht, die ungeschminkten Lippen heller als die Haut drum herum. Augen, die zwischen grün und braun schillern wie die Haut einer Eidechse. Eine sanfte Stirn, gewölbt wie die eines Kindes, hohe Brauenbögen. Die Haarsträhne, die unter dem Barett hervorkommt und sich um ihren Hals ringelt, schimmert in der Sonne, tiefschwarz mit einer Verheißung von glimmendem Rot darin. Die schönste Frau der Welt, denkt der Seefahrer und verneigt sich tief.

»Hat es Euch die Sprache verschlagen, wortgewaltiger Mann?«, fragt sie geradezu.

»Ja, Euer Gnaden. Denn mit Euch zu streiten, hieße, gegen einen Erzengel anzukämpfen.«

»Also, es hat Euch nicht die Sprache verschlagen!«, stellt sie amüsiert fest. »Sehr schön. Ihr seid also der Herr Colón, nicht wahr? Und ich – nun, man nennt mich La Cazadora. Die Jägerin.«

Und obwohl er weiß – gehört hat –, dass diese Frau die Geliebte des Königs ist, kann er seine Augen nicht von ihr abwenden. Christoph Columbus ist ihr unrettbar verfallen.

Rätsel um eine Frau

Auf La Gomera, der kanarischen Insel, hängt im Patio des Hotels Parador Nacional das Bild einer wunderschönen Frau. Ein sanft ovales Gesicht, eine Haut wie Milch und Honig, grüne Augen unter schön geschwungenen Brauen. Es soll das Porträt jener Frau sein, die Columbus leidenschaftlich liebte: Beatriz de Bobadilla, genannt La Cazadora, die Jägerin, damals Gouverneurin dieser Insel. Leider, das Bild hat einen kleinen Schönheitsfehler. Die Dame trägt eine hohe Halskrause, wie sie erst hundert Jahre später in Mode gekommen ist. Mit einem Wort, es ist kein echtes Konterfei, sondern, wie man so schön sagt, »später aus dem Gedächtnis nachempfunden«. Sei dem, wie es sei: Die faszinierende Person auf diesem Gemälde wird für mich immer das Vorbild für die wirkliche Frau sein. –

Dass es von ihr genauso wenig ein »lebensechtes« Porträt gibt wie von Columbus, ist schon eine erstaunliche Sache. So seltsam es klingt: Der große Entdecker ist zu Lebzeiten niemals gemalt worden. Die unzähligen Columbus-Bilder, die da und dort in den Galerien hängen, entbehren jeder realen Grundlage. Wir wissen von seiner stattlichen Gestalt, seinem früh ergrauten Haar, seinen verschatteten hellen Augen, die manchmal verschleiert in die Ferne seiner Träume zu schauen scheinen – aber das ist schon alles. Nehmen wir also unsere Einbildungskraft zu Hilfe und erschaffen uns unseren Helden und unsere Heldin, wie wir sie gern hätten.

Dass Beatriz eine der schönsten Frauen ihrer Zeit war, das bestätigen die Quellen immer wieder. Und dass sie eine Unruhestifterin war, außerdem.

Was für eine Person kommt da also auf uns zu? Wieder einmal fordern uns die Quellen zum Rätselraten auf. Wieder sind Geheimnisse zu entschlüsseln.

Wir erfahren zunächst von einer Beatriz de Bobadilla, die die Tochter eines Kastellans, eines Schlossherren also, ist, auf dessen Burg die junge Isabella von Kastilien aufwuchs. Die Gattin dieses Mannes ist die Amme der Prinzessin, also sind die Mädchen beinah wie Schwestern. Ein seltsames Gespann: die eine unscheinbar bis hässlich, die andere die Anmut in Person, aber sie müssen sich gut verstanden haben. Beide genießen sie miteinander eine für Mädchen ungewöhnlich profunde Bildung, können Lateinisch lesen und schreiben, kennen die antiken Klassiker, sind eingeweiht in die Welt der Astronomie, Mathematik und Kosmografie. Beatriz bleibt in der Nähe Isabellas, wird später zur Hofdame und Vertrauten der Königin.

Man erfährt, dass diese Beatriz mit einem Höfling des Königs namens Andres de Cabrera verheiratet wird, einem Mann, der sich in den vielen Streitigkeiten, die ein Teil des Adels von Aragon mit dem Monarchen ausficht, loyal und treu verhält. Deshalb wird er zum Marques – also zum Grafen – de Moya ernannt. Von seiner Frau heißt es, dass sie die Nummer eins am Hof ist. »Despues la reina de Castilla – la Bobadilla«, reimt man. »Nach der Königin von Kastilien – die Bobadilla.« Und ein anderer Chronist nennt sie sogar »die eleganteste Dame in der ganzen Christenheit«. Sie kleidet sich reich und mit Geschmack und hält sich, ungeachtet der Tugendstrenge ihrer königlichen Herrin, hin und wieder einen Liebhaber, und darüber sieht Isabella bei ihr großzügig hinweg.

Diese Bobadilla wird zu einer großen Fürsprecherin des Columbus und ist ihm wohlgesonnen.

So weit passt das alles zusammen. Aber: Die Bobadilla, von der bisher die Rede war, ist mit ziemlicher Sicherheit im Jahre 1440 geboren. Das heißt, sie wäre zum Zeitpunkt der ersten Begegnung mit Columbus eine reife Frau von über vierzig Jahren.

Kann sie die gleiche sein, der man ein Verhältnis zu dem jungen König nachsagt, die gleiche, die wenig später (ist der Marques de Moya, ihr Mann, inzwischen gestorben?) auf die Kanarischen Inseln verheiratet wird, die gleiche, die sich, wie wir später sehen werden, vor einer unerbittlichen Königin in Prozessen verteidigen muss – sie, die »Beinaheschwester« und beste Freundin der Majestät?

Die Historiker gehen ziemlich unbekümmert mit der Person der Beatriz um. Sie machen sich häufig nicht die Mühe, Ungereimtheiten aufzuklären, stellen diese Frau in bestimmte Situationen, als sei sie eine Papierfigur, die man ausschneiden und beliebig platzieren kann.

Aber genau das ist es, was Beatriz ihr Leben lang *nicht* gewollt hat: *irgendeine* zu sein.

Ich sehe das so:

Die Sippe der Bobadillas ist so weit verzweigt wie Äste eines Baums. Und mit einiger Anstrengung kann man schließlich herausbekommen, dass es in der Generation davor drei Brüder gab, deren einer der Vater jener Beatriz ist, die als Vertraute der Königin agiert. Ein anderer wieder hat einen Sohn namens Juan Fernandez und der muss ausgerechnet seine Tochter auch Beatriz nennen!

Es gibt also deren zwei. Die eine – unbestritten – ist die Marquesa de Moya. Die andere trägt den Beinamen »La Cazadora«, zu Deutsch, die Jägerin. Und ich denke: Das ist sie!

Warum sie die Jägerin heißt, werden wir noch sehen.

Beatriz la Cazadora ist also die Nichte der Marquesa. Sie ist ebenfalls am Hofe, ist ebenfalls Dame der Königin. Und sie ist zwanzig Jahre jünger als die andere.

Zu welcher Zeit sie in den Dienst der Königin getreten ist – zweifellos auf Vermittlung ihrer Tante –, wissen wir nicht. Jedenfalls taucht da eine junge Person auf, die an Schönheit und Esprit die Marquesa noch übertrifft, die nicht gewillt ist, sich von Autoritäten beeindrucken zu lassen, und die einen unbändigen Hunger auf Leben mitbringt. Von Konventionen scheint sie nicht viel zu halten. Und da sie selbst aus einer der besten Familien des Landes stammt und zudem in der einflussreichen anderen Beatriz einen guten Rückhalt hat, gibt sie sich bald unbekümmert den beiden Beschäftigungen hin, die sie am besten kann und die ihren Ruf an diesem Hof sehr bald ruinieren: Sie wetzt ihre spitze Zunge an allem und jedem – und sie jagt.

Aber was sie jagt, sind nicht etwa die wilden Tiere des Waldes und der Berge. Beatriz de Bobadilla (unsere, die Jüngere!) – so behaupten es die spärlichen Quellen – probiert ihre persönlichen Waffen, nämlich Schönheit und Redegewandtheit, an den Herren ihrer Umgebung aus. La Cazadora jagt Männer.

Am eher prüden Hof der Majestäten von Kastilien und Aragon ist eine derartige Freizügigkeit natürlich ein Stein des Anstoßes. Wir wissen nicht, ob Beatriz es beim bloßen Flirten gelassen hat oder ob der eine oder der andere Höfling auch in intimere Beziehungen zu ihr getreten ist. Aber in den Augen der schockierten Adelsgesellschaft kommt das wahrscheinlich auf das Gleiche heraus. In einer Zeit, in der die Initiative bei Werbung und Annäherung der Geschlechter traditionsgemäß ausschließlich bei den Männern liegt, ist schon ein bisschen Kokettieren ausreichend, um eine Frau als leichtfertige Person abzustempeln.

Bei unserer »Jägerin« wird es allerdings in einem äußerst gewichtigen Fall »ernst« – einem Fall, der dazu geeignet ist, ihr den Neid, den Hass und die geheime gesellschaftliche Ächtung des ganzen Hofs einzutragen: Beatriz de Bobadilla ist in jenen Achtzigerjahren die Geliebte König Ferdinands geworden. Ein Chronist drückt das vorsichtig so aus: »Beatriz de Bobadilla, Dame der Königin, auf höchste Weise schön, für die der König einiges an Neigung an den Tag legte...«

»Einiges an Neigung« reicht jedenfalls aus, Königin Isabella außerordentlich zu beunruhigen. Eigentlich ist sie ja Kummer gewöhnt. Der schöne Ferdinand war, wie wir gehört haben, weiblichen Reizen durchaus nicht abgeneigt, und immer wieder einmal muss Isabella eine ihrer Hofdamen ganz schnell entfernen, indem sie sie verheiratet – möglichst weit weg vom Hof.

La Cazadora loszuwerden, war aber offensichtlich nicht so einfach. Ob sich – jedenfalls über eine geraume Zeit – der König allen derartigen Plänen widersetzt hat, oder ob sie es war, die selbstbewusst darauf besteht zu bleiben, ist nicht auszumachen. Genauso wenig, wie die Frage zu beantworten ist, ob sie Ferdinand geliebt hat oder bloß ihre Macht über ihn ausspielt und sich im Glanz ihres Triumphs sonnt. Zumindest muss die Neigung nicht so groß gewesen sein, dass sie nicht durch eine andere zu ersetzen gewesen wäre: die zu dem ausländischen Seefahrer, der sich da neuerdings am Hof aufhält.

Columbus und die Cazadora: Sie wissen beide, dass sie ein gefährliches Spiel treiben.

Liebe in den Zeiten des Wartens

Natürlich müssen ihre Treffen heimlich stattfinden. Keine ganz einfache Sache bei einem Hof, der ständig unterwegs ist und meist in provisorischen Quartieren haust. Da gibt es keine lauschigen Gärten oder verschwiegenen Grotten. Man hockt dicht aufeinander. Aber zum Glück haben die Majestäten ja mit ihrem Sommerfeldzug, der (übrigens erfolglosen) Belagerung der maurischen Festung Moclin, alle Hände voll zu tun und sind abgelenkt, und wenn sich die Höflinge auch das Maul zerreißen über das aus dem Rahmen fallende Paar – ehe man Ferdinand und Isabella etwas »steckt« von den Vorgängen, ist es noch ein weiter Weg. Lieber wartet man ab und beobachtet voller Neugier und Häme.

Denn das ist ja nun ganz und gar unmöglich! Eine Hochadlige, selbst wenn sie in den Augen ihrer Umwelt eine zuchtlose Frau ist, gibt sich nicht mit einem Niemand ohne Rang und Namen ab, einem windigen Ausländer mit noch windigeren Plänen – und schon gar nicht, wenn sie die Mätresse des Königs ist!

»Stimmt es, dass du die Mätresse des Königs bist?«

Sie sind übereinander hergefallen in dem kleinen stickigen Quartier des Mannes. Es hat nur wenige Tage gedauert, Tage, in denen Columbus keinen Gedanken von ihr wenden konnte; Tage, in denen jede Faser seines Leibes sich nach ihr sehnte. Und ihr muss es nicht anders ergangen sein. Ohne

Verabredung, ohne Plan. Ihr Einverständnis bedurfte keiner Worte, vom ersten Moment an. Sie steht einfach in der Tür, die Jägerin, ein Windlicht in der Hand, das rötlich schwarze Haar aufgelöst über den Schultern, den Blick herausfordernd und ohne Lächeln auf ihn gerichtet, und während sie auf ihn zugeht, auf ihn, der an seinem Tisch über Papier und Instrumente gebeugt sitzt, öffnet sie auch schon ihr Oberkleid.

Und nun, während sie nebeneinander liegen auf dem schmalen Bett, schweißnass und ermattet, stellt er ihr diese Frage.

Sie lacht so ungeniert, dass er versucht ist, ihr den Mund zuzuhalten – die Wände haben Ohren! –, und antwortet mit einer Gegenfrage: »Stimmt es, dass du ein windiger Betrüger bist?«

Er fährt auf, und sie sieht mit Vergnügen in dem matten Schein ihres Lichts und seiner Lampe, dass er wieder zornesrot wird, wie bei ihrer ersten Begegnung, die Röte kriecht ihm Hals und Kehle hoch und steigt bis in die Stirn – ein Mann, der rot ist, der Rot sieht wie ein Stier beim Angriff… »Wer das behauptet, ist entweder ein Dummkopf oder ein Verleumder!«, sagt er wütend.

»Also, ich halte mich weder für dumm noch für verleumderisch! Aber was du da vorhast, das musst du mir erst noch erklären. Und außerdem weiß ich jetzt etwas, was alle anderen an diesem Hof nicht wissen: nämlich dass du ein Jude bist.«

»Ich bin kein Jude. In meiner Familie sind wir gläubige Christen, die das Evangelium bekennen.«

Sie zuckt die Achseln, fragt amüsiert: »Und wieso bist du dann beschnitten?«

»Warum sollen wir als Christen vergessen, woher wir kommen? Warum soll der Alte Bund vergessen werden, weil es nun den Neuen Bund gibt?«, entgegnet er ruhig. »Man muss Christ sein dürfen, ohne die alten Traditionen zu verraten. Viele Conversos in Spanien und Portugal halten es so. Wir bewahren alles, was unsere Vorfahren über Jahrtausende gepflegt haben, die alten Riten, soweit es denn möglich ist. Beschneidung, Bar Mizwa, Sabbatruhe. Warum sollen wir nicht ehren, was der Herr uns geboten hat? Unser Herr Jesus war ein Jude. Wir verehren den neuen Glauben, ohne den alten zu verwerfen.«

Beatriz stützt den Kopf auf die Hände, beugt sich über ihn. »Wenn jetzt hier der Herr Großinquisitor Torquemada läge, an meiner Stelle – du weißt, was dir da blühen würde, nicht wahr?« Ihre Augen sind nachdenklich, in einer undefinierbaren Mischung von Spott und Bewunderung.

Columbus zuckt die Achseln. »Er liegt ja nicht hier. Du bist es, Cazadora.« Er zieht ihren Kopf zu sich herunter, um sie zu küssen. »Eine Frau, wie es sie nur einmal auf der Welt gibt.«

Sie macht sich los. »Cristobal, im Ernst – weißt du, wie gefährlich ihr alle lebt? Diese Königin ist nicht zu bremsen in ihrer Frömmelei und ihrem Fanatismus. Sie lässt die Inquisition immer mächtiger werden.«

»Solange sie die Mauren nicht besiegt hat, hat sie keine Zeit, etwas gegen die Juden zu unternehmen.«

»Und solange sie die Mauren nicht besiegt hat, hat sie auch weder Zeit noch Geld, dich irgendwohin ins Ungewisse zu schicken.«

»Es ist nichts Ungewisses. Ich muss die Inseln nur finden.«

»Hast du sie irgendwie verlegt in deiner Seekiste?«

Er will wieder auffahren, aber sie legt ihm die Hand auf den Mund.

»Was deine Frage von vorhin betrifft«, sagt sie dann ruhig,

»die Antwort ist Ja. Ich bin die Geliebte des Königs. Ist das wichtig?«

»Nein. Nur dass es auch nicht gerade ungefährlich ist.«

Der Expertenausschuss, den Hernándo de Talavera auf königlichen Befehl einberufen hat, setzt sich beileibe nicht nur aus bornierten religiösen Eiferern zusammen. Einige der wichtigsten Gelehrten der Zeit gehören ihm an und Talavera selbst ist ein Mann von großem diplomatischen Geschick und weitreichender Erfahrung. Dennoch: Von vornherein stehen die Chancen für das Unternehmen des Columbus in Spanien noch schlechter als in Portugal. Gegenüber dem weltoffenen Nachbarland trägt man hier theologische Scheuklappen. Immerhin hat die Majestät Wohlwollen angeordnet. Gut und schön. Nur zunächst macht sich die Kommission überhaupt nicht an die Arbeit. Talavera ist ein viel beschäftigter Mann und das Anliegen des Ausländers kann warten.

Und warten kann auch der Bittsteller mit der Minirente, kann seinen eigenen »Sommerfeldzug« am Hof führen, sich in die Kreise der Marquesa de Moya integrieren, die immer mal wieder ein gutes Wort für ihn einlegt bei ihrer königlichen Freundin, ihn in Erinnerung bringt und im Übrigen mit Unbehagen und Bangigkeit beobachtet, was sich da zwischen ihrer Nichte und diesem Seefahrer – nein, nicht entwickelt. Es spielt sich einfach vehement ab. Von Anfang an.

Ungeachtet der Verwüstungen eines Kriegs und in der staubigen Dürre einer in der Sonnenglut verschmachtenden Landschaft sitzen sie beide wie auf einer Insel zusammen, zwei schillernde Gestalten, selbstbewusst bis zum Hochmut, um sich vor Verletzungen durch andere zu schützen, zwei Fremdkörper in einer von Etikette und Regeln bestimmten

Welt – der obskure fremde Seefahrer ohne Rang und Namen mit seinen ungeheuerlichen Plänen dort. Und hier eine junge Frau, die es wagt, die Standesunterschiede zu leugnen, die Grenzen einfach überspringt, sei es nach oben, wenn sie einen König liebt, oder nach unten, ins Ungewisse der Herkunft dieses seltsamen Manns. (Beides wird man ihr gleichermaßen verübeln.)

Und sie reden über seine Pläne.

»Deine Inseln«, fragt sie. »Wie kannst du so sicher sein, dass es sie wirklich gibt?«

Nein, nicht einmal ihr gegenüber wird er die Seekarte und das Bordbuch des Steuermanns Pedro erwähnen, der in seinen Armen auf Porto Santo gestorben ist. Er sagt indes ohne Zögern: »Es steht in der Heiligen Schrift.«

»Ach?« Sie schenkt ihnen beiden Wein ein und verschüttet dabei einiges. Ihre Stimme ist spöttisch.

»Was hast du in deiner Kindheit gelernt?«, gibt er scharf zurück. Und zitiert: »Die Inseln harren auf mich, und die Schiffe im Meer von längst her, dass sie deine Kinder von Ferne herbringen, samt ihrem Silber und Gold! – Das steht im Propheten Jesaja.«

»Nun verstehe ich gar nichts mehr«, entgegnet sie, lehnt sich zurück und wippt mit dem Fuß. (Ihr Schuh baumelt an den Zehen, aber er sieht nicht hin.) »Wer sind denn die Kinder, die auf die Inseln gebracht werden sollen? Und das Gold – ich denke, das wollen die Majestäten von da *holen*, nicht es *hinbringen*.«

Er geht nicht auf sie ein. Wenn ihm danach ist, kann er über Einwände einfach hinweggehen, als hätte das Gegenüber gar nichts gesagt. Stattdessen bringt er ein anderes Thema aufs Tapet. »Hast du jemals das Buch dieses Venezianers gelesen? Marco Polo heißt er.« Und, da sie den Kopf schüttelt: »Dieser Mann hat auf dem Landweg Asien bereist. Er war in Ländern, die bei ihm Zipangu und Kathay genannt werden. Der König dort – er heißt Großkhan – ist unermesslich reich. Dort sind die Dächer der Häuser mit Gold gedeckt. Und von dort aus geht es direkt nach Indien, wo die Gewürze sind. Und die Berichte werden bestätigt von Rabbi Benjamin ibn Jona aus Tudela. Er war vor zweihundert Jahren in Asien.«

»Auf dem Landweg?«

»Auf dem mühsamen Landweg, ja. Übers Meer hin wird es alles viel einfacher und schneller sein.«

»Cristobal – du redest vom so genannten grünen Meer der Dunkelheit, nicht wahr? Es ist noch nie durchschifft worden.«

Doch, denkt er. Sagt es nicht. Fragt stattdessen: »Kannst du das Lateinische, Cazadora?«

Sie nickt herablassend und er sagt rasch und bestimmt: »Totum mare navigabile.« Jedes Meer ist schiffbar.

Sie sieht ihn mit großen Augen an. »Du musst es ja wissen«, bemerkt sie dann gedehnt. »Aber was in aller Welt hat ein Rabbi in Asien gesucht?«

Seine Antwort kommt mit großer Selbstverständlichkeit. »Die zehn verlorenen Stämme Israels.«

Beatriz packt ihren Weinbecher und trinkt in langen Zügen. »Langsam fange ich an zu verstehen!«, sagt sie schließlich. »Ich sehe, worauf es vielleicht hinausläuft. Aber erklär es mir trotzdem näher.«

Er hat seinen Wein noch nicht angerührt. Nun beginnt er. Seine Stimme ist irgendwie verändert, sie klingt wie entrückt, und seine meergrauen Augen haben sich verschleiert, als habe er eine Vision. »Der Erzvater Jakob hatte zwölf Söhne, wie du ja weißt. Ruben, Simeon, Levi, Juda, Isachar, Sebulon, Dan, Naphtali, Gad, Ascher, Joseph und Benjamin. Ihre

Nachkommen bildeten die zwölf Stämme Israels in ihrem Heimatland. Aber in den zahllosen Vertreibungen und Verfolgungen, die das Volk erleiden musste, auf all den Wanderschaften und Verfolgungen blieben nur zwei Stämme übrig. Aus ihnen erwächst alles, was jetzt jüdisch ist in der bekannten Welt. Die anderen zehn Stämme blieben verschollen. Aber Gott der Herr kann nicht wollen, dass sein auserwähltes Volk getilgt wird von der Erde. Und immer wieder haben Reisende berichtet, dass es dort, wohin ich segeln will, in Asien und Afrika Juden gibt, die frei vom Druck der Obrigkeit leben und ihre Religion ausüben so wie andere auch. Die verschollenen Stämme. Jüdische Königreiche liegen jenseits des Meeres, Cazadora! Welch eine Aussicht für die Leidenden in den Ländern hier! Welch ein Grund zur Hoffnung!«

Die Cazadora sagt erst einmal gar nichts. »Und deshalb versuchst du, Isabel einzureden, dass sie da drüben Gold scheffeln kann und Heidenkinder bekehren nach Herzenslust? Damit sie deine alte Verwandtschaft in den jüdischen Königreichen aus der Taufe heben kann?«

»Es wird Gold sein dort und es werden unerlöste Seelen zu bekehren sein!«, erwidert er, und es klingt unwillig. »Beides ist richtig.«

Sie taucht ihren Finger in den vorhin verschütteten Wein und zieht Kringel und Kreise über den hölzernen Tisch.

»Wenn du nicht so vor mir säßest, wie du da sitzt, mit deinen zupackenden Händen und den breiten Schultern, mit deinem starken Hals und dem Kopf eines Seefahrers darauf, mit den Augen, die die Welt und die Weltmeere gesehen haben – ich würde denken, der Mann Cristobal Colón ist ein haltloser Spinner.«

Er will auffahren, aber sie greift über den Tisch hinweg

nach ihm, beugt sich weit vor und küsst ihn. Die Becher kippen um und der rote Wein aus Alicante ergießt sich über den Tisch. Sie achten nicht darauf. –

Das Bündel von Gründen und Motivationen, das unser Mann mit sich führt, ist also, wie wir sehen können, von buntscheckiger Herkunft. Mythen und Legenden, Reiseberichte, in denen sich Dichtung und Wahrheit vermischen, mittelalterliche Weltvorstellungen speisen sein Denken genauso wie die neuesten Erkenntnisse der damaligen Wissenschaft: dass die Erde eine Kugel sei und keine Scheibe, dass sie vermessbar und letztlich bis in jeden Winkel »begehbar« sein könne … Genauso seine Arbeit mit den neusten Seekarten und den damals gerade verbesserten Schiffsinstrumenten, wie dem Sextanten, mit dem er meisterhaft umgehen konnte – kurzum, seine Hinwendung zu den exakten Wissenschaften Nautik, Geografie und Mathematik.

Wie geht es weiter mit ihm, und wie wird er bestehen vor dem Ausschuss, in dem jene Männer sitzen, die die »gültige Lehrmeinung« vertreten?

Von Inseln hier und dort

Nach dem Sommerfeldzug, der übrigens ein Fiasko ist, packt der gesamte Hofstaat einmal wieder die Sachen und zieht von Cordoba ins Winterquartier nach Salamanca. Columbus natürlich mit dabei. Er hat sich in diesem Sommer angefreundet mit Fray Diego de Deza, einem Franziskanermönch und Beichtvater des Königs, und nimmt Wohnung in St. Stephan, dem Franziskanerkolleg. Sicher gibt es dafür mehr als einen Grund. Es ist anzunehmen, dass Columbus in Fray Diego nicht nur einen Beschützer gesehen hat, sondern auch einen Mann, mit dem er über seine Ideen disputieren und sich auf diese Weise mit Argumenten »fit machen« kann für seinen Auftritt vor dem Ausschuss, wenn dann sein Anliegen endlich geprüft wird. Außerdem hat das Kloster eine reiche Bibliothek, die er gewiss zu nutzen weiß.

In den Diskussionen, die der Mönch und der Seefahrer geführt haben, wird mit Sicherheit auch die Rede davon gewesen sein, wie man mit den Menschen umgehen soll, auf die der Entdecker, wie er hofft, in den fremden Welten stoßen wird. Es galt damals als ausgemacht, dass man als Christ für die Verbreitung des Christentums zu sorgen hat – das bedeutet also, man tauft alles, was einem begegnet...

Und schon sind wir wieder mitten in den Widersprüchen. Wir werden sehen, dass Columbus auf seiner ersten Fahrt nicht einmal einen Priester an Bord hat. Andererseits war er in seiner Haltung den »Heiden« gegenüber durchaus ein

Kind seiner Zeit. Dass sie Menschen zweiter Klasse waren, dass man sie willkürlich ausbeuten, versklaven oder gar töten durfte, hielt er für so selbstverständlich wie jedermann in der christlichen Welt damals. Und gewiss hat ihm Fray Diego da nicht widersprochen.

Welche unheilvollen Folgen Columbus' Haltung in dieser Frage haben wird, werden wir später sehen.

Mit dem Wohnsitz im Kloster hat es aber sicher noch eine andere Bewandtnis. Sicher ist es diplomatischer, nicht weiterhin auf Tuchfühlung mit Beatriz de Bobadilla zu hausen, um dem grassierenden Gerede nicht noch mehr Vorschub zu leisten. Ihre Treffen finden an einem dritten Ort statt.

Hier in Salamanca endlich beruft Talavera sein Gremium ein und es kommt zur ersten Anhörung. Sie verläuft alles andere als günstig.

Columbus wirft den vornehmen Gelehrtentalar aus Samt, den er sich extra zu diesem Anlass besorgt hat, achtlos aufs Bett und lässt sich schwer auf einen Stuhl fallen. Hat zunächst keinen Blick für die Frau, die ihr Haar gelöst hat für die Stunden, die sie jetzt zusammen sein werden in dem verschwiegenen Zimmer, das sie gemietet haben für ihre gemeinsamen Nächte.

Sie tritt hinter ihn, berührt seine Schultern, lässt ihre Finger kreisen, versucht, seine verkrampften Muskeln zu lösen. »Es ist nicht gut gegangen«, sagt sie, und es ist eigentlich keine Frage, sondern eine Feststellung.

Er stößt einen Ruf des Unmuts aus. »Das ist nun die Elite Europas, die Herren von der berühmten Universität Salamanca! Ein Haufen Hohlköpfe und Doktrinäre! Sie haben mich nicht ernst genommen, Beatriz – kein einziges Argument von mir! Ich glaube, sie haben sich über mich lustig gemacht!«

Er ist außer sich vor Zorn. Sie knetet weiter seinen Nacken und verschweigt, dass auch sie nicht immer in der Lage ist, seine Argumente ernst zu nehmen …

»Womit wollten sie dich denn widerlegen?«, fragt sie.

»Mit dem alten theologischen Unsinn! Der heilige Paulus soll gesagt haben, dass der Himmel sich wie ein Zelt über die Erde spanne. Also muss die Erde flach sein!« Wütend schnaubt er durch die Nase.

Er hört, dass sie leise lacht.

»Was ist jetzt gerade komisch?«, fährt er auf.

»Und wenn du dich auf den Propheten Jesaja berufst, der etwas über Inseln sagt, dann ist das kein theologischer Unsinn?«

»Willst du jetzt auch noch mit mir streiten? Bitte, ich bin gerade in Übung! Wie kannst du das auch nur im Entferntesten vergleichen! Das eine ist eine große Prophezeiung, das andere nur kleinliche Haarspalterei!«

»Zu der du bekanntlich nicht neigst!«

Er fährt auf, schüttelt ihre Hände ab. »Was ist in dich gefahren? Warum haust du in die gleiche Kerbe wie diese – diese arroganten Leute von vorgestern?«

Sie seufzt. »Manchmal weiß ich nicht, ob ich dich bewundern soll oder belächeln«, sagt sie mit gerunzelten Brauen. »Du bist so unbedingt.«

»Du meinst wohl einseitig?«

»Das auch.«

Er greift nach seinem Mantel. »Ich sollte wohl lieber wieder gehen. Hatte mir einen anderen Empfang erhofft hier bei dir.«

Er fasst schon nach der Klinke, als sie ihm in den Weg tritt. »Verzeih, Colón«, sagt sie sanft. »Ich bin – nun, ich habe schlechte Laune. Ich wollte dich nicht kränken. Bitte, erzähl mir weiter von der Anhörung.«

Er duldet es, dass sie ihm den Mantel wieder abnimmt. Fährt dann fort:

»Ihr Hauptargument war, dass es keine Antipoden geben kann, keine Bewohner einer Landmasse auf der entgegengesetzten Seite. Denn weil ja nun einmal kein Mensch den Ozean überquert hat bisher, aber nach der Bibel alle Menschen von Adam und Eva abstammen – wo sollten sie denn dort herkommen! – Diese engstirnigen, bornierten...« Ihm geht der Atem aus.

Die Cazadora dreht ihn zu sich herum und schaut ihm in die Augen. Sie ist sehr ernst auf einmal. »Cristobal, das ist kein Spaß! Weißt du, dass dich das alles in die Nähe der Ketzerei bringt?«

»Ich bin der gottesfürchtigste Mensch in ganz Salamanca!«

»Das haben schon einige von sich behauptet – und sind auf dem Scheiterhaufen der Inquisition gelandet!«

»Du malst den Teufel an die Wand!«

»Das muss ich gar nicht mehr«, sagt sie und geht ans Fenster, lehnt sich an den steinernen Rahmen und schaut nach draußen. »Der Teufel hat schon seit geraumer Zeit Sitz und Stimme in Kastilien, im Kronrat von Isabel. Er heißt Tomas de Torquemada und ist seit neustem der Beichtvater der Majestät. Und sein Einfluss nimmt ständig zu. Sei auf der Hut, Colón! Mit diesem Mann ist nicht zu spaßen. Deine Abstammung, von der du und ich wissen, macht dich nicht gerade unverwundbar gegen die Anwürfe, die von seiner entsetzlichen Institution kommen. Wenn es ruchbar wird, dass du tatsächlich aus einer Familie von Conversos stammst...« Sie holt tief Luft. »Ich höre viel am Hof, und der eine oder der andere plaudert etwas aus, ohne es selbst zu merken. Du hast Feinde, Colón.«

»Ich weiß!«, sagt er mürrisch. Er sieht vor sich hin.

»Hat die Kommission entschieden?«, fragt Beatriz.

Columbus schüttelt den Kopf. »Sie haben sich vertagt. Ich weiß schon, was geschehen wird. Sie werden immer wieder zusammenhocken und schließlich sagen, dass ich die falschen Gedanken habe und mein Plan undurchführbar ist.« Er lacht auf. »Und trotzdem werde ich eines Tages die Inseln finden. Sie werden alle beschämt sein. Sie werden sich vor mir verneigen müssen!«

»Ich wünsche es dir!«, sagt die Frau, und sie sagt es ohne jenen Spott, den er sonst so häufig in ihren Augen lesen und aus ihren Worten heraushören kann. Liebevoll setzt sie sich neben ihn. Aber als er ihr das Kleid von den Schultern streifen will, schüttelt sie den Kopf.

»Ich muss dir etwas sagen.« Sie beißt sich auf die Lippen. »Den Grund für meine schlechte Laune.«

Er sagt nichts, wartet ab.

»Ein junger Edelmann von den Kanarischen Inseln ist angekommen. Isabella hat ihn herbestellt. Er heißt Hernán Peraza. Irgendwie ist er mit den Bobadillas verwandt oder verschwägert.«

»Ein entfernter Verwandter?«

»*Noch* ein entfernter Verwandter.«

»Was willst du damit sagen?« Er hat aufgehört, ihren Hals und Nacken zu liebkosen.

»Die Königin will mich endlich aus dem Weg haben. Sie wird mich mit ihm verheiraten«, sagt sie ruhig.

Er sieht sie an, sprachlos.

Sie greift seine Hände. »Cristobal, es war abzusehen, dass sie sich die Konkurrentin irgendwann vom Hals schaffen würde. Eine Heirat ist schon immer das einfachste Mittel gewesen, eine hübsche Hofdame abzuschieben – in meinem Fall besonders weit weg, das ist ja verständlich. Die Insel, von der mein künftiger Gemahl kommt, heißt La Gomera. Ihre Majestät die Königin will sich übrigens nicht lumpen lassen und mich mit einer großzügigen Mitgift beglücken. Eine halbe Million Maravedis.«

Columbus sieht sie an und seine grauen Augen lodern. »Nein. Nein«, sagt er tonlos. »Du darfst mich nicht verlassen. Ich bin bereit, dich mit einem König zu teilen, aber wenn du fortgehst... Wo auf der Welt gibt es eine Frau wie dich, so schön und klug, so voller Leben und Liebe... Und selbst wenn du dich über mich lustig machst, ist mir dein gescheites Lachen mehr wert als die Bewunderung der Majestäten. Ich würde sein wie in einer Welt ohne Farben und Geruch und Geschmack... Cazadora! Du und ich – wir gehören zusammen.«

»Nichts weiß ich mehr als das! Aber niemand sonst auf der Welt weiß es oder darf es wissen. Wir sind auch hier auf einer Insel, Colón, auf einer Insel, wo wir wahrhaftig sein können. Aber es ist nur ein Versteck. Vor den Augen der Welt müssen wir uns jeden Tag neu erfinden, neu verstellen, ohne uns dabei aufzugeben. Und nun werde ich fortmüssen auf andere Inseln. Solche, auf denen es, wie man allerorts hört, nur Schluchten und unwegsame Bergklüfte und ein paar Ziegen und aufmüpfige Eingeborene gibt. Keine Goldinseln. Keine Inseln, die auf ihre Kinder harren, wie es bei Jesaja steht.«

»Weinst du?«, fragt er und berührt ihre Lider.

»Ich werde nicht weinen, wenn ich mit dir zusammen bin, Seefahrer. Nicht eine Sekunde. Keinen Moment will ich mit Klagen und Jammern verlieren, solange wir uns noch sehen können.«

Das Licht der Abendstunde kommt und spielt mit ihrem feuerschwarzen Haar. Ihr Mund schmeckt nach Orangen.

»Wenn du fort bist, werde ich diesen Hof verlassen. Ich kann auch anderswo auf die Entscheidung warten.«

»Ja, *querido*. Ich werde die Marquesa daran erinnern, dass sie sich um dich kümmert.«

»Ich habe noch mehr Freunde hier.«

»Und Feinde, Cristobal.«

»Und Feinde«, erwidert er ruhig. Dann sagt er, mit der Selbstverständlichkeit, als ginge es darum, einen gut eingeplanten Ausflug in die Nachbargemeinde zu unternehmen: »Wenn ich dann unterwegs bin, liegen die Kanaren auf dem Weg. Dann werde ich dich besuchen.«

Unerschütterlich der Glaube an seine Vision. Unerschütterlich sein Glaube an den Erfolg. –

Die quälenden Jahre

Die Quellen sind sich nicht einig darüber, wann La Cazadora tatsächlich mit Hernán Peraza verheiratet wurde. Manche nennen die frühen Achtzigerjahre. Aber die gesamten offiziellen Dokumente des kastilischen Hofs von 1481 bis 1484 sind verloren gegangen. Und ein Kanzleibericht des Hofes sagt anderes aus: Es geht um die Übergabe der königlichen Mitgift in Höhe von fünfhunderttausend Maravedis an Doña Beatriz de Bobadilla. Und dies Dokument ist datiert auf den 23. Dezember 1486. So dürfte ihre Reise fort vom spanischen Hof eher zu dieser Zeit erfolgt sein.

Die Liebe zwischen der Adligen und dem Mann ohne Titel und Verdienste hat gerade einmal ein paar Monate gedauert. Zu diesem Zeitpunkt wissen sie noch nicht, dass sie sich wiedersehen, dass der Höhepunkt ihrer leidenschaftlichen Liebe noch bevorsteht.

Nach dem Auszug der frisch verheirateten Bobadilla in Richtung Kanarische Inseln verlässt auch Columbus den Hof.

Es beginnen seine trübsten Jahre – Jahre, schwankend zwischen Hoffnung und Verzweiflung. Es geht hin und her, immer noch hat die Kommission unter Talavera kein endgültiges Urteil gesprochen, immer noch schwankt das Kriegsglück der Spanier im Kampf gegen die Mauren und damit auch die Wahrscheinlichkeit, dass sich die Majestäten anderen kostspieligen Gegenständen zuwenden könnten; und immer wieder kommen ermutigende Zeichen von der Marquesa de Moya und anderen Freunden am Hof: Isabella sei nach wie vor interessiert an dem Projekt, man müsse eben abwarten. Einmal gibt es noch eine kleine Zuwendung aus der königlichen Kasse. Das tut auch Not, denn die Zahlung der Minirente, die ihm bei der Audienz zugesagt wurde, ist eingestellt worden.

Columbus bleibt in Cordoba, um in der Nähe zu sein, falls man ihn denn doch wieder rufen lässt. Er hat kein Geld, verdient sich seinen Lebensunterhalt durch das Zeichnen von Seekarten, die er an Schiffer in Sevilla und Cadiz verkauft, und handelt unter anderem mit Büchern und Almanachen, die seit dem Anwachsen der Zahl von Druckerpressen überall in Europa ein begehrtes Handelsobjekt sind. (Bekanntlich wurde 1445 die erste Bibel mit beweglichen Lettern gedruckt.) Er selbst, Büchernarr durch und durch, studiert immer wieder seine Lieblingstexte, die Heilige Schrift, die Reisebeschreibungen und geografischen Werke der Zeit, und er versieht die Seiten oft mit Anmerkungen in Katalanisch oder einem nicht immer ganz fehlerfreien Latein. Aufregend finde ich seine Art, eine bestimmte Textstelle zu markieren: Er malt eine aus dem Wasser hervorkommende Hand mit einem langen, zierlichen Zeigefinger, die auf den betreffenden Absatz hinweist – verspielt und präzis zugleich.

Während dieser Zeit beginnt er eine Affäre mit einer Frau, sucht Trost in den Armen einer anderen. Auch sie heißt Beatriz: Beatriz de Harana, eine Waise von einfacher Herkunft, die bisher bei ihren Großeltern gelebt hatte. Die junge Frau hat einen Gemüsegarten und verkauft ihre Ernte auf dem Markt. Wahrscheinlich trägt sie damit zum Überleben unseres Mannes bei. Wir wissen nichts von ihr, nicht ob sie schön oder weniger schön, klug oder einfältig war. Aber offenbar erliegt sie dem Charme des weißhaarigen Mannes, seiner

Lebenserfahrung und seiner Weltläufigkeit. Sie ist ihm treu ergeben, obwohl er sie niemals heiratet. Aus der Verbindung geht ein Sohn hervor: Hernando, oder, in der »vornehmen« Schreibweise, Fernando.

Hat Columbus diese Frau geliebt? Eins ist sicher – im Moment, als La Cazadora auftauchte, spielte die arme Beatriz de Harana kaum eine Rolle mehr für ihn. Ihre Anhänglichkeit beantwortete er mit kaum mehr als Wohlwollen – und einem gewissen Schuldbewusstsein. (Er sorgte bis an ihr Lebensende für sie.)

Bei seinen Kontakten als Zeichner und Händler hält er den Käufern gegenüber keineswegs hinterm Berg mit seinen Geschichten und Gesichten: den Reisen, die er vorhat, den Ländern, die er entdecken wird, den Reichtümern, die er erwerben wird – und dass er über kurz oder lang Audienz bei den Majestäten haben wird.

Aber es gibt keine Audienz und die Geschichten rufen nur Kopfschütteln bei seiner Umgebung hervor. Hirngespinste! Ein Angeber und Spinner. Bald ist er in der Stadt eine belächelte Figur und erhält den Spottnamen Don Fantastico.

Irgendwann hält er es nicht mehr aus; er verzweifelt, glaubt nicht mehr an die Möglichkeit, dass es in Spanien noch jemals etwas werden könne mit seinem Projekt. Er nimmt Kontakt mit seinem Bruder auf. Bartolomeo soll noch einmal die Chancen an anderen europäischen Höfen sondieren und reist in Europa herum. Aber sowohl Frankreich als auch England winken ab.

Doch noch einmal Portugal? Wir erinnern uns, Columbus war aus dem Land entwichen mit »Dreck am Stecken«, irgendetwas war da nicht ganz sauber gewesen, was auch immer. Jetzt bittet er bei Johann II. um gut Wetter, lässt sich freies Geleit nach Lissabon zusichern. Der portugiesische König lässt ihn kommen.

Aber auch diesmal verfolgt ihn das Pech. Bartolomeu Diaz, einer der kühnen portugiesischen Entdecker, hat gerade – 1488 – das Kap der Guten Hoffnung, den gefährlichen südlichen Zipfel Afrikas, umschifft. Der Weg nach Indien über diesen – weiten – Weg ist frei.

Die Brüder Colón sehen ein: Auch hier haben sie keine Chance mehr. Bleibt also nur die unsichere Sache in Spanien, die zermürbende Warterei.

Was muss es für einen Menschen mit dem Sendungsbewusstsein und dem Stolz eines Columbus bedeutet haben, als Narr angesehen und Fantast verspottet, hingehalten, mit halben Versprechungen vertröstet zu werden? Bewundernswert die Nervenstärke dieses Mannes, sein fester Glauben an die Realisierbarkeit seines Traums.

Inzwischen spitzt sich die Situation in Spanien weiter zu. Endlich zeichnet sich eine Wende in dem seit Jahren tobenden Krieg ab. Aber je näher der Sieg der Majestäten über das maurische Königreich rückt, umso rigider wird die Tätigkeit der Inquisition.

Für Columbus klafft eine Schere: Wenn die Mauren vertrieben sind, hat Isabella endlich Zeit, sich mit seinem Projekt zu befassen, steigen die Chancen, Schiffe zu bekommen. Und andererseits: Wenn die Mauren vertrieben sind, wird der Druck der Kirche auf alles, was irgendwie nach Nichtchristen riecht, zunehmen. Natürlich gehören »Marranen« und Conversos dazu.

Kreuz, Dolch und Ölzweig

Die Stimmung im Volk ist schlecht. Trotz des bevorstehenden Sieges – der endlose Krieg gegen die Ungläubigen hat alle Ressourcen verschlungen, die Söhne werden vom Pflug weg zu den Söldnern geholt, Handel und Wandel liegen darnieder, Missernten tun ein Übriges. Und da die bereits eroberten maurischen Gebiete durch die »Glaubensstreiter« von einst blühenden Landschaften in verbrannte Erde verwandelt worden sind, erwächst Spanien auch aus seinen Siegen kein Vorteil.

Und wie es in solchen Situationen ist: Ein Sündenbock muss her. Wenn wir schon die »Heiden« im Süden des Landes so schnell nicht kleinkriegen, dann sollen wenigstens die büßen, die als Feinde im eigenen Haus gelten dürfen: Conversos. Marranen. Juden.

Die Kirche ist mit Feuereifer (und dies im wahrsten Sinne des Wortes) dabei, vorzugehen gegen Feinde des Glaubens. 1483 wird Tomas de Torquemada Großinquisitor. Mit ihm beginnt eine grauenvolle Zeit in Spanien.

Die »guten Christen« des Landes sind aufgerufen, Verdächtige zur Anzeige zu bringen, und das Volk ist eifrig dabei. – Schließlich bekommen die Denunzianten einen Teil des enteigneten Vermögens der verurteilten Ketzer! Die Mönche des Dominikanerordens, maßgebliche Drahtzieher eines gespenstischen Theaters, entwickeln zwanzig Regeln, nach denen man einen verkappten Juden erkennen kann –

von den speziellen Gewohnheiten (es reicht schon, am Freitag, dem christlichen Fastentag, Fleisch zu essen!) bis zu bestimmten Redewendungen oder dem Aussehen.

Die Regeln werden freudig angenommen. »Seid wachsam!«, heißt die Parole. Und das sind die braven Gläubigen in der Tat. Das Spitzelwesen blüht. Samstags steigt man auf die Dächer der Verdächtigen und beobachtet die Schornsteine. Wenn kein Rauch aufsteigt, heißt das: Dieser Marrane hängt dem jüdischen Ritus an, der bekanntlich verbietet, dass am Sabbat gekocht wird! Und die Anklage ist fertig.

Soweit ich weiß, ist es das erste Mal in der Geschichte der Menschheit, dass man Denunzianten mit einem Orden geehrt hat. Stolz trugen sie ihn auf der Brust: einen Dolch zwischen Kreuz und Ölzweig und auch die Häuser der Angeber wurden mit diesem Emblem verziert. Das Kreuz steht für den christlichen Glauben, der Dolch für dessen wehrhafte Verteidigung, der Ölzweig für den daraus resultierenden Frieden.

Es beginnt ein Höllentanz. Jeder verdächtigt jeden. Das Misstrauen dringt in jeden Winkel, vergiftet nachbarliche Beziehungen, lässt die Menschen einander beargwöhnen, bespitzeln, belauschen und beobachten.

Aber wie kann man sich davor bewahren, selbst angezeigt zu werden, selbst ins Räderwerk dieser gnadenlosen Vernichtungsmaschine zu geraten? Da gibt's nur eins: die »Limpieza de sangre«. Die Bescheinigung, dass man »reinen Bluts« ist, das heißt, dass man bis in die siebente Generation nachweisen kann, unverdächtig christliche Ahnen zu haben, ohne jede Beimischung von jüdischem oder maurischem »Blut«. Zum ersten Mal wird die Verfolgung Andersdenkender nicht von deren Anschauungen abhängig gemacht, sondern von einer nebulösen genetischen Herkunft, von »rassischen Merkmalen« – wie ja auch die zwanzig angeblichen Erkennungsmerkmale eines heimlichen Juden, die die Inquisition ihren Spitzeln in die Hand gibt, das Aussehen mit einbezieht – Nase, Haar- und Augenfarbe; in Spanien, wo man ja weitgehend brünett ist, ein etwas lächerliches Unterfangen, wenn es nicht so ernst wäre.

Die Luft wird dünn für Jüdischstämmige am spanischen Königshof. Und Columbus tut gut daran, sich zunächst einmal fern zu halten.

Am 14. Juli 1491 wird der allmächtige Finanzminister Ferdinands, Luis Santangel (Wir kennen ihn bereits, er ist ein reicher Mann – und ein Converso!), der spätere Financier der Forschungsreise, erstmals vor das Tribunal zitiert. Santangel ist, wie wir wissen, Ferdinands Kanzler. Zwar kann er seine Unschuld beteuern, aber es soll nicht bei diesem einen Mal bleiben. Immer wieder schwärzen ihn Neider an, immer wieder finden sich auch am Hof Denunzianten. Nein, man foltert den großen Herren nicht. Man befragt ihn nur. Immer mal wieder. Jedoch zum Glück können die Majestäten nicht auf ihn verzichten. Ferdinand hält seine Hand über ihn.

Er hält die Hand auch über andere. Der Kämmerer Juan Cabrero, die Steuerpächter Abraham Senior und Isaak Abrabanel, Alonso de Caballeria, Vizekanzler Ferdinands, sind genauso gefährdet. Sehr viel später stellt das Königspaar diesen Männern durch ein Dekret eine Art »Eisernen Schutzbrief« aus. Ihre »Blutreinheit« darf nicht angezweifelt werden. Man macht sie quasi zu »Christen ehrenhalber«. Sie werden gebraucht.

Aber das ist erst im Jahre 1497 und so lange dauern die Schikanen.

Die Nerven liegen bloß bei den Conversos des Hofes. Das

Leben als Gratwanderung zwischen Ruhm und Scheiterhaufen.

Das Durcheinander ist unbeschreiblich. Niemand ist mehr sicher. Ein Zeitgenosse schreibt: »Es geschah, dass von fünf Brüdern der eine als Minister befahl, der andere als Ketzer verbrannt wurde, ein dritter Bischof war, der vierte als Jude in der Fremde lebte und der letzte als Kommissar des Königs die Judenaustreibung beaufsichtigte.«

Austreibung? Dahin werden wir noch kommen. Von den spanischen Juden jedenfalls ahnt zum Zeitpunkt, als Granada fällt, die Mauren geschlagen sind, noch niemand etwas Derartiges.

Kurz vorm Ziel

Einmal wieder hält sich unser Seemann in La Rabida auf, um seinen Sohn zu besuchen und mit Fray Juan Pérez zu disputieren. Wir schreiben inzwischen 1491. Die letzten Jahre haben an Columbus gezehrt. Tiefe Falten haben sich in sein Gesicht eingegraben und sein Haar ist inzwischen wirklich schlohweiß. Er ist nun vierzig, war seit fast einem Jahrzehnt nicht mehr auf See, lebt recht und schlecht von seinem Gewerbe, der Portolanenzeichnerei, lebt mit dieser Frau – eine kleine, eine bescheidene Existenz. In weite Ferne gerückt scheint ihm die Zeit, wo er der leidenschaftliche Liebhaber einer schönen adligen Dame war – wird er sie jemals wiedersehen? Wird ihn ein Schiff irgendwann zu den Kanaren bringen, wo diese Frau lebt und regiert? Und wird er irgendwann von dort nach Indien aufbrechen? Nun, er mag vergrämt und verärgert sein – aber aufgeben wird er niemals.

Und irgendwann an den langen Abenden, an denen er mit Fray Juan Pérez spricht und seine Pläne hin und her wälzt, muss er irgendetwas hervorgeholt haben, was dem klugen Geistlichen das mehr oder weniger nebulöse Projekt plötzlich in einem anderen Licht erscheinen lässt. Irgendetwas hat der Seefahrer preisgegeben, irgendetwas gezeigt oder erklärt, das auf einmal alles klarstellt: Es handelt sich nicht um bloße Hirngespinste, sondern da stecken fundierte Tatsachen dahinter.

Was das war, wird zu den Rätseln gehören, die unseren

Mann von Anfang bis Ende umgeben. Hat er eine Seekarte gezeichnet? Hat er von seinem Gewährsmann auf Porto Santo andeutungsweise gesprochen? Hat er von dem ihm wohlbekannten Geheimnis der Meereswinde geredet, die er zu nutzen gedenkt? Möglicherweise von den Passatwinden, der beständig in Richtung Westen über das »grüne Meer der Dunkelheit« wehenden Luftströmung, die den Schiffen sichere Fahrt verleiht? Wir können es nur vermuten.

Jedenfalls reicht es aus, dass Pérez ein Pferd satteln lässt und nach Granada aufbricht, um eine dringende Audienz bei der Königin zu erwirken, und als Folge davon galoppiert ein Bote nach La Rabida. Der Mann Cristobal Colón soll sich unverzüglich bei Hofe einfinden. Ein Geschenk von 20 000 Maravedis ist dafür bestimmt, dass er sich »angemessene Kleidung« kauft.

Das hört sich sehr vielversprechend an.

Angetan mit einem schön gefältelten Leinenhemd italienischer Machart, einem schwarzen Samtwams, federgeschmücktem Barett und malerisch drapiertem Mantel, erscheint der künftige Entdecker neuer Welten selbstbewusst wieder am Hof – und wieder wird seine Geduld auf eine harte Probe gestellt. Denn gerade nun kapitulieren die Mauren und die Herrscher haben alle Hände voll zu tun.

Im November wird ein Vertrag unterzeichnet, und sechs Wochen später, am 6. Januar 1492, ziehen die Katholischen Könige im Triumph in den Alhambra-Palast in Granada ein, eskortiert von der Geistlichkeit, den Rittern und den einfachen Soldaten. Man zelebriert das Hochamt in der alten Mauren-Hochburg, während der arabische König Boabdil el Chico das Land räumt – und von allen Moscheen der Stadt flattert die Fahne mit dem Kreuz.

Columbus darf mitreiten in dieser Prozession des siegreichen Königspaars. Und er kennt auch die Artikel des Kapitulationsvertrags mit den Mauren, deren jeden die Könige mit Eid beglaubigt haben. Dazu gehören freie Ausübung der Religion der Muslime, eine eigene Gerichtsbarkeit und Unantastbarkeit ihres Eigentums. Auf Bitten der maurischen Unterhändler wird den Juden Granadas das gleiche Recht zugestanden.

Wir werden sehen, wie viel dieser Vertrag bereits drei Monate später wert ist. –

Nein, Isabella hat ihn nicht vergessen, auch wenn sie in Ruhm und Glaubenseifer schwelgt. Das, was ihr Fray Juan Pérez berichtet hat, muss sie alarmiert haben. Sie hat eine Nase dafür, ob ein Unternehmen Erfolg versprechend ist oder nicht.

Columbus wird vorgeladen – und dann geschieht das Unglaubliche. Mit dem Selbstbewusstsein eines Gottgesandten stellt er seine Forderungen, und die Majestäten glauben, sich verhört zu haben.

Wir erinnern uns: Er will die von ihm gefundenen Länder und Inseln praktisch als eine Art erbliches Herzogtum für sich und seine Nachkommen haben, als Vizekönig mit unumschränkter Gerichtsbarkeit und Oberaufsicht über die Verwaltung. Ferner verlangt er ein Zehntel aller eventuellen Einkünfte, den Adelstitel und die Ernennung zum Admiral.

Er muss sich seiner Sache sehr sicher gewesen sein – zu sicher, wie sich herausstellt, denn Isabella schickt ihn zunächst einmal, vor dem Eingreifen von Luis Santangel, seiner Wege. Columbus verlässt Granada.

Aber davon einmal abgesehen: Die schließlich unterzeichneten »Capitulaciones« zwischen den Herrschern und dem Seefahrer öffnen einmal wieder – wie sollte es anders sein bei Columbus? – einen ganzen Sack von Fragen.

Der belesene Mann hat in seiner Bibliothek den Reisebericht des Venezianers Marco Polo, und seine Anmerkungen am Rand des Buchs weisen darauf hin, dass er es sorgfältig studiert hat. Wenn er nach Indien will – oder nach China (Kathay) –, so muss er doch wissen, dass der dort herrschende Großkhan über eine Leibwache von 12 000 Mann und ein riesiges Heer verfügt, dass er auf eine stabile Regierung und eine tief verwurzelte Religion stoßen wird. Wie kann er sich da einbilden, er könne dort die »Heidenkinder« missionieren und die Herrschaft übernehmen? Nicht genug damit: Die Majestäten geben ihm schließlich sogar einen Brief an besagten Großkhan mit!

Andererseits: In dem Vertrag, der schließlich unterzeichnet wurde, ist lediglich von namenlosen Inseln und nebulös von »Festland« die Rede.

Wie lassen sich diese Ungereimtheiten klären? Ich fürchte, gar nicht. Kann sein, dass sich die Katholischen Könige einfach beide Optionen offen halten wollten, die der Entdeckung neuer Länder und die von Staats- und Handelsbeziehungen mit einem reichen und mächtigen Partner im Osten. Aber er selbst, Columbus? Er wusste doch ganz genau, was er finden würde. Was ihm der sterbende Steuermann auf Porto Santo übergeben hatte, das war auf keinen Fall eine Karte oder eine Beschreibung von »Kathay«…

Es ist ziemlich eindeutig, dass er auch diesmal nur einen Zipfel der Wahrheit enthüllt hat.

Eins ist sicher: Nach dem Sieg über die Mauren hat sich die Stimmung am Hof sehr geändert. Der interessante Abenteurer, der seinerzeit auf das Wohlwollen und die Neugier der meisten Höflinge zählen konnte, stößt nun auf eine Mauer der

Zurückhaltung, ja, der Feindseligkeit. Das hängt weniger mit seiner Person zusammen, sondern mit der Tatsache, dass die letzten Nichtchristen Spaniens, die Juden, jetzt der Gegenstand allgemeiner Feindseligkeit sind. Und mit ihnen geraten alle Conversos und Marranen mit ins Schussfeld. Wie viel über die eigentliche Abstammung Cristobal Colóns durchgesickert ist, sei dahingestellt. Aber natürlich wird es den argwöhnischen Beobachtern nicht entgangen sein, dass seine Freunde am Hofe sich aus den Kreisen der Conversos und Juden rekrutieren, und als schließlich der »neuchristliche« Minister Santangel die Finanzierung der Expedition vorschießt, ist für alle die Sache klar.

Ob ihm sehr wohl ist in seiner Haut?

Am 17. April 1492 unterzeichnen die Könige von Kastilien und Aragon den Exklusivvertrag mit »unserem lieben Kapitän Colón«. Das Schriftstück macht ihn, den künftigen Herrscher über die entdeckten Gebiete, zu einem Mann mit Privilegien. Am 30. April verkünden die Trommler das Edikt der Austreibung der Juden aus Spanien (das bereits am 30. März in aller Stille beschlossen worden war) auf den Plätzen aller Orte und aller Städte Spaniens – übrigens auch in Granada, wo man gerade ein Vierteljahr zuvor Religionsfrieden und Toleranz beschworen hatte.

Wo ist Rettung?

»Ich sehe meinen eigentlichen Auftraggeber in Euch, Euer Gnaden, und bin Euch für immer zu Dank verpflichtet!« Columbus hat das Knie gebeugt vor Luis Santangel.

Der Minister lächelt müde. »Steht auf, Colón – beziehungsweise, Don Cristobal – ihr seid ja nun von Adel. Der Dank, zu dem Ihr mir verpflichtet seid, den könnt Ihr sehr bald abstatten.«

Columbus erhebt sich und nimmt auf eine einladende Geste Santangels hin ihm gegenüber Platz. Er trägt ein rotsamtenes Staatskleid und eine mehrfach um den Hals geschlungene Goldkette; der stets schwarz in schwarz gewandete Finanzmann verkneift sich ein Lächeln. Wie sehr muss dieser Mann nach Anerkennung gelechzt haben in den letzten Jahren, dass er sich nun so herausputzen muss und allen zeigen: Seht, ich bin wer!

Die beiden Männer sitzen im Patio der Wohnung von Santangel in Granada, der Frühlingsabend ist mild, und der Minister hat an diesem windstillen Abend seine Papiere im Freien auf dem Tisch ausgebreitet. Ein paar Lichter brennen hoch und hell in ihren Schalen aus kostbarem venezianischem Glas.

»Wein, Don Cristobal?«

»Gern, Euer Gnaden.«

Sie heben schweigend die Becher gegeneinander. Dann sagt Santangel: »Harte Zeiten kommen auf uns zu. Für unsere Brüder und Schwestern, die nicht das Sakrament der Taufe angenommen haben, noch gewillt sind, es jetzt anzunehmen, um in Spanien bleiben zu können. Aber auch allen, die wie wir das Christentum bekennen, aber vom alten Bund abstammen, wird es mühselig und qualvoll. Deshalb rechne ich auf Euch, Don Cristobal. Ihr werdet Schiffe haben.«

Columbus stellt seinen Becher sehr langsam ab. Er zieht die Brauen in die Höhe. »Wie stellt Ihr Euch das vor, Herr Minister?«, sagt er und wählt seine Worte mit Vorsicht. »Ich brauche keine Frachtschiffe für mein Unternehmen, sondern wendige Karavellen. Ich kann keine Passagiere befördern. Und als Mannschaft benötige ich erfahrene Seeleute oder kräftige junge Männer, die mit den Strapazen einer Überfahrt ins Ungewisse fertig werden. Wenn das Eure Bedingungen sind, dann …«

Santangel hebt Einhalt gebietend die Hand. »Das weiß ich, Colón! Aber bevor Eure Schiffe hinausfahren ins grüne Meer der Dunkelheit, werdet Ihr unfehlbar Zwischenstation auf den Kanarischen Inseln machen – dort wo eine gute Bekannte von Euch als Herrin angesiedelt ist. Die Nichte der Marquesa de Moya wird ohne Zweifel bereit sein, Neubürger aufzunehmen und gegen eine frische junge Mannschaft für Eure weitere Reise auszutauschen. Wisst Ihr übrigens, dass auf den Inseln dort die Inquisition noch nicht Fuß gefasst hat?«

»Ich verstehe!« Der Seefahrer sieht nachdenklich vor sich hin, seine grauen Augen verschleiert, halb unter den Lidern verborgen. »Das ist gewiss eine machbare Angelegenheit. Nur, verzeiht meine Offenheit, Euer Gnaden – ich kann mir nicht vorstellen, dass Ihr meine gesamte Expedition ausrüstet, um eine Hand voll gefährdeter Conversos nach Gran Canaria zu bringen.«

Der Minister lächelt in seinen dunklen Bart hinein. »Das seht Ihr sehr richtig. Oh nein, das ist gleichsam ein Nebeneffekt. Ich glaube an Euch – schließlich habe ich auch mit Fray Pérez geredet. Ich hoffe auf einen saftigen Profit. Und dann ist da noch etwas.« Er zögert. »Die Frauen können ihren Mund nicht halten, das weiß man ja. Marquesa de Moya hat mir etwas erzählt, was sie von ihrer Nichte, La Cazadora, gehört hat, damals, als die noch hier bei uns am Hof war, bevor sie verheiratet wurde. Ihr habt mit ihr sehr freimütig gesprochen zu jener Zeit. Ihr werdet es ja nicht vergessen haben. Die verlorenen zehn Stämme Israels. Die jüdischen Königreiche …«

Columbus ist einmal wieder errötet, Santangel weiß nicht, ob vor Verlegenheit, vor Unmut oder nur aus Erregung.

»Das waren vertrauliche Gespräche!«, sagt er.

Santangel zuckt die Achseln. »Auch Vertrauliches vertraut man manchmal anderen an«, erwidert er. »Ich finde Eure Vision bestechend, Don Cristobal.«

»Ihr meint – wir könnten brüderliche Aufnahme erwarten dort drüben?«

»Wir sollten es nicht ganz ausschließen.« Er seufzt. »Ich habe einen Traum. Stellt Euch vor, dass mächtige jüdische Reiche, mit denen die Katholischen Majestäten Handel und Wandel betreiben, zugunsten der Juden in Spanien Einspruch erheben …«

»Es ist ein Traum, Euer Gnaden.«

»Und Eure Reise? Ist sie nicht auch ein Traum?« Er steht auf. »Ich wünsche Euch den Segen Gottes, des Allmächtigen. Ach, übrigens, worum ich Euch noch bitten wollte: Seid doch so gut und nehmt Luis de Torres aus Murcia mit an Bord. Vielleicht kann er Euch von Nutzen sein. Er ist Dolmetscher für hebräische Sprache. Ein vor kurzem Getaufter.«

»Euer Wunsch ist mir Befehl, Herr Minister.«
Die beiden Männer verneigen sich voreinander.

Am 12. Mai macht sich Columbus auf nach Palos, jener Stadt, die zur Strafe für ihre Vergehen (Schmuggel!) von den Majestäten dazu verdonnert worden ist, Schiffe für das große Abenteuer zu stellen.

Er kommt nur langsam vorwärts. Die Straßen sind bereits jetzt verstopft von Flüchtlingen, jüdischen Familien, die eine der Grenzen Spaniens erreichen wollen. Ihnen bleibt nur noch bis August – dann läuft die Frist für die Ausreise ab. Diejenigen, die jetzt im Mai schon unterwegs sind, das sind die Pessimisten. Die haben schon andere schlimme Erlebnisse hinter sich, wahrscheinlich mit der Inquisition.

Mit Entsetzen und Mitleid wird er diesen grauenvollen Exodus angesehen haben. Keine Familie darf mehr mitnehmen als das, was sie tragen kann. Die Ausfuhr von Gold, Silber, von Münzen und Schmuck ist im Austreibungsdekret verboten. Außerdem müssen die Juden eine Art Ausreisesteuer bezahlen – nur wer diese Abgabe geleistet hat, darf fort aus Spanien –, und bleiben dürfen sie nur, wenn sie sich taufen lassen. Es ist eine teuflische Quadratur des Kreises.

Während Columbus auf dem Weg nach Palos ist, um seine Schiffe und Mannschaften herbeizuzaubern, spielt sich in Granada am Hof eine dramatische Szene ab. Don Isaak Abrabanel, ein Freund von Luis Santangel, einer der Führer der jüdischen Gemeinde und einer der reichsten Männer Kastiliens, der dem Königspaar oft aus Geldverlegenheiten geholfen hat, erbittet eine Audienz bei den Majestäten.

Er weiß um die zynische Meinung der Zeit: »Die Juden sind eine Sparbüchse, die man zerschlägt, wenn man Geld braucht.« Er vertraut auf die Habgier der Herrscher und hofft, sein Volk freikaufen zu können. Landauf, landab hat er bei seinen Glaubensgenossen gesammelt. Er ist zuversichtlich. Schon oft hat es ähnliche prekäre Situationen gegeben und immer konnte man sich freikaufen.

Die Majestäten sitzen nebeneinander auf ihrem Thron und schauen mit verschlossenen Gesichtern auf den alten Mann im dunklen Gelehrtenmantel, auf seinen weißen Bart und seine gichtverkrümmten Hände. Abrabanel wirft sich vor dem Herrscherpaar zu Boden und küsst den Saum von Isabellas Mantel. Demütig beginnt er seinen Vortrag: Erklärt, dass die Juden seit den Zeiten König Davids auf der iberischen Halbinsel wohnen und keine Fremden seien. Dass sie stets in Eintracht und mit Respekt zusammen mit der christlichen Bevölkerung gelebt hätten. Dass nun, nach der glücklichen Vertreibung der Mauren, das Land die Hilfe aller nötig habe, um sich von den schweren Verlusten zu erholen. Und dass die Juden Spaniens bereit seien, im Lande tätig mitzuwirken, falls sie denn bleiben dürften.

Noch immer sind die Gesichter derer da oben auf dem Thron unbewegt. Aber dann beginnt Abrabanel, Summen zu nennen. Millionen von Maravedis werde die Judenheit Spaniens den Majestäten verehren! Eine schwere Schatulle wird auf sein Zeichen von den Pagen herbeigeschleppt und geöffnet: Hier, dreißigtausend als Anzahlung!

Der Glanz des Goldes bringt Bewegung in die Herrschaften. Isabella beugt sich interessiert vor, und Ferdinand, der womöglich noch geldgieriger ist als seine Gemahlin, steht sogar auf, kommt die Thronstufen hinunter und lässt die Münzen durch die Hände gleiten.

Abrabanel atmet auf. Es scheint zu gelingen, wie so oft schon in der Vergangenheit! Warum sollte man wohl auch eine Kuh schlachten, wenn sie noch Milch gibt?

In diesem Augenblick fliegt die Tür auf.

Großinquisitor Tomas de Torquemada braucht nie um eine Audienz bitten, er kann stets unangemeldet bei den Königen ein und aus gehen! Der hagere Geistliche stürmt mit wehendem Habit in den Raum – seine Zuträger haben ihm von der Audienz berichtet, und die Lauscher, die hinter jeder Tür stehen an so einem Hof, haben ihn eilig davon benachrichtigt, was da vor sich geht.

Torquemadas schmales asketisches Gesicht ist rotfleckig vor Zorn und seine Augen funkeln. Er reißt sich das große Kruzifix, das ihm an goldener Kette um den Hals hängt, mit wütender Gebärde ab und wirft es auf das jüdische Gold in der Truhe.

»Meine Kinder!«, wendet er sich an die Herrscher, und seine Stimme klingt eisig. »Judas Ischariot hat Christus für dreißig Silberlinge verraten. Ihr wollt es für dreißigtausend tun. Hier, verkauft auch noch das Kreuz!«

Sein lodernder Blick streift die erstarrten Könige – er kennt die Majestäten gut genug, um zu wissen, dass er gesiegt hat. Wendet sich ab und spuckt im Vorbeigehen vor Abrabanel aus. –

Isaak Abrabanel ist gescheitert. Natürlich wird das Angebot der Juden abgelehnt. Die Truhe mit dem Geld behält man trotzdem ein.

Die jüdische Vertreibung aus Spanien gerade in diesem Augenblick ist ein von blindem, wild fanatischem Glaubenseifer und ökonomischer Kurzsichtigkeit geprägter Akt. Zwar kassieren die Majestäten die »Fluchtsteuer« und bereichern sich, wie wir noch sehen werden, an dem Vermögen der Vertriebenen – ein momentaner Zugewinn. Aber sie jagen auch genau die Menschen aus dem Land, die das Know-how hätten, das zerrüttete Reich zu sanieren. Sie berauben sich der Führungskräfte in Wissenschaft, Wirtschaft, Handel und Bankwesen – eine fatale Fehlentscheidung, an der Spanien noch lange zu knabbern haben wird.

Vorbereitungen

Palos ist damals ein Ort von vielleicht sechshundert Einwohnern an der Mündung des Rio Tinto, es hat einen kleinen Hafen ohne Anbindung zur Welt, und die Einwohner ernähren sich, da die portugiesische Grenze nahe ist, vorwiegend von Schmuggel, Überfällen auf portugiesische Handelsschiffe und Fischfang.

Der Erlass der Majestäten, innerhalb von zehn Tagen zwei Karavellen bereitzustellen und zu bemannen für eine Reise »zu bestimmten Teilen des ozeanischen Meeres mit einem Auftrag in Unseren Diensten« wird mit Respekt angehört – das ist aber auch alles. »Gehorchen, ohne auszuführen«, schreibt ein Historiker, »gehört über Jahrhunderte zur spanischen Mentalität« – und, wie man weiß, nicht nur zur spanischen. In »passivem Widerstand« gegen die Anweisungen von oben lebt es sich ganz gut. Die Majestäten sind weit, und der Ruf des Mannes, der da in ohnmächtigem Zorn im Ort herumschreit und Befehle gibt, die man kopfnickend zur Kenntnis nimmt und nicht ausführt, ist denkbar schlecht. Zwar trägt er jetzt einen schönen Samtmantel – aber das ist doch immer noch jener »Don Fantastico«, über den sie allüberall den Kopf schütteln, der Kerl mit den verschrobenen Ideen ... Und warum soll man gerade jetzt Schiffe für irgendein hirnrissiges Unternehmen abzweigen, wo sich doch gerade so hervorragende Möglichkeiten bieten, jüdische Flüchtlinge gegen Wucherpreise außer Landes zu bringen!

Nach Ablauf der gesetzten Frist hat Columbus kein einziges Schiff und keinen einzigen Seemann, von Navigatoren oder Kapitänen ganz zu schweigen.

Er ist außer sich. Soll sein Unternehmen etwa an der Sturheit dieser Küstenbewohner scheitern?

Schließlich lernt er den Mann kennen, ohne den in nächster Zeit nichts geht: Martín Alonso Pinzón, seines Zeichens Schiffskapitän in Palos.

Er sitzt in der kleinen Hafenschänke und spült seinen Ärger bereits mit der zweiten Pint Rotwein herunter. Da tritt ein Mann zu ihm an den Tisch: »Kapitän Colón?«

Er sieht auf. Vor ihm steht ein vierschrötiger Kerl, schlicht gekleidet, eine Kappe auf dem schulterlangen Haar. Ein etwas grobes Gesicht, irgendwie schläfrig wirkende Augen. Ein Blick auf seine Hände macht klar: Dieser Mann kann Taue fieren und Anker lichten.

Columbus erhebt sich: »Der bin ich. Mit wem habe ich die Ehre?«

»Gelobt sei Jesus Christus! Ich bin Kapitän Pinzón, hier aus dem Ort. Gestern war ich beim Priester und der hat mir von Euren Schwierigkeiten berichtet. Vielleicht kann ich ja helfen.«

Columbus macht eine einladende Geste: »Nehmt Platz, Kapitän, und teilt mit mir den Wein.« Er mustert sein Gegenüber. »Was hat denn der Priester, mit Verlaub, über mich gesagt?«

Pinzón will nicht so recht mit der Sprache herausrücken. »Nun, wisst Ihr, die Pfaffen, die kennen sich ja alle untereinander, vom Bischof bis herunter zum einfachen Pater. Und der hier, der kennt nun wohl auch ein paar höhere Herrschaften.«

»Höhere Herrschaften?« Don Cristobal zieht die Brauen in die Höhe.

»Fray Juan Pérez!«, platzt der andere heraus.

»Pérez? Ich verehre ihn!«

»Ja, und er Euch auch. Und das hat mich denn doch erstaunt. Wenn Ihr für so einen Mann als vertrauenswürdig geltet, das überzeugt. Nichts für ungut, Kapitän, aber hierorts geltet Ihr ja eher als ein bisschen – verschroben …« Er verschluckt sich am Wein, und als er sieht, dass seinem Gegenüber die Zornesröte ins Gesicht steigt, sagt er hastig: »Aber das kann ja wohl gar nicht sein, sonst hätten die Majestäten, die Gott segnen möge, Euch ja nicht so einen Auftrag gegeben.«

Columbus schweigt, wartet ab. Worauf will dieser Mann hinaus?

Er muss nicht lange warten. Pinzón fährt fort. »Unser Priester sagt nun, Fray Pérez hätte es aus erster Quelle, dass Ihr genau wisst, was Ihr tut. Dass Ihr genau wisst, wohin man segeln muss. Und dass dort, in jenen Ländern, das Gold so am Weg herumliegt wie bei uns die Kieselsteine.«

»Davon könnt Ihr ausgehen!«, sagt der Abenteurer mit ruhiger Überzeugung. Er findet für alle den richtigen Ton. Jetzt beugt er sich vor, schaut dem anderen gerade in die Augen. »Kapitän, wenn ich Euch für mein Unternehmen gewinnen kann, wird es gewiss Euer Schaden nicht sein. Dass ein Risiko dabei ist, brauche ich Euch als erfahrenem Seemann und gewiss auch wagemutigem Kaufmann nicht zu sagen. Aber ohne Risiko kein Gewinn.«

»So ist es!«, sagt Pinzón. »Kapitän, ich bin Euer Mann! Überlasst es mir, die Sache hier in Palos in Schwung zu bringen. Man kennt und schätzt mich und meine Familie hierorts. Die Männer vertrauen mir. Schlagt ein und wir machen den Vertrag.«

Er spuckt nach gutem alten Seemannsbrauch in seine offene Handfläche, bevor er Columbus diese Hand hinhält, und der schlägt ohne Zögern ein.

In Martín Alonso Pinzón hat Columbus nun endlich denjenigen gefunden, der die verbummelte Partie in Schwung bringt. Sein Einfluss hat Gewicht. Als man auch noch erfährt, dass sowohl er als auch seine zwei Brüder bei dem »Unternehmen« dabei sein werden, ist das Eis gebrochen. Auf einmal finden sich Seeleute, die bereit sind mitzufahren, und die städtischen Behörden stellen endlich auch die auf königlichen Befehl angeforderten Karavellen zur Verfügung – allerdings sind es die kleinsten, die sie haben.

Columbus muss sich um ein größeres Schiff kümmern, ein Frachtschiff, das genügend Vorräte für die lange Reise an Bord nehmen kann. Er chartert schließlich die »Gallega«, ein »Nao«, einen Dreimaster von etwa siebzig Tonnen, bei einem Kapitän namens Juan de la Cosa. Die Bedingungen sind: De la Cosa will als Schiffsführer, also als Erster Offizier, mitfahren, und er bedingt sich eine Reiselänge von 750 Leguas (2400 Seemeilen) ab den Kanaren aus, keine Legua weiter. Als Columbus den Vertrag unterschreibt, weiß er bereits ganz genau, dass er eine viel weitere Distanz im Auge hat.

Das Schiff, die »Gallega«, wird nun in eine fromme »Santa Maria« umgetauft. Und Pinzón ist mit Feuereifer bei den Vorbereitungen. Alles scheint nun nach Wunsch zu laufen.

Noch ahnt unser Abenteurer nicht, dass ihm in Pinzón ein grimmiger Feind erwachsen wird.

Indessen muss Columbus noch einmal zurück an den Hof. Er hat mit dem Sekretär Juan de Coloma, der für die Expedition zuständig ist, Details auszuhandeln, Gelder für die Heuer der Seeleute klar zu machen (vier Monate im Voraus!) und von den Majestäten letzte Orders einzuholen.

Und in Cordoba trifft er auf jemanden, den er dort nicht im Traum erwartet…

Das Wiedersehen – Teil eins

Während er hastig durch die Gänge des Palastes eilt, in der Hand ein Konvolut loser Blätter mit Abrechnungen, die er dem Sekretär unter die Nase halten will, weil sie ihm unkorrekt vorkommen, stößt er fast mit ihr zusammen.

Ein Geist? Die Akten fallen ihm zu Boden. Er schlägt ein Kreuz und tastet nach Halt an der Wand. Sie steht leibhaftig vor ihm; ein Sonnenstrahl fällt durch eine Fensterluke herein und lässt ihr dunkles, von geheimem Feuer glimmendes Haar aufleuchten. Ihr ungeschminkter Mund ist wie immer blasser als die Haut des Gesichts. Sie trägt eine Robe aus schwarzem Taft, in deren Falten sich das Licht fängt, und um den Hals ein großes Kreuz an goldener Kette.

La Cazadora.

»Du musst nicht erschrecken«, sagt sie. »Ich bin es wirklich. In Fleisch und Blut.«

Er ringt noch immer nach Worten.

»Kapitän Colón. Admiral Colón. Ich gratuliere.« Sie deutet eine kleine Verneigung an. »Der Träumer von Träumen. Träume, die in der Wirklichkeit ankommen. Eine rare Sache in dieser trüben Welt.«

»Beatriz.« Sein Mund ist trocken.

Sie streckt die Hand aus, schwarzer Halbhandschuh aus Spitze, und ihr Elfenbeinfächer streicht an seiner Wange entlang, kühl und glatt. Er erschauert. »Ich wusste nicht, dass du – wieso bist du hier?«

»Selten, dass dir die Worte fehlen, Cristobal«, sagt sie und versucht, ihre Bewegung mit Spott zu vertuschen. »Ich bin hier, weil meine Freundin Isabella ihre Mitgift zurückfordert.«

»Ich verstehe nicht.«

»Ich soll 500 000 Maravedis Buße zahlen wegen Misshandlung meiner Untertanen und schlechtem Regiment. Genau die Summe, mit der sie mich damals so großzügig ausstattete.« Sie lacht. »Weißt du eigentlich, dass ich Witwe bin?«

»Ich weiß gar nichts.«

»Weil du nur im Sinn hattest, den Osten zu suchen, indem du nach Westen fährst, ich weiß. Und da gibt es auch eine Frau, nicht wahr?«

»Ja.« Er kann seine Augen nicht von ihr wenden.

»Habe ich dir die Sprache verschlagen?«

Er schluckt. »Du stehst auf einmal vor mir, so wie eine Wundererscheinung auftaucht vor den heiligen Männern …«

»Aber du bist kein heiliger Mann, Colón. Und ich auch keine Wundererscheinung, sondern sehr irdisch.«

»Dafür bin ich dankbar. Cazadora.« Jetzt endlich fasst er zu, mit beiden Händen, zieht sie zu sich heran, sie stehen Auge in Auge. »Dass Gott mir das vergönnt, dass er dich gleichsam mir entgegenschickt – ich gedachte, dich auf deiner Insel zu treffen …«

»Wenn das hier alles so schnell geht, wie ich hoffe, wenn ich die Vorwürfe gegen mich entkräften kann, dann wirst du mich auch auf meiner Insel noch treffen können. Hier *und* dort.«

»Wo hast du Quartier?«

»Im alten Maurenkastell. So wirst du mich besuchen?«

»Was sonst?«

»Und deine Frau? Die andere Beatriz?«

»Wovon redest du? Alles ist ausgelöscht, wenn du da bist.«

Exkursion

Um zu begreifen, welcher Vergehen wegen Beatriz de Bobadilla y Peraza von ihrer »königlichen Freundin« vorgeladen wurde, müssen wir uns eine kleine historische Exkursion auf die Kanaren genehmigen. Die Zeit dazu haben wir.

Im Augenblick sind die Gebrüder Pinzón damit beschäftigt, die drei Schiffe, die in Palos vor Anker liegen, seeklar zu machen, zu teeren, zu kalfatern und mit Proviant zu versehen. Unmengen Vizcocho-Brot werden gebacken – ungesäuerte, gesalzene Fladen, nahezu unverderblich, hart und flach wie Dachziegel, das Hauptnahrungsmittel auf dem Schiff. Dazu kommen dickbauchige Krüge mit Essig und Öl, lange Knoblauchgirlanden und Zwiebelzöpfe, Säcke mit Bohnen, Linsen und Kichererbsen und riesige Fässer mit dem schweren Wein der Region. (Auf der Reise wird das immer fauliger schmeckende Wasser mehr und mehr mit Wein vermischt, um es überhaupt genießbar zu machen.) Dazu kommen getrocknete Feigen und Rosinen, Steintöpfe mit Honig, steinharte Schaf- und Ziegenkäse aus der Region La Mancha, und später werden sich die rührigen Proviantmeister um lebende Schweine und Hühner kümmern, die als Frischfleischreserve in einem Pferch an Bord gehalten werden.

Dazu kommen all die lebensnotwendigen Gerätschaften: Laternen und Kerzen, Kochtöpfe und Küchengerät, Tauwerk, Pech und Reservesegel und jene langen Stangen, die im Fall eines Mastbruchs als Notlösung dienen sollen, denn man schient damit die Bruchstelle.

Das zu besorgen und ordentlich zu verladen, dauert seine Zeit, die Don Cristobal und der auf ihre Anhörung bei den Majestäten wartenden Cazadora zugute kommt...

Also auf zu den Kanaren.

Die wegen ihres »ewigen Frühlings« heute als Urlaubsziel mit Recht so beliebten Inseln waren in jener Zeit idealer strategischer Ausgangspunkt für Raub- und Handelszüge nach Nordafrika.

In dieser Zeit des Aufbruchs und Neubeginns gibt es eine Unzahl von adligen Abenteurern und Freibeutern, die sich mit einer Hand voll Männer auf ein Schiff begeben und auf eigene Faust Glück, Gold und Ruhm suchen. Und nicht selten können die Piraten auf die Unterstützung der Monarchen ihrer Heimatländer rechnen. Dafür profitieren diese zumindest von der Beute – oft genug aber nehmen ihnen die wilden Gesellen auch einen beträchtlichen Teil dessen ab, was man Kolonialisierung nennt. Kolonien sind eine der wichtigsten Einnahmequellen der »christlichen« Staaten; und wenn ein König seine Söldnertrupps und Missionare in die Küstenregionen Afrikas schickt, so haben »seine« Piraten die dort lebenden Eingeborenen meistens schon zusammengetrieben, in die Sklaverei verkauft, umgebracht oder »diszipliniert«. Dann ist es noch eine schöne Geste, wenn die Krone den Konquistador, den Eroberer, im Nachhinein mit einem Teil von dem beschenkt, was er sich ohnehin schon genommen hat, und noch einen Titel wie Vizekönig oder Gouverneur draufpackt.

Auf den Kanaren verläuft das nicht viel anders. Es beginnt damit, dass sich 1402 ein normannischer Baron namens Juan de Bethencourt zunächst einmal auf Lanzarote breit macht.

Aber die Eingeborenen sind davon überhaupt nicht entzückt. Die Guanches, ein vor Jahrhunderten auf die Inseln eingewanderter Berberstamm aus Afrika, sind eine Völkergruppe von hoher kultureller Eigenständigkeit und von unbändigem Stolz. Sie wollen weder von den gold- und geldgierigen, hochmütigen »Eroberern« etwas wissen noch vom Christentum.

In endlosen Kämpfen wurde schließlich Insel auf Insel des kanarischen Archipels »befriedet«, und dass die Konquistadoren, die spanischen Eroberer, die sich dort wie die hungrigen Heuschrecken niedergelassen hatten, es nicht an der nötigen Brutalität fehlen ließen, dessen darf man gewiss sein. Es fließen Ströme von Blut.

Das Gelände kam dem Widerstand der Guanches entgegen.

Die Inseln, vulkanischen Ursprungs, sind von tiefen Einschnitten, den Barrancos, durchzogen, und wer sich nicht wie die Ureinwohner einer speziellen Spring- und Klettertechnik mithilfe eines langen Hirtenstabs bedient, hat da schlechte Karten.

Aber nicht nur der Guerillakrieg zwischen Europäern und Alteingesessenen zieht sich hin – auch innerhalb der europäischen Machtgruppierung wechseln die Inseln mehrfach den »Besitzer«, zu Anfang legt Portugal seine Hand auf das neue Terrain, schließlich einigt man sich in einem klassischen Kuhhandel: Guinea wird ausschließlich portugiesisches Einflussgebiet, die Kanaren spanische Kolonie.

Im Jahr 1492 sind durchaus noch nicht alle Inseln unter spanischer Herrschaft. Lanzarote, Fuerteventura und El Hierro sind am längsten »befriedet«, auf Gran Canaria wird zwar 1482 eine Kapitulation beschlossen, aber der Widerstand im Inselinneren hört nicht auf. La Palma und Tenerife sind noch frei, und La Gomera, die Insel unserer Beatriz, ist aufgeteilt in vier Guanchenkönigreiche, von denen nur zwei – im Südwesten – die spanische Oberhoheit anerkennen.

Was also warf die Krone der Cazadora vor?

Das Wiedersehen – Teil zwei

»Was um aller Heiligen willen wirft man dir vor?«, fragt er.

Der ständigen Heimlichtuerei müde hat Beatriz ein kleines Landhaus inmitten von Granatapfelbäumen, Lorbeer und Korkeichen vor den Toren der Stadt angemietet; der Frühsommer beginnt schon, das Land auszudörren, aber hier fließt reichlich Wasser, und die Dienerschaft gießt die üppigen Blumenrabatten und Tontöpfe mit rot blühendem Hibuskus und duftenden Rosen schon vor dem Sonnenaufgang. Hier können sie sich treffen, ohne dass sie, die Gouverneurin von La Gomera, Versteck spielen muss vor den Augen missgünstiger Höflinge – und ohne dass der Seefahrer die Tränen der anderen Beatriz, mit der er lebt, vor Augen hat.

Sie sind froh, sich ungeniert in offenen Räumen bewegen zu können, im Garten, im schattig überdachten Patio, in den offenen Laubengängen, die den Blick ins Land gewähren – zwei Menschen, die sich nicht gern in engen Räumen aufhalten, die an Weite gewöhnt sind. Er an die offene See, sie an die Berge und Schluchten einer meerumbrausten Inselwelt.

»Was man mir vorwirft?« Die Cazadora setzt sich auf eine geschnitzte Eichenbank inmitten von Weißdornbüschen, breitet die Arme auf der Lehne aus und legt den Kopf in den Nacken. »Schlimme Sachen«, sagt sie leise.

»Und sind sie wahr?«

»Einige sind wahr. Andere nicht. Die meisten nicht. Aber

das wird mir nichts nützen. Meine Freundin Isabella ist eisern entschlossen, mir nicht nur die halbe Million Maravedis wieder abzunehmen, sondern auch alle Verbrechen, die jemals von Spaniern auf dieser Insel verübt wurden, mir zuzuschanzen.« Sie lacht grimmig. »Und wie es aussieht, wird es ihr auch gelingen. Die Räte bei der Anhörung sind hoch motiviert von Ihrer Majestät. Nun krieg ich die Quittung dafür, dass ich die Geliebte ihres Mannes war. Ich hätte mir denken können, dass sie sich nicht damit begnügt, mich zu verheiraten und bis ans Ende der Welt zu schicken.«

»Doña Isabel ist aber gar nicht da, nicht wahr? Der Großteil des Hofs ist in Salamanca.«

»Ja, zum Glück. Ich bin nicht wild darauf, sie zu sehen.« Sie richtet sich auf. »Meine Tante hat mich besucht. Sie kennt die Stimmung ihrer Herrin ziemlich gut. Alle Zeichen sind auf Sturm gestellt. Und nach diesem verrückten Edikt der Judenaustreibung ist sie wie eine eifernde Furie. Torquemada geht ihr nicht von der Seite, der Allerchristlichsten! Cristobal, es ist klug von dir, dass du deine Geschäfte hier mit den Sekretären abwickelst, nicht direkt in der Nähe der Herrscher. Es würde dir nicht gut bekommen, wenn man dir bei deinem täglichen Umgang mit Conversos und Judenfreunden zuguckt.«

Er geht unruhig hin und her vor ihrer Bank, der Kies des Wegs knirscht unter seinen Tritten. »Du meinst Santangel, nicht wahr? Aber er gibt das Geld! Eins der Schiffe hat er bezahlt!«, sagt er ärgerlich. »Soll ich ihm den Rücken kehren?«

»Santangel ist klug genug, dir selbst den Rücken zuzukehren, bis du fort bist. Haltet still, gefährdet euer Projekt nicht. Die Marquesa hat mir berichtet.«

»Ich hoffe auf deine Hilfe«, sagt er. »Die Inseln sind frei von der Inquisition.«

»Ja. *Noch* frei. Wie du wen auf deine Schiffe bekommst und wo du ihn auslädst, ist allein deine Sache. Ich drücke die Augen zu, falls das auf meiner Insel geschehen sollte.«

Er greift nach ihrer Hand und küsst sie, eine kleine, kühle ringgeschmückte Hand ruht in seiner warmen, kräftigen, langfingrigen, und er atmet den Duft ihrer Haut und kann sie nicht loslassen. Führt sie an seine Wange, schließt die Augen. Keine Frau ist so wie diese.

»Mein jüdischer Liebhaber!«

»Meine Geliebte, hochgeborene Frau Gouverneurin, verruchte Jägerin!«

»Uns bleibt nicht viel Zeit. Lass sie uns genießen.«

»Jeden Tag, *querida!*« –

Wenn Beatriz von ihren Befragungen durch die Räte zurückkommt, ist sie oft zornig, und ihr Zorn gibt der Liebe eine andere Farbe, macht sie wilder, ungestümer. Aber später wirkt sie manchmal wie erloschen, als habe jemand Asche über sie gestreut.

Und endlich beginnt sie, über das zu sprechen, was geschehen ist auf der Insel im Westen.

»Was hast du, *querida*?«

»Diese Befragungen. Eigentlich ist es schon keine *audiencia* mehr, keine Anhörung. Es ist schon fast ein *pleito,* ein Prozess gegen mich. Pass nur auf, dass dir nicht auch so etwas passiert, wenn du zurückkommst als Vizekönig der Inseln, die du da finden willst.« (Und sie ahnt nicht, wie prophetisch ihre Worte sind.)

»Was für ein Unsinn!«, erwidert er unwillig. »Denn ich komme ja als Erster dorthin. Und du? Sagst du nicht, man will dir alles aufbürden, was andere angestellt haben dort?«

Sie richtet sich auf, greift nach dem Krug mit gesüßtem

Zitronenwasser, der auf dem Tisch neben ihrem Lager steht, und schenkt ihnen beiden ein. »Komm, trink. Ich werde dir erzählen.«

Noch mehr Inselgeschichten

»Sie hausen ja nun schon seit mehr als einem halben Jahrhundert da, diese adligen Herren, und sie schalten und walten, wie es ihnen beliebt. Es gibt da etwas, das nennt sich Señorio. Also hier in Spanien würde man es wahrscheinlich eine Land- und Personensteuer nennen. Damit halten sie die Menceyes in Schach.«

»Was sind Menceyes?«

»Häuptlinge. Kleine Könige der Ureinwohner. Denk bloß nicht, das sind dumme Wilde. Aber übertölpeln ließen sie sich doch. Immer wenn es zu einem Friedensbund zwischen uns Spaniern und diesen Guanches kam, hat unsere Seite so getan, als wenn sie das Land, das diesen Leuten ja gehört, denen erst schenken würde. Die Guanches fanden diese Geste albern, aber nicht weiter störend. Sie ahnten nicht, dass die Folge war, Abgaben bis zum Weißbluten zu zahlen.«

»Nicht ungeschickt!«, sagt Columbus ohne eine Spur von Unrechtsbewusstsein. »Sind diese Guanches inzwischen Christen?«

»Einige. Ich glaube, sie sehen das als Hokuspokus an, den sie uns zuliebe mitmachen. Dann gehen sie nach Haus in ihre Wälder und Höhlen und tanzen wieder um ihre heiligen Bäume.«

»Das muss man unterbinden!«

»Unterbinde du in deinen eigenen Ländern, die du noch nicht gefunden hast, und lass mich auf meine Weise regieren!«, sagt sie nicht ohne Schärfe. »Jedenfalls, die spanischen Herren trieben es ziemlich toll. Unter anderem verkauften sie die Leute von den Inseln in die Sklaverei.«

»Solange sie keine Christen sind ...«

»Hör auf, du frömmelnder Converso! Und lass mich erzählen. Hernán Peraza kam auf die größenwahnsinnige Idee, die gesamte Insel zu erobern. Du musst wissen, nur der Südwesten ist spanisch. Mulaguay und Orone, die Distrikte im Norden, zahlen kein Señorio und betrachten sich als frei. Und das wollten sie auch bleiben.

Zu dieser Zeit hatte mein Mann sich eine Geliebte aus dem Guanchenvolk zugelegt.«

»Eine Geliebte, wenn man mit dir verheiratet ist?!«

Sie mustert ihn aufmerksam. »Meinst du, ich habe keine Krallen?«

»Oh doch. Aber ...«

»Nicht jeder weiß eine freie Frau zu schätzen.« Sie beugt sich vor, küsst flüchtig sein graues Haar, fährt dann fort: »Das Mädchen hieß Yballa, und er traf sich mit ihr immer in einer Höhle, zwei Maultierstunden von unserer Hauptstadt San Sebastian entfernt. Wann ist ein Mann wehrloser als in den Armen einer Frau? Die Menceyes der Insel witterten ihre Stunde und pfiffen zum Aufstand.«

»Was meinst du mit pfeifen?«

»Sie haben dort eine zweite Sprache. Silbo. Eine Pfeifsprache, mit der sie sich von Berg zu Berg unterhalten.«

»Pfeifen ist keine Sprache.«

»Ja, das dachte Peraza auch. Was soll schon das Gepfeife bedeuten. Mehr als ›Ich bin hier – wo bist du?‹ kann man ja wohl kaum mitteilen, wenn man seinen gekrümmten Finger auf eine bestimmte Weise an die Lippen legt. Aber diesen Irrtum büßte er mit dem Leben. Als er mit dem Mädchen zusammen war, haben sie ihn mitten im Liebesspiel aus der Höhle gezerrt und umgebracht.«

»Gütiger Gott!«

»Meinst du, ich würde einem Peraza nachtrauern? Aber dann brach der Aufstand los. Ich musste mich Hals über Kopf mit meinen Söhnen in einen Turm flüchten und die Guanchen belagerten mich. Zum Glück hatte ich vorher noch Botschaft nach Gran Canaria senden können, zum dortigen Gouverneur, Pedro de Vera. Er kam mit Soldaten und holte mich raus. Sonst hätten mich die Wilden wahrscheinlich aufgespießt.«

Columbus schweigt, dann sagt er: »Ich begreife bis jetzt nicht, was man dir vorwirft.«

»Warte nur ab. De Vera landete des Nachts. Mit seinen Feuerwaffen hatte er leichtes Spiel gegen die Guanches mit ihren Holzspeeren, die nicht einmal eine Metallspitze besaßen. Es gab viele Tote. Der Rest zog sich in die Barrancos, die Bergschluchten, zurück, aber die Spanier machten einige wichtige Gefangene, und so waren die Menceyes zu Verhandlungen bereit.«

Sie nimmt einen Schluck von ihrem Zitronenwasser. »Was jetzt kommt, ist eine scheußliche Geschichte. Pedro de Vera lud die Häuptlinge und Krieger zu Friedensverhandlungen ein. Wenn die Männer bereit wären, sich taufen zu lassen, sollte alles vergeben und vergessen sein. Und sie kamen.«

»Das ist eine vernünftige Strategie.«

»Wäre es vielleicht, wenn erstens de Vera ehrlich gewesen wäre und zweitens – ja, diese Taufen waren ohnehin nur Lippenbekenntnisse. Das Christentum steht auf wackligen Füßen auf den Inseln.«

»Bei meinen Ländereien wird das anders«, sagt er ungerührt, und sie sieht ihn spöttisch an: »Find sie nur erst einmal! – Jedenfalls, in San Sebastian gibt es eine Kirche, die Iglesia de la Asuncion. De Vera machte den Kriegern den Vorschlag, sie sollten einzeln und unbewaffnet durch die Seitenpforte kommen, dann würden sie jeder für sich getauft und geweiht. Und diese gutgläubigen Insulaner folgten dem Vorschlag – so lange, bis unter der Kirchentür das Blut hervorkam. Dann begriffen sie, was es mit der ›Taufe‹ auf sich hatte.«

»Das ist entsetzlich!«, sagt Columbus. »Und du?«

»Ich wusste nichts von dem Plan. Hätte ich sonst meine kleinen Söhne mit ihrem Erzieher hingeschickt, dem Gottesdienst beizuwohnen? Die Guanchen griffen die Kinder als Geiseln. Zumindest hörte das Blutvergießen damit auf – der Rest der ›Täuflinge‹ konnte abziehen.«

»Diese Sache ist abscheulich!« Der Mann schüttelt den Kopf. »Aber man kann es dir doch nicht zum Vorwurf machen.«

»Oh doch, das macht man, Cristobal! Genau das, und noch mehr. Ich hätte an dem Rachefeldzug teilgenommen und meine Untertanen als Sklaven an die Engländer und die Portugiesen verkauft.«

»Und – hast du es getan?« Er sieht sie forschend an.

»Du traust es mir zu?«

»Ja«, sagt er ehrlich, und sie gießt ihm mit einer schnellen Handbewegung den Rest ihrer Limonade ins Gesicht. »Schurke!«

Er reibt sich die Augen.

»Hättest du es denn getan?«

»Nur wenn es keine Christen wären!«

»Nun, das ist ein Argument, das ich mir merken muss«, sagt sie trocken. »Aber es stimmt, ich habe ein paar hundert Guanchen verkauft.« Sie stockt. »Aber im Übrigen, das Señorio, die Steuer, wirft gerade einmal 600 000 im Jahr ab. Davon wird keiner reich – vor allem nicht, wenn er davon auch noch fünf Sechstel an die Krone abführen darf.« Plötzlich sagt sie wild: »Das alles mag ich getan haben oder nicht – ich bin ja kein Engel, das weiß jeder. Aber das ist ja alles nur Vorwand. Der eigentliche Grund ist: Ich bin eine Frau. Nach dem Tod ihres Mannes ist plötzlich eine Frau Gobernadora, Herrscherin über eine ganze Provinz, und schaltet und waltet wie ein Mann. Natürlich bin ich eigentlich nur Regentin anstelle meines älteren Sohns – aber der ist ein kleines Kind. Die Wirklichkeit sieht so aus, dass ich auf Augenhöhe mit Vizekönigen und Statthaltern verhandle. Das können sie nicht schlucken, das sitzt ihnen quer im Hals wie eine große Fischgräte. Und so werden sie mir alles an Schandtaten ankreiden, was auf den Inseln passiert ist oder noch passiert. Ich bin die zuchtlose Jägerin, das ehemalige Königsliebchen, die Person, die macht, was sie will. Und das können sie nicht wegstecken. Damit kommt nur einer klar wie du – ein Mann, der sich selbst geschaffen hat, einer, der nicht dem vorgefertigten Bild entspricht. So wie ich. Und vielleicht lieben wir uns deshalb.«

Er legt die Arme um sie. –

Später sagt er: »Ich werde dir einen Schriftsatz verfassen, einen Brief, den du an die Majestäten schreiben kannst, worin du die Sklavenverkäufe entschuldigst. Sodass die christlichen Majestäten ihre Freude daran haben.«

»Übst du da gleich für eigene Zwecke?«, fragt sie.

Er verschließt ihr den Mund…

Letzte Zurüstungen

Der Brief, den Columbus wahrscheinlich entworfen hat – ihn gab es wirklich. Jedenfalls wird in den Kanzleiakten über die Bobadilla ein Schriftstück von ihr zitiert: »Die Gomeros waren nie Christen und werden es nie sein, sie glauben nicht an die Taufe und die Sakramente, sind Heiden, die nackt herumlaufen und acht bis zehn Frauen haben …« Sie selbst wusste, dass zumindest ein Teil dieser Behauptungen nicht stimmte. Aber auf die Majestäten wird es gewiss gewirkt haben.

Die Verhandlungen der Gouverneurin ziehen sich hin. Und die Zeit der Abreise für Columbus rückt immer näher. Die Mannschaften werden angeheuert, die Offiziersposten besetzt. Auf dem Flaggschiff »Santa Maria« kommandiert der Admiral selbst, und wie wir bereits wissen, der Eigner Juan de la Cosa ist Erster Offizier. Die »Pinta« steht unter dem Befehl von Martín Pinzón, mit seinem Bruder Franzisco als Schiffsführer. Die »Niña« schließlich, die kleinste und wendigste der Karavellen, wird vom dritten Pinzón-Bruder, Yañez, befehligt; der Eigner Juan Niño fährt als Schiffsführer mit. Man sieht, die kleine Flotte ist zum großen Teil in den Händen der Pinzón-Sippe. Ein Machtkampf innerhalb des Stabs ist damit vorprogrammiert.

»Niña«, »Pinta«, »Santa Maria« – es klingt wie ein Kinderreim, und die Namen der drei Schiffe werden in die Geschichtsbücher allüberall in Europa und Amerika eingehen als die Schiffe der Entdecker einer neuen Welt.

Die Mannschaftslisten der drei Karavellen weisen die typischen Merkmale spanischer Bürokratie auf: Sie sind gleichzeitig pedantisch und ungenau. Wir wissen, dass es einen Flottenschreiber gibt, einen Beamten der Krone, der aufzupassen hat, dass finanziell alles mit rechten Dingen zugeht und dass der suspekte Admiral nicht etwa die Goldfunde da drüben in die eigene Tasche scheffelt. Dazu gibt es einen Profos, der die Polizeigewalt auf den Schiffen ausübt, zuständig ist für die drakonischen Bestrafungen, wie sie damals auf Schiffen üblich sind, und der die Trinkwasservorräte überwacht. Letzterer ist übrigens ein gewisser Diego de Harana, ein Vetter jener Beatriz, mit der Columbus seit Jahren in »eheähnlicher Gemeinschaft« lebt – sicher ein Zugeständnis an diese Verbindung…

Fast achtzig Männer, so haben erfahrene Nautiker errechnet, sind nötig, drei Schiffe dieser Größenordnung auf großer Fahrt zu managen – von Schiffsjungen bis zu Kalfaterern, Küfern, Zimmerleuten, Segelmachern und Matrosen. So viele Menschen braucht man, da es so gut wie keine technischen Hilfsmittel gibt. Jedes Segelmanöver muss von Hand ausgeführt werden, ohne Flaschenzüge oder Seilwinden, und bedeutet Schwerstarbeit. Die meisten der Männer dürften schon vorher auf großer Fahrt gewesen sein, so alle die, die zur Stamm-Crew der Pinzóns gehören. Für sein Flaggschiff wählt Columbus wetterfeste baskische Matrosen, mit denen er schon vorher unterwegs gewesen ist.

Aus den Akten der königlichen Kanzlei ist denn letztlich auch nicht mit Sicherheit festzustellen, ob sich auf diesen Schiffen Marranen oder gar jüdische Flüchtlinge befunden haben. Manche Historiker spekulieren anhand der Namen einiger Besatzungsmitglieder, dass es so war. Aber wir wissen nur, dass der »Schwund« auf den Kanaren beträchtlich war; der Flottenführer hatte einige vakante Stellen zu besetzen. Wer hatte sich da verabschiedet? Waren es Auswanderer oder einfach nur Seeleute, denen im letzten Moment der Mut abhanden gekommen war und die mit der im Voraus ausgezahlten Heuer für vier Monate klammheimlich das Weite gesucht hatten? Wir wissen es nicht eindeutig, aber ich denke, wir können uns sicher sein, dass Santangel einige ungewöhnliche »Seeleute« an Bord gebracht hatte.

Wir haben bereits erfahren, dass ein Dolmetscher für Hebräisch an Bord sein wird – aber, trotz der angesagten Mission, die Heiden zu bekehren, kein Priester! Das ist jedoch nicht die einzige Ungereimtheit, die sich ergibt, wenn wir uns diese Einschiffung genau ansehen.

Unter den Papieren, die Columbus in seiner Seekiste mit sich führt, befindet sich ein mit prachtvollen Siegeln verziertes Dokument, versehen mit den Unterschriften der katholischen Könige. Es ist ein Brief an den Großkhan, den sagenhaften Herrscher »Kathays«, wie er in dem berühmten Reisebericht von Marco Polo dargestellt wird. Dieser Brief beginnt mit der huldvollen Anrede: »An den Ehrwürdigen Prinzen, Unseren teuren Freund! Ferdinand und Isabella, Könige von Kastilien und Leon, senden Grüße und reichen Segen. Mit Freuden haben Wir aus dem Munde vieler Unserer Untertanen und anderer, die zu Uns gekommen sind, vernommen, wie Ihr Uns und Unsere Nation achtet und schätzt, und haben von Eurem Verlangen gehört, Nachricht über Unsere Taten zu erhalten. Deshalb haben wir verfügt, Unseren edlen Kapitän Cristobal Colón an Euch zu entsenden, der Euch in Kenntnis setzen soll von Unserer Gesundheit und Unserem Wohlergehen. Wir bitten Euch, seinem Bericht Vertrauen zu schenken …«

Wer auch immer die Majestäten bewogen haben mag,

diesen Brief zu verfassen – er muss eine blühende Fantasie gehabt haben. Denn die Vorstellung, dass der fabelhafte Herrscher der Chinesen sich auch nur die Bohne für das interessieren könnte, was irgendwo dahinten im Westen auf einer vergleichsweise kleinen Halbinsel ein paar Europäer gerade veranstalten, ist gelinde gesagt hirnrissig.

Nun ist es allerdings durchaus möglich, dass weder die Allerchristlichsten Könige noch ihre Kanzlisten und Schreiber jemals den Reisebericht des Venezianers aus dem Jahr 1298 zu Gesicht bekommen haben und sich einfach auf die Aussagen ihres »edlen Kapitäns« verlassen haben, dass da irgendwo der Großkhan sitzt – und unserem mit allen Wassern gewaschenen Seefahrer ist es durchaus zuzutrauen, dass er sich mit so einem Brief einfach eine Legitimation beschaffen wollte.

Was in aller Welt gedenkt er wirklich vorzufinden? Die Ware, die in der Bodega, im Laderaum der »Santa Maria«, verstaut wird, spricht eine andere Sprache: Bunte Mützen, Glöckchen, Glasperlen, Spiegel, Gongs, Stecknadeln – billiger Tand, wie man ihn an der Guineaküste als »Lockspeise« für die Eingeborenen benutzte, denen man das Gold abluchsen oder die man in die Sklaverei verschleppen wollte. Columbus kann nicht im Ernst angenommen haben, dass er mit solchem Tinnef eine asiatische Hochkultur »beglücken« würde. Und schließlich wusste er von dem seinerzeit verstorbenen Pedro, der ja in »Indien« gewesen war, von nackten, braunhäutigen Eingeborenen …

Ein Rätsel mehr zu all den anderen.

Wie dem auch sein mag. Zwischen dem träumerischen Wunsch, ferne Goldländer zu finden, und der irrealen Hoffnung, auf die »jüdischen Königreiche« zu stoßen, liegt das reale Wissen um die Seekarte des Pedro in seiner Tasche, das Wissen, dass dort draußen etwas ist. Und das wird er finden.

Aufschub

Während sich La Cazadora mit all ihrer Kraft, ihrem Hochmut und ihrer Angriffslust gegen die Anschuldigungen der königlichen Beamten wehrt, während Columbus mit dem Sekretär der Majestäten um die letzten Lieferungen für die Ausrüstung feilscht und sein Schiffsvolk anheuert, während die Pinzóns die Flottille segelklar machen, herrscht unter den Juden Spaniens helle Verzweiflung. Das Ultimatum der Ausweisung läuft ab und nach dem Scheitern des Vermittlungsversuchs von Abrabanel ist es auch dem Letzten deutlich: Taufe oder Vertreibung. Es gibt keine Alternative.

Hab und Gut der zur Flucht Entschlossenen geht zu Schleuderpreisen weg – man nutzt die Not der Verzweifelten. Der Wert jüdischen Eigentums sinkt von Tag zu Tag – sie können es ja nicht mitnehmen! Sie können auch ihre bewegliche Habe nicht mitnehmen. Die Ausfuhr von Gold und Münzen ist wie gesagt verboten. Mit nichts als dem Lebensnotwendigsten versehen, wandern ehrwürdige Rabbiner, angesehene Kaufleute, hochgelehrte Ärzte zu Fuß über die Straßen des feindseligen Landes. Hin zu den Häfen, in der Hoffnung, irgendwie eine Schiffspassage zu ergattern. Selbst die letzten notdürftig geflickten Kähne machen florierende Geschäfte. Und die Flüchtlingstrecks werden, wie die müden Herden von Geiern, von den Priestern umkreist, die den Erschöpften als einzigen Ausweg aus der Misere das Sakrament der Taufe offerieren. Denn wer Christ wird, kann bleiben – freilich als Mensch zweiter Klasse, ständig beargwöhnt und bespitzelt von den Denunzianten der Inquisition, der das Futter für die Scheiterhaufen nicht ausgehen darf…

Aus Angst vor der Kirche wagen es in diesen schrecklichen Monaten die Conversos in den seltensten Fällen, den Juden beizustehen. Sie fürchten, sonst ihr Schicksal teilen zu müssen. Einige wenige nehmen jüdische Vermögen in Verwahrung – aber auch das ist hochgefährlich. Übrigens wird die gnadenlose Isabella später den Christen, die glaubten, sich an den Besitztümern der Juden bereichern zu können, alles wieder abnehmen. Wer hier profitiert, ist allein die Krone.

Aber was für ein kurzsichtiger Profit ist das? Nach zeitgenössischen Angaben werden rund 300 000 Juden aus dem Land gejagt. Anwälte und Bankiers, Ärzte und Kartografen, Astronomen und Mathematiker, Kaufleute und Mechaniker. Ein Land verabschiedet sich von seiner Elite.

Der türkische Sultan Bajazet, der viele der Ausgewiesenen wohlwollend in Konstantinopel aufnimmt, sagt: »Wieso nennt man Fernando einen klugen König? Er hat sein Land arm gemacht und unser Land bereichert.«

Das Austreibungsdekret legt fest, dass am 31. Juli 1492 Spanien »judenfrei« zu sein hat. Aus Gründen, die wir nicht kennen, verlängern die Majestäten die Frist um zwei Tage. Deadline ist nun der 2. August, ein Donnerstag.

In der letzten Juliwoche wartet unser Seefahrer im Landhaus bei Cordoba ungeduldig auf La Cazadora. Wahrscheinlich ist es das letzte Mal vor seiner Abreise, dass sie beieinander sein können. Beatriz ist nun endlich – die Anhörungen sind immer noch nicht abgeschlossen – zur Audienz bei der Königin in Salamanca einbestellt. Und wie man da warten kann, das wissen sie beide sehr genau. Er, Columbus, ist fertig mit seinen Vorbereitungen. Er muss abreisen, ehe die Vorräte schon an Land verderben und die Männer die Geduld verlieren oder die Gelegenheit nutzen, schon hier, auf dem Festland, im letzten Moment zu kneifen. Denn die Gier nach Gold ist das eine, aber das »grüne Meer der Dunkelheit«, die Reise ins Ungewisse, das andere.

Aber dann meldet die Magd, die sich um das Haus kümmert, einen Besucher, der seinen Namen nicht nennen will.

Er ist verärgert. Störungen dieses letzten Beisammenseins heute Abend sind höchst unwillkommen. Aber neugierig ist er auch. Wer weiß denn schon, dass er hier ist? Schließlich lässt er den Gast bitten.

Die schwarze Kapuze fällt.

»Don Luis Santangel! Ich habe Euch warten lassen!« Bestürzt beugt er das Knie vor seinem Sponsor und Beschützer.

Der Minister lächelt in seinen schwarzen Bart hinein. »Lasst nur, Kapitän Colón – bald Admiral Colón! –, ich bin mir bewusst, dass ich hier ein Störenfried bin. Aber ich hielt es für den besten Weg, Euch zu begegnen, ohne dass es an die große Glocke gehängt wird.«

»Bitte setzt Euch, Señor. Soll ich eine Erfrischung …«

Santangel hebt abwehrend die Hand. »Nichts, lieber Freund. Ich bin hier gleichsam nur wie ein Wind, der die Vorhänge bewegt und dann wieder fort ist. Ich habe eine Bitte an Euch.«

»Jede, Don Luis. Meine Schiffe liegen segelklar im Hafen von Palos. Wir können jederzeit aufbrechen. Nur Gott kann uns noch aufhalten!«

»Nun, Gott bin ich wahrhaftig nicht. Dennoch will ich Euch aufhalten.«

Columbus runzelt die Brauen. »Das verstehe ich nicht.«

»Nicht wirklich aufhalten – es geht nur um eine kleine Verschiebung. Don Cristobal, mir und einigen anderen läge sehr viel daran, wenn Ihr Eure Schiffe erst am 2. August auslaufen ließet.«

»Am 2. August? Das ist das Datum des Dekrets.«

»Eben.«

Die beiden Männer sehen einander in die Augen. Dann sagt Santangel: »Wenn dies nun vielleicht die Segel der Hoffnung sind, die da gesetzt werden – der Hoffnung, dort drüben die verlorenen Stämme unseres Volks zu entdecken, vielleicht gar ihre Fürstentümer –, was viele von uns inständig ersehnen –, dann sollte man Eure Ausfahrt vielleicht als ein Zeichen sehen können, ein Zeichen dafür, dass Ihr gemeinsam mit den Vertriebenen aufbrecht, im Geist verbunden mit ihnen – um etwas für sie zu suchen …« Er verstummt.

»Ihr meint, ich breche gemeinsam mit den Juden Spaniens auf, um vielleicht eine Heimstatt für sie zu finden? Soll *das* das Zeichen sein?«

»Ihr könnt es so sagen. Ja.«

Columbus verschränkt die Hände hinterm Rücken, macht ein paar Schritte im Raum. »Ohne Euch würde ich nicht reisen können«, sagt er. »Ich bin Euch zu ewigem Dank verpflichtet. Nun, ich denke, die ›Santa Maria‹ braucht dringend noch eine neue Schicht Teer. Und der muss ja dann auch noch trocknen. In Anbetracht dessen wird man sicher verstehen, dass ich erst am 2. August aufbreche.«

Der Minister legt ihm für einen Moment die Hand auf die Schulter. »Der Heilige Israels und Jesus Christus seien Euer Geleit«, sagt er leise. »Ich gehe. Jede Nacht bete ich für unsere unglückseligen Brüder. Wenn Ihr es nicht ständig tut, so kann ich es Euch nicht verdenken. Allzu hochgemut wird

Eure Stimmung sein, nun da Euer Traum in Erfüllung geht – und da Ihr die schönste Frau von Kastilien und Aragon bei Euch begrüßen dürft.«

Er ist fort und Columbus steht am Fenster und sieht in den Garten hinaus. Beinah hätte er das Kommen der Cazadora überhört; ihr Schritt ist so leicht. Das Rascheln ihrer Röcke kündigt sie an und sie legt von hinten die Arme um ihn. »Wer war das eben? Kurz bevor meine Sänfte um die Ecke bog, ritt ein Verhüllter auf einem Maultier weg, begleitet von bewaffnetem Geleitschutz. Wer wagt es, hierher zu kommen? Das Haus ist nur für dich und mich bestimmt.«

»Es war Santangel!«, erwidert er.

»Der Geldmann seiner Majestäten? Was hat er hier zu suchen?«

»Er hat mich gebeten, erst am 2. August in See zu stechen.«

»Am 2. August?« Sie pfeift durch die Zähne. »Sehr spannend. Nun, mir soll es nur recht sein. Je später du aufbrichst, desto größer ist die Chance, dass wir uns auf meiner Insel wiedersehen. Sobald das hier zu Ende ist, nehme ich einen Schnellsegler mit Kurs auf La Gomera. Colón! Warte dort auf mich, bevor du aufbrichst ins Ungewisse! Versprich es!«

»Machst du dir Sorgen, ich könnte nicht zurückkommen?«, fragt er ernst.

Sie greift ihm unsanft ins Haar. »Was bildest du dir ein, Kapitän! Denkst du, du wärst mir so wichtig?«

»Ja. So wichtig wie du mir. Beatriz. Wir lieben uns.«

»Dergleichen«, sagt sie flüsternd, »sollte man eigentlich nicht aussprechen – gerade wenn man dabei ist, einander wieder zu verlieren.«

»Im Namen Gottes, setzt Segel!«

Am 2. August wird das letzte Fass mit Frischwasser eingeladen, das letzte Bündel Brennholz auf dem Deck verstaut. In der St.-Georgs-Kirche über der Bucht von Palos wohnt der Generalkapitän einer Messe bei, bevor er sich mit seiner Besatzung an Bord begibt. Mit der Nachmittagsflut gleiten die Schiffe flussabwärts, begleitet von den Gebeten und Abschiedsrufen der Zurückbleibenden, und gehen im Hafen von Saltes vor Anker. Am Abend treffen Boote mit den letzten »Zusteigern« ein. Man übernachtet an Bord – und für die Grünschnäbel, die dabei sind, wird das die erste gravierende Erfahrung sein. (Besonders wenn man von den »speziellen Passagieren« Santangels ausgeht, die sicher alles andere als Seeleute waren.)

Die Schiffe damals hatten keine Mannschaftskojen oder Hängematten. Die »Toldilla«, die Hütte des Kapitäns auf dem Achterdeck, beherbergt das einzige Bett. Die Männer müssen sich, mit ihren Bündeln oder Taurollen als Kopfkissen, einen Schlafplatz an Deck suchen, und da das gewölbt ist »wie der Rücken eines Esels«, sind die guten Plätze, nämlich die in der Mitte über der Luke ins Schiffsinnere, rasch von den alten Seebären mit Beschlag belegt. Der Rest muss sehen, wo er bleibt, und rollt während der Nacht wahrscheinlich mehrfach gegen den Dollbord.

Am Morgen des nächsten Tages dann erscheint Columbus auf der Popa, dem Achterdeck der »Santa Maria«. Er trägt einen leuchtend roten Samtmantel, eine Goldkette, mehrfach um den Hals gewunden, und sein weißes Haar quillt unter einem mit Medaillen verzierten Barett hervor. Zwischen den Fingern seiner behandschuhten Hände gleiten unablässig die Perlen eines Rosenkranzes hindurch. Das ist seine Stunde, sein großer Auftritt, der Beginn davon, dass sein Gedanke zur Tat wird.

Stolz und Hoffnung beflügeln ihn. Seine Stimme, mit der er nun das Kommando gibt, ist leise, aber auf allen drei Schiffen zu hören: »Im Namen Gottes, setzt Segel!«

Die Schiffsführer geben ihre Befehle. Die Männer drehen mühsam die Spille und holen die schweren Anker aus dem Uferschlick ein, und die Taurollen in den Blöcken kreischen wie Seevögel, als gleichzeitig die riesigen bleichen Leinwandmassen der Segel hochsteigen und das Banner der Expedition, ein weißes Seidentuch mit einem grünen Kreuz, daneben die Initialen der Majestäten, am Mast gehisst wird.

Aber die Segel hängen schlaff und das Banner entfaltet sich nicht. Windstille. Müde treiben die Schiffe mit der auslaufenden Ebbe an den Sandbänken vorbei, und man muss die Langruder zu Hilfe nehmen, um vorwärts zu kommen.

Für die Männer ist das kein gutes Omen. Sie nennen diese windstillen Momente den »Tag der Möwe«. Bei einer solchen Flaute können die Möwen am Ufer aus den Büscheln der Algen ihre Nester bauen.

Columbus allerdings ist gefeit gegen Vorzeichen und Omen aller Art. Viel zu sehr ist er davon überzeugt, dass er seine Mission erfüllen wird. Ich denke mir, in diesem Augenblick ist Cristobal Colón ein glücklicher Mann.

Die erste Etappe

Sie haben guten Wind und bewältigen die ersten fünfzig Leguas in Richtung der vor ihnen liegenden Kanaren an einem Tag. Alles verläuft wie im Lehrbuch; die Mannschaft rauft sich zusammen, langsam wird aus dem wild zusammengewürfelten Haufen von Altgedienten und Landratten eine Crew. (Einige »Matrosen« stellen sich allerdings besonders ungeschickt an – es sind diejenigen, die bestimmt nie zuvor die Planken eines Schiffs betreten haben und es auch später nie wieder tun werden. Sie gehen in La Gomera von Bord …)

Nachdem die Mannschaft sich die Seele aus dem Leib gekotzt und die Hände am Tauwerk blutig geschunden hat, nachdem die Neulinge den ersten Schrecken vor den sich gewaltig am Bug aufbäumenden Wellen überwunden haben, nachdem das Schiff mit knarrenden Spieren und ächzenden Wanten, mit dem Knattern und Jaulen der Segel und dem Klatschen des losen Tauwerks sein »Lied« zu singen beginnt, muss sich der große Seefahrer ganz und gar in seinem Element gefühlt haben.

Das war es, worauf er gewartet hatte: Endlich sein Wissen und seine Erfahrung, seine nautischen Kenntnisse und seine flexible und einfallsreiche Art der Schiffsführung in den Dienst seiner Idee zu stellen: Auf nach Westen, um den Osten zu suchen – ja, oder wen oder was sonst? Kathay, die jüdischen Königreiche, die »fremden Inseln« – ich glaube, nichts davon schließt er aus. Hauptsache, vorwärts.

Dann, am vierten Tag, passiert's. Das Steuerruder der »Pinta« bricht, das heißt, zwei der so genannten Fingerlinge, der Metallbolzen, die das Ruder fixieren, haben der Belastung nicht standgehalten.

Der ewig wachsame und infolgedessen misstrauische Generalkapitän hat sofort den Verdacht auf Sabotage – irgendjemand will sie zur Umkehr zwingen! Die Matrosen der »Pinta« lassen sich außenbords zum Ruder herunter und flicken, so gut es geht, nach Anleitung von Kapitän Pinzón den Schaden.

In seinem Logbuch vermerkt Columbus, Pinzón sei ein »zuverlässiger und kompetenter Seemann«. Es ist das einzige Kompliment, das er jemals seinem Stellvertreter zollen wird…

Aber es erweist sich, dass die Ausbesserungsarbeiten nur sehr kurz Früchte tragen; bei rauer See ist die »Pinta« bald nicht mehr manövrierfähig. Außerdem hat sie ein Leck – damals kein größeres Drama; die Schiffe leckten alle naselang, man musste eben lenzen (Wasser schöpfen), kalfatern (mit Teer zuschmieren) und auf Gott vertrauen.

Aber für Columbus ist nun klar – es *ist* Sabotage, und sie kann nur von Kapitän Pinzón ausgehen. Kein anderer traut sich so etwas.

Aber nun tut Columbus etwas, was allen seemännischen Regeln widerspricht und den Boden für die künftige Feindschaft zwischen ihm und Pinzón bereitet: Er lässt die »Pinta« zurück, mit der Order, sich auf eigene Faust und aus eigener Kraft in den Hafen von Gran Canaria zu manövrieren, und segelt mit der »Santa Maria« und der »Niña« davon. Das ist ein grober Verstoß gegen den Ehrenkodex der Seefahrt. Wenn man im Verbund segelt, darf man niemals einen Havaristen seinem Schicksal überlassen!

Die fadenscheinige Ausrede, er wolle sich auf La Gomera nach einem anderen Schiff umsehen, kann nur das Kopfschütteln der Männer hervorgerufen haben. Das ist so, als würde heutzutage jemand ein neues Auto kaufen, weil er eine Reifenpanne hat. Da er die ganze Angelegenheit auch noch anordnet, ohne sie mit den anderen Kapitänen besprochen zu haben, wird er auf größtes Unverständnis gestoßen sein.

Man kann sich vorstellen, dass eine so schroff gegen die Regeln verstoßende Vorgehensweise die Schiffsbesatzungen sehr irritiert hat. Das zarte Pflänzchen Vertrauen, das da vielleicht gerade zu keimen begann, zerstört er durch seine selbstherrliche Art; auf einmal ist er wieder »Don Fantastico«, der Mann, dessen Taten und Gedanken keiner verstehen kann.

Bei all seiner geschmeidigen Fähigkeit, den richtigen Ton zu finden gegenüber Gönnern und Geldgebern, bei der klugen und wendigen Taktik, die er gegenüber Kirche und weltlichen Herrschern »drauf«hat – seinen Männern gegenüber ist er der Despot, der segelt, wohin er will, wann er will und auf welche Weise er will. Das schafft keine Freunde und ist nicht sehr vorausschauend, denn Verbündete hätte er zumindest unter den Offizieren gebraucht.

Warum in aller Welt also fährt er der »Pinta« davon, als säße ihm der Teufel im Nacken, und stürzt gleichsam mit geblähten Segeln auf La Gomera zu? Er muss doch wissen, dass Beatriz noch gar nicht zurück sein kann! Will diesmal *er* derjenige sein, zu dem *sie* kommt – selbst auf ihrem eigenen Territorium? Oder denkt er, die dahindümpelnde »Pinta« würde ihn, wenn er bei ihr bleibt, die Heimkehr der Gobernadora, der Gouverneurin, verpassen lassen? (Womit er so Unrecht gar nicht einmal hätte; die unglückselige Karavelle braucht geschlagene sechzehn Tage, um durch Manöver, wie sie nur ein gewiefter Seemann wie Pinzón durchzuführen in der Lage ist, tatsächlich noch in den kleinen Hafen von Gran Canaria zu gelangen.) Wie auch immer – als die beiden vorauseilenden Schiffe auf La Gomera anlanden, ist, wie nicht anders zu erwarten, von La Cazadora nichts zu sehen weit und breit.

Haben wir uns einen Columbus vorzustellen, der, statt hoffnungsvoll nach Westen auszuschauen, von Leidenschaft verzehrt gen Osten blickt, ob der Schnellsegler der Gouverneurin nicht auftaucht am Horizont? Ich weiß es nicht.

Immerhin harrt er vierzehn Tage auf der Insel aus.

Wer heute der kleinen gomerischen Hauptstadt San Sebastian einen Besuch abstattet, findet an der Hauptstraße die »Casa Colón«, das Haus, in dem Columbus damals Quartier bezogen haben soll; es ist ein gewöhnliches Wohnhaus mit schönem schattigen Innenhof, von dem eine hölzerne Außentreppe in den zweiten Stock hinaufführt. Das Haus steht unweit der Iglesia de la Asuncion, dem unheiligen Ort des Massakers an den Guanchen, aber diese Kirche ist nicht mehr die gleiche wie damals, sie fiel einem Brand zum Opfer. Auch den Hafen müssen wir uns anders vorstellen. Eigentlich hatte La Gomera, die vulkanische Insel, gar keinen natürlichen Hafen, jedenfalls nichts, was von größeren Schiffen nutzbar war. Nur Fischerboote und Leichter konnten direkt an dem schwarzen Sandstrand festmachen, hochseetüchtige Schiffe mussten draußen vor Anker gehen.

Vierzehn Tage tigert unser Seefahrer nun mit wachsender Ungeduld am Strand und auf den Straßen umher, mietet sich ein Maultier und macht Ausflüge auf die Klippen – weit kommt man nicht, die Straßen verlaufen sich sehr schnell in unwegsamem Gelände, und ihm kommt es unwahrscheinlich vor, dass da oben in den nebelverhangenen Bergen tatsächlich Menschen hausen sollen.

Aber dann hört er staunend das melodische Pfeifen, immer die gleiche Tonfolge, von Berg zu Berg wie ein Echo, und erinnert sich an das, was Beatriz ihm über »Silbo«, die Pfeifsprache, erzählt hat – dass die Signale zur Rebellion »über die Insel gepfiffen« wurden. Eine wunderbare »Geheimsprache«!

Sicher wird er die Guanches, die er gewiss auf dem Markt oder auf einer Plantage sieht, mit Misstrauen betrachtet haben. Diese »Wilden« in ihren rotblauen Lederumhängen und den Binsenstirnbändern, die ihr langes Haar zurückhalten... nein, nackt laufen sie nicht herum, wie er in dem Brief für Beatriz behauptet hat. Aber heidnisch sehen sie schon aus.

Was für Menschen werden ihn erwarten, wenn er denn »da drüben« ankommt?

Wenigstens eine nützliche Maßnahme wird während dieser Warterei durchgeführt: Columbus lässt die Dreieckssegel der »Niña«, so genannte Lateinsegel, gegen viereckige Redonda-Segel austauschen. Fachleute auf dem Gebiet der Seefahrt geraten darüber ins Spekulieren. Die »lateinische« Takelung, besonders geeignet fürs Kreuzen und für Wendemanöver, hatte ideale Dienste auf der bisherigen Wegstrecke geleistet. Die Vierecksegel nun sind aufs Beste geeignet, vor dem Wind zu fahren, also für die zweite, größere Hälfte der Reise genau das Richtige.

Das heißt also, Columbus wusste um das Vorhandensein der Passatwinde, jene beständig wehenden Winde aus Nordost auf der nördlichen Halbkugel. Das dürfte ein weiterer Beweis dafür sein, dass er mit Informationen über seine Reiseroute versehen ist, die weit über das hinausgehen, was er vorgibt zu wissen. (Die Erzählung des Pedro.) Und ich kann mir kaum vorstellen, dass er eins seiner Schiffe aufs Geratewohl umrüstet.

Während die Arbeiten an der »Niña« durchgeführt werden, hält es den Ungeduldigen nicht mehr auf La Gomera. Er schnappt sich am 24. August sein Flaggschiff und segelt nach Gran Canaria.

Sein Misstrauen gegenüber Pinzón wächst ständig. Fast könnte man annehmen, er vermutet, der Kapitän sei schon auf eigene Faust unterwegs zu den Goldländern, um ihm den Rang abzulaufen …

Nahezu gleichzeitig mit der »Pinta« trifft er im Hafen von Las Palmas ein. Dass Gegenwinde und das zerbrochene Ruder Pinzón Äußerstes abverlangt haben, findet keinerlei Anerkennung beim Generalkapitän. Er überhäuft seinen Stellvertreter im Gegenteil mit Vorwürfen und Anschuldigungen – er würde alles nur absichtlich verzögert haben!

Pinzón, aufbrausend und im vollen Bewusstsein, zu Unrecht angegriffen zu werden, lässt nichts auf sich sitzen, und schon haben sich die beiden Kampfhähne am Wickel. Pinzón bezeichnet Columbus als seemännische Niete. Columbus bezichtigt Pinzón der Sabotage und erklärt, weiß vor Wut, wenn sie erst wieder in Palos seien, würde er ihn an der Tür seines eigenen Hauses aufknüpfen lassen – als wenn sie die ganze Abenteuerfahrt schon hinter sich hätten! Jedenfalls steigern sich beide Männer in eine unschöne Zänkerei hinein – und die Stimmung zwischen ihnen wird auf der gesamten Reise vergiftet sein.

Immerhin beginnt nun zügig die Reparatur des Ruders, die »Pinta« wird außerdem an Land gezogen, und die Wanten werden neu geteert – aber nun wird der Generalkapitän mit einer neuen Misslichkeit konfrontiert: Die Mannschaft droht, ihm davonzulaufen. Zweifellos aus mehr als einem Grund.

Man sieht, dass da einige Leute, offenbar mit Zustimmung des Chefs, von Bord gehen – zwar sind es meistens solche, deren seemännische Erfahrungen sowieso mangelhaft sind –, aber was hat er denn da auch um Gottes und aller Heiligen willen für Ballast mitfahren lassen? Wollen sie nun allesamt die Goldländer entdecken oder sind sie ein Passagierschiff für zwielichtige, vielleicht gar unchristliche Gestalten?

Zum anderen dieses Manöver – dieses Wegsegeln vom Havaristen. Wenn ihnen das da draußen auch passiert, dass sich ein Schiff nicht mehr auf das andere verlassen kann – dann gnade Gott uns allen!

Das zerstörte Vertrauensverhältnis zwischen der Familie Pinzón und dem Generalkapitän tut ein Übriges. Die Pinzons haben die meisten angeheuert, die alten Fahrensleute haben sich darauf verlassen, dass es keine windigen Sachen sind, wenn man mit denen segelt. Nun scheinen die selbst verunsichert.

Und dann droht die ganze Expedition an einem Naturereignis zu scheitern.

Feuerberg und Wasser der Taufe

Am Abend des 27. August, gerade als die Sonne im Westen versunken ist, rast ein dumpfes Grollen wie von zehn Gewittern über das Himmelsgewölbe, obwohl die Luft ruhig ist und sich nirgends eine Wolke zeigt.

Und dann schießt von der benachbarten Insel Tenerife, aus dem Berg Teide, eine Feuersäule gegen das Abendrot in die Höhe, birst auseinander, verdüstert den Horizont mit Rauch und Dampf und schleudert Gesteinsbrocken in Kaskaden ins Meer.

Die Männer auf den Schiffen und an Land sind zunächst starr vor Schrecken. Dann brechen sie schreiend und schluchzend in die Knie, bekreuzigen sich, schlagen sich an die Brust, bekennen Gott schluchzend ihre Sünden.

Ein Zeichen der Vorsehung! Darüber sind sich die meisten klar!

Columbus läuft zu Höchstform auf.

Den prahlerischen Samtmantel um die Schultern geschlungen, erscheint er auf der Popa, schlägt wie die anderen das Kreuz, gibt Befehl, das Beiboot zu Wasser zu bringen. Er will sofort hinüber zur Werft, zu den Männern der »Pinta«, um ihnen zu erklären, was sie hier sehen.

»Erklärt es zuerst uns, Euer Gnaden!«, ruft eine furchtsame Stimme aus der Mannschaft. »Denn wir fürchten uns entsetzlich.«

Columbus lässt seinen Blick über die Männer schweifen.

Fixiert schließlich einen der Seeleute, die mit ihm schon einmal auf Fahrt waren. »Chachu! He, Chachu der Baske! Sind wir nicht gemeinsam im Nordmeer gewesen, auf Island, du als Maat, ich als Steuermann?«

»Das sind wir, Euer Gnaden!«, bestätigt der bärtige Rotschopf.

»Und erinnerst du dich an die Flammen und die heißen Steine, die ein Berg dort in den Himmel schleudert? Es ist wie hier, nicht wahr? Man nennt es Vulkane. Es ist ein unterirdisches Feuer, das hervortritt, nichts Besonderes.«

»Nichts Besonderes?« Das ist eine andere Stimme. »Unterirdisches Feuer, das ist der Schlund der Hölle! Die Hölle tut sich auf!«

Zustimmendes Gemurmel der Männer.

»Chachu habe ich gefragt!«, übertönt der Generalkapitän seine Crew. »Bestätige mir, dass die Einwohner Islands dort behaglich mit diesem Feuer speienden Berg zusammenleben und ihn ganz gewiss nicht für den Höllenschlund ansehen!«

»So ist es, Euer Gnaden!«, erklärt Chachu. Und zu den anderen: »Glaubt Don Cristobal! Es ist etwas Natürliches, kein Teufelswerk!«

»Das Beiboot!«, wiederholt Columbus jetzt mit schneidender Stimme. »Widersetzt sich hier wer meinen Befehlen?«

Juan de la Cosas Schiffspfeife schrillt, das Beiboot wird zu Wasser gelassen. »Ich muss die Männer von der ›Pinta‹ beruhigen!«, erklärt der Generalkapitän. »Möglicherweise haben sie da drüben nicht so erfahrene, verständige Seeleute an Bord, wie ihr es hier auf dem Flaggschiff allesamt seid. Nicht dass sich da jemand in die Hosen macht!«

Zustimmendes Gelächter. Auf einmal ist ihnen schon von Anfang an klar gewesen, dass es eine natürliche Erscheinung ist, das da drüben auf der anderen Insel, obwohl sie nur verstohlen aus den Augenwinkeln hinüberlinsen zum Teide, der weiterhin Rauch und Flammen speit, und sich immer noch bekreuzigen oder nach den geweihten Amuletten tasten, die sie am Hals tragen.

Der Generalkapitän ist mit elegantem Schwung das Fallreep hinunter und lässt sich nun zu der kleinen Werft hinüberrudern, wo sich schon, wie er sieht, die gesamte Truppe aufgeregt um Martín Pinzón schart. Er springt an Land und eilt mit langen Schritten auf die Männer zu, ruft schon von weitem: »Ich hoffe, Kapitän, Ihr habt dem Schiffsvolk vernünftig erklären können, was es hier sieht!«

Man sieht ihm schweigend entgegen, angstvoll, ja, feindselig. Offenbar hat Pinzón keine Ahnung, denkt Columbus grimmig. Der große Seefahrer! Sein Blick fällt auf einen jungen Matrosen, den er kennt. »Beppo! Du bist doch Genuese! Bist du nicht schon im adriatischen Meer gesegelt, hinunter nach Sizilien?«

»Zu Befehl, Euer Gnaden! Ja, Euer Gnaden!« Es klingt kläglich.

»Nun, so wirst du dich doch bestimmt an die kleine Vulkaninsel erinnern, Stromboli heißt sie. Dort schießt Tag und Nacht so eine Feuerfontäne aus dem Berg – immer genau nach Ablauf von ein und einer halben Sanduhr. Stimmt's?«

»Ja, Euer Gnaden.«

»Seht ihr, Männer? Beppo kann euch bestätigen, dass es nichts Ungewöhnliches ist.«

Skepsis und Furcht in den Augen derer, die ihn anblicken – die meisten sehen beiseite, lassen den Rosenkranz durch die Finger gleiten, murmeln ein Gebet.

»Kapitän Pinzón, wollen Euer Gnaden wohl der Mannschaft die Wahrheit meiner Worte bekräftigen?«, fragt er mit abgefeimter Höflichkeit.

Pinzón sieht ihn abwägend an. »Sehr wohl, Señor, es gibt solche Vulkane. Aber warum bricht gerade dieser aus? Jetzt und hier? Warum in diesem Augenblick?«

»Ich kann Euch nicht ganz folgen…«

»Nun, wenn die Männer meinen, es sei ein Omen für unser Vorhaben, so kann ich sie schon verstehen.«

»Ach?« Columbus' Stimme ist eisig. »Ihr könnt sie verstehen, Kapitän? Und wie würdet Ihr denn, mit Verlaub, so ein Omen deuten?«

Pinzón schweigt, kneift die Lippen schmal.

Columbus fährt höhnisch fort: »Eure Deutung kann ich mir zusammenreimen. Nichts wie zurück nach Haus! Der Himmel sagt zu so einem Frevel wie dieser Reise Nein! So ist es doch, nicht wahr?« Er mustert sein Gegenüber abschätzend. Dann presst er die Hände auf die Brust und seine meergrauen Augen verschleiern sich. »Aber ich, wenn ich denn um die Deutung eines solchen Zeichens gefragt würde – falls es denn eines sein soll –, ich würde sagen: So wie Gott der Herr Moses im brennenden Dornbusch erschien und wie er in Form einer Feuersäule herzog vor den Kindern Israels, als sich die Wellen des Meeres teilten bei ihrer Flucht nach Ägypten – so schickt er mir jetzt einen Wink seines göttlichen Wollens: Wage die Fahrt! Segle aus in meinem Namen, die Heiden zu bekehren! Zögere nicht länger!«

Er beobachtet, dass die Männer ihn mit offenem Mund anstarren, auch Kapitän Pinzón, und setzt noch eins drauf: »Männer, Untertanen der christlichen Könige! Gott will es, sagt uns das heilige Feuer aus der Erde! Und bei meiner Ehre verspreche ich jedem von euch unermessliche Reichtümer dort drüben in den Ländern des Goldes. Lasst uns ein Te Deum Laudamus anstimmen!«

Man kniet, der raue Gesang erhebt sich wie das Geblöke

einer Herde Tiere und die Crew drüben auf der »Santa Maria« stimmt ein.

Columbus hat den Ausbruch des Teide, dies unheimliche Ereignis, das seine Expedition wegen der abergläubischen Furcht der Männer vielleicht zum Scheitern gebracht hätte, in einen Triumph seiner Sache verwandelt.

Am 30. August meldet der Mann im Ausguck der »Santa Maria« die Passage eines Schnellseglers in Richtung La Gomera, das Seidentuch mit den Initialen der Majestäten über die Toppen geflaggt. Auf diese Weise darf nur ein Kronbeamter unterwegs sein. Die Gouverneurin ist auf dem Weg zurück.

Am 31., in aller Frühe, setzen »Santa Maria« und die inzwischen wiederhergestellte »Pinta« Segel in Richtung Westsüdwest, vorbei an dem immer noch grollenden Feuerberg auf Tenerife. Columbus eilt seiner Geliebten hinterher nach San Sebastian.

Innerhalb von sechs Tagen bessern die Mannschaften die Vorräte auf: Dörrfisch und Pökelfleisch, Gemüse und Brennholz werden geladen und aus einem Brunnen nahe der Plaza von San Sebastian wird Frischwasser gefasst. Das sah übrigens zu jener Zeit so aus: Man füllte ein Beiboot mit Trinkwasser, ruderte hinaus und zog das kühle Nass dann Pütt für Pütt an Bord, wo es in die großen Fässer wanderte. Dass dabei ein Mann mit hochgekrempelten Hosenbeinen im Boot stand, also im Trinkwasser, um die Eimer zu füllen, störte niemanden.

Der Brunnen, aus dem man damals schöpfte – ihn gibt es noch heute, er ist eine Touristenattraktion im Hof des Informationszentrums vor Ort. Er trägt die sehr pathetische und wenig zutreffende, dafür umso wirkungsvollere Inschrift: »Mit diesem Wasser wurde Amerika getauft.«

Abschied nehmen

Nun sind sie das letzte Mal zusammen vor dem großen Wagnis.

Columbus weiß: Viel länger kann er seinen Aufbruch nicht hinauszögern. Er weiß, dass bald die Zeit der schweren Herbststürme einsetzen wird. Vorher muss er auf Kurs sein. Immerhin bleiben ihm und La Cazadora noch fünf Tage.

Im Stadtteil Lomada, über dem Hang, mit Blick auf Hafen, Meer und Klippe, befindet sich der Gouverneurspalast. Das heißt: Er ist noch im Bau! Es riecht nach Mörtel, Farbe und Holz, überall stehen Kübel, Hobelbänke und Schubkarren im Weg, und die Außenfassade auf der westlichen Seite ist eingerüstet, sie soll gerade verputzt werden. Aber der Garten, den die Bobadilla einem Hidalgo abgekauft hat, den es nach Gran Canaria verschlagen hat – dieser Garten blüht und duftet.

Ganz dicht an der Klippe hat die Hausherrin einen Platz herrichten lassen. Im Schatten zweier üppiger Silberlorbeerbäume, wie sie nur hier auf den Inseln wachsen, wurden Bänke aufgestellt und mit Kissen belegt. Eine steinerne Balustrade schließt den Platz ab und von unten klingt das Rauschen des Meeres herauf.

Beatriz trägt ein Kleid aus flandrischer Seide in der Farbe des Meeres, und wenn sie sich bewegt, spielen Licht und Schatten auf dem Stoff wie draußen auf dem Wasser. Ihre

Haut wirkt blass unter dem Grün der großen Bäume. Sie sitzt auf der Balustrade, Meer und Himmel im Hintergrund, und der entfernte Teide, über dem noch immer eine Rauchwolke schwebt, ragt über ihrer Schulter im Abenddunst auf.

»So werde ich dich in Erinnerung behalten, Cazadora, die Herrscherin über ihre Insel, als würde dich ein Maler so abbilden.«

Sie lächelt ihr Lächeln, das immer ein bisschen spöttisch ist. »Das Bild hat nur einen Fehler, Colón. Mein Hintergrund ist das nordöstliche Meer zwischen den Inseln und Spanien. Dir wäre sicher lieber, wenn ich vor der untergehenden Sonne stehen würde, damit du den Westen nicht aus den Augen verlierst und ihn mit gierigen Blicken verschlingst.«

»Mir reicht es, *dich* mit gierigen Blicken zu verschlingen.«

Sie schüttelt den Kopf. »Mach mir nichts vor, Seefahrer. Du bist hin- und hergerissen. Eigentlich willst du nur fort, strebst zu deinen fernen Reichen, hinaus aufs Meer, wo man sein Ende nicht kennt. Aber noch klebst du fest an mir, zappelst wie ein gefangener Vogel auf der Leimrute.«

Er runzelt die Stirn. »Deine Vergleiche, Cazadora …«

»Meine Vergleiche sind manchmal etwas rüde, ich weiß.« Sie geht zu ihm, lehnt ihren Kopf an seine Schulter – eine weiche Geste, so ist sie sonst nicht. »Ich werde dich vermissen, Landsucher«, sagt sie zärtlich. »Und ich habe Furcht deinetwegen.«

»Sobald ich die Länder gefunden habe …«

Sie fährt auf. »Ich kann es nicht mehr hören! Hast du sie irgendwo verlegt wie ein paar Schlüssel!?«

Columbus schweigt, um seine Mundwinkel zuckt es.

»Habe ich dich gekränkt?«

Er erwidert nichts.

Sie geht wieder zur Balustrade, schaut hinaus aufs Wasser.

Es wird Abend. Die Fischer haben ihre Schleppnetze eingeholt. Sie kommen nach Haus, und an ihrem Singsang merkt man, dass der Fang gut war. Hinterm Garten schrillen die Zikaden ohne Pause.

Die ersten Sterne kommen auf – unverrückbare Marken auf der Fahrt ins Ungewisse.

»Colón«, sagt sie leise. »Ich schwöre dir bei allem, was mir lieb und wert ist, dass ich jede Nacht die Gestirne ansehen werde – weil ich weiß, es sind deine Führer auf der Reise.«

Er ist hinter sie getreten, umschließt sie mit den Armen. »Wenn ich zurückkomme, werde ich Admiral sein und Vizekönig der neuen Länder. Ich werde dir ebenbürtig sein«, sagt er, und es klingt fast kindlich. »Und du bist frei.«

Sie atmet tief aus. »Cristobal Colón, was sind das für Fantasien! Nicht dass du ein Marrane bist und ich von altem Adel – das stört mich nicht. Aber wenn alles so kommt, wie wir es erhoffen, dann werden wir die Regenten unserer Länder sein und bleiben. Zweier Reiche, zwischen denen mehr Seemeilen liegen als Muscheln da unten auf dem Sand. Wie soll das wohl gehen? Und außerdem: Niemals wird Isabella dulden, dass wir zusammen sind. Ich habe ihr schon einmal den Mann weggenommen. Wenn ich dann auch noch ›ihren‹ Eroberer offiziell kapere, würde sie aus der Haut fahren. Nein, vergiss so etwas. Sie wird mich irgendwann wieder mit jemandem verheiraten, das ahne ich, und es wird wiederum jemand sein, der mir so gut gefällt, dass ich am liebsten an Gift und Dolch denken möchte.«

»Es ist ein Traum, *querida!* Und du siehst ja, meine Träume werden manchmal Wirklichkeit.«

»Ein Traum, auf dessen Erfüllung ich gar nicht so sehr aus bin. Es ist wunderbar, mit dir zusammen zu sein – ja, und es ist auch wunderbar, wenn du wieder fort bist. Irgendwann würden wir aneinander geraten wie Feuer und Wasser – hochmütige Wesen, die wir beide sind. Oder denkst du, dass ich mich dir jemals unterordnen würde? Und außerdem: Wo sollten wir uns voreinander verstecken?«

»Wieso denn verstecken?«, sagt er überrascht.

»Ach, Liebster, wir zeigen einander jetzt nur unsere schönen Seiten. Aber da gibt es auch andere, nicht wahr? Und da gibt es Geheimnisse, die wir voreinander verbergen.«

Sie dreht sich zu ihm um, steht Auge in Auge. »Reist du wirklich nach Kathay, nach Indien? Wohin geht die Fahrt, Señor Generalkapitän? Was weißt du?«

Sie sind einander sehr nahe. Seine Antwort klingt träumerisch. »Der Steuermann, der in meinem Haus auf Porto Santo starb, hat mir alles erzählt. Ich kenne die Landmarken. Ich habe die Karte. Wasserstellen, Ankerplätze. Alles. Das Land ist grün und fruchtbar, die Menschen braun und freundlich und sie kennen den Wert des Goldes nicht. Es sind die Inseln, die vor Indien liegen, Geliebte! Und dann geht es weiter gen Westen. Es gibt einen Isthmus, einen Durchbruch zwischen dem Festland. Weiter und weiter werde ich segeln. Irgendwo da liegt Kathay.«

»Und die jüdischen Königreiche?« Sie fragt sachlich.

»Wir werden sehen. Mit dem Segen des Himmels und dem Auftrag der Krone ziehe ich aus und Gold, Macht und Ehre für mich und meine Nachkommen sind mir sicher.«

Es klingt wie eine Verkündigung, findet sie. Und geht ernst darauf ein. »Du bist so unerschütterlich. Und wenn du scheiterst?«

»Es gibt kein Scheitern.«

»Cristobal, du bist besessen! Du kannst umkommen, deine Schiffe können mit Mann und Maus untergehen!«

»Ich bin in Gottes Hand. Der Höchste wird mich beschützen.«

»Ja, er soll dich beschützen.« –

Später – die Plejaden versinken bereits im Meer – reden sie über die Art, wie man herrschen soll, und sie gibt sich Mühe zu verstehen, dass er wirklich vielleicht ein Großer Spaniens sein wird und ihr ähnlich oder sogar überlegen an Macht.

»Es ist, als wenn hier auf diesen Inseln schon vorgeführt wird, wie man es macht – wilde Völker zu zähmen, zu taufen, zu befrieden«, sagt er. »Eine Art Schule.«

Sie lacht leise und spöttisch in seinem Arm. »Da muss ich warnen! Wilde Völker sind nicht gleich wilde Völker. Sieh dir meine Guanches an. Dass es ihnen nicht weit her ist mit dem Christentum, dass es nie zu ihren Herzen gelangt ist, das kümmert mich wenig. Sie sollen die Felder der Spanier bestellen und das Señorio abliefern, dann herrscht auch Ruhe. Das Beste, was immer man erreichen kann, ist ein Friedensbund mit ihren Menceyes, ihren Häuptlingen. Sie wollen so behandelt werden, als seien sie deinesgleichen. Geh niemals hochfahrend oder verächtlich mit ihnen um! Das habe ich gelernt. Ich denke nicht, dass deine sanften braunen Menschen so sehr viel anders sein werden. Allerdings, eins unterscheidet diese Inseln und die Länder, die du finden willst: Hier gibt es nicht eine einzige Krume Gold. Wenn man hier zu etwas kommen will, muss man schon seine Untertanen verkaufen.«

»Ich werde genug Gold haben für dich und mich«, sagt er mit Selbstverständlichkeit.

Die Cazadora windet sich aus seiner Umarmung. »Was soll das denn jetzt sein?«, fragt sie scharf. »Willst du mich etwa kaufen?«

»*Querida!*«, murmelt er beschwörend. »Gestattest du deinem Ritter nicht, dir zu Füßen zu legen, was er heimbringt?«

»Jetzt bist du sogar schon ein Ritter! Colón, sie haben Recht, wenn sie dich Don Fantastico nennen.«

»Du wirst schon sehen …!«

»Das hoffe ich.«

Eine leichte Brise erhebt sich, die Blätter des Silberlorbeers regen sich raschelnd. Columbus reckt den Kopf. »Ostwind! Die Flaute ist vorbei.«

»Richtig, die Flaute. Wärst du am Ende gar nicht diese Woche hier bei mir geblieben, wenn nicht die Flaute gewesen wäre …?«

Er antwortet nicht, bewegt sich unruhig. »Ich muss zu meinen Schiffen«, sagt er. »Muss jetzt bei den Männern sein. Morgen können wir auslaufen.«

»Ich sehe schon«, sagt sie und streicht sich das Haar mit beiden Händen aus dem Gesicht. »Der Vogel klebt nun nicht mehr fest am Leim. Das Verlangen, eine neue Welt und damit dich selbst zu entdecken, ist stärker, als ich sein kann.«

»Was hast du da gesagt?«, fragt er und hat wohl nur mit halbem Ohr hingehört. »Eine neue Welt und damit mich selbst zu entdecken? Was meinst du?«

»Das neue Land, Cristobal – das bist du selbst. Etwas Vages und doch sehr Genaues, etwas, das aus der Nacht des ozeanischen Meers aufsteigt – wie ein Mann, um dessen Herkunft der Mantel des Dunkels gehüllt ist und der mit Lüge genauso geschickt umgeht wie mit Wahrheit. Nein, widersprich mir nicht. Ich liebe dich sehr. Küss mich noch einmal, und dann lasse ich dir ein Maultier satteln und Läufer mit Fackeln bestellen, damit sich niemand unterwegs ein Bein bricht. Ach, ich muss verrückt sein, dich ziehen zu lassen, und da ist nur eine ganz und gar ungewisse Hoffnung auf deine Wiederkehr.«

Was soll er ihr entgegnen? Die letzten Augenblicke vor der Trennung stehen sie stumm beieinander und lauschen auf die Geräusche der Insel, das Brausen der Brandung, das Rascheln des Winds in den Zweigen der Bäume und, von fern aus den Bergen, ein schrilles durchdringendes Pfeifen – die Guanchen unterhalten sich in Silbo.

Das rätselhafte Bordbuch

Wie viel Columbus seiner Freundin auch anvertraut haben mag – über eines wird er mit ihr mit Sicherheit nicht geredet haben: über den Kurs, den er segeln wird. Denn was er da macht, das widerspricht nicht nur strikt den Ordres von »oben«, sondern es kann sowohl ihn als auch seine Mannschaft um Kopf und Kragen bringen.

Zunächst einmal beginnt die große Reise nun wirklich.

Am Morgen des 6. September 1492 läuft die kleine Flotte aus, nachdem der Generalkapitän Gottes Segen erfleht hat – in ebenjener Kirche, in der Pedro de Vera das Massaker unter den Guanches angerichtet hatte.

Columbus hat seinen Kapitänen und Navigatoren sehr konkrete Anweisungen erteilt: Die Schiffe sollten stets in Sichtweite bleiben und jeweils morgens und abends beim Flaggschiff längsseits gehen, um neue Befehle entgegenzunehmen. Da ja, wie wir wissen, 750 Leguas und keinen Fußbreit weiter als Entfernung vereinbart war, geht man davon aus, dass ab 700 Leguas bald die Küste in Sicht kommt. Columbus bestimmt, dass nach besagter Distanz die Schiffe zwischen Mitternacht und Tagesanbruch vor Anker gehen sollten, um nicht unversehens auf eine Küste aufzulaufen – eine weise und vorausschauende Maßnahme.

Sodann verkündet er, dass die Königin für den Mann, der als Erster Land sichtet, eine lebenslange Jahresrente von

10 000 Maravedis ausgesetzt habe – und somit hoch motiviert, sticht man in See.

Im Voraus sei gesagt: Selten hat eine Entdeckungsreise unter einem so günstigen Stern gestanden, was die äußeren Bedingungen angeht. Während der ganzen Fahrt wurde kein Mann krank, und die Schiffe liefen, als sie denn die Zone der Passatwinde erreicht hatten, mehr als zehn Tage lang unaufhörlich unter vollen Segeln vor dem Wind. Es gab keine Havarien, Essen und Trinken waren genügend an Bord, man konnte die Verpflegung von Zeit zu Zeit durch den Fang eines Tunfischs oder von ein paar Makrelen auffrischen. Die Probleme, die sich bald ergeben sollten, waren anderer Natur. Die Männer waren auf einem Kurs, den ihrer Meinung zufolge noch nie ein Schiff gefahren war, und vor ihnen lag das Ungewisse. Wie leicht konnte die Suche nach Gold und Ruhm zu einer Reise ohne Wiederkehr werden!

Und nun führt Columbus ein *libro de bordo* – auch *diario* genannt –, ein Logbuch, das den Verlauf der Reise dokumentieren soll. Genauer gesagt: Er führt zwei dieser Logbücher.

Warum tut er das? –

Die kleine Flotte hat kaum den Hafen von San Sebastian verlassen, als eine spanische Karavelle mit einer Hiobsbotschaft heransegelt: Hinter dem Horizont soll ein portugiesisches Geschwader auf der Lauer liegen, um die Expedition zu stoppen.

Der König in Portugal hat natürlich seine Informationen über das spektakuläre Unternehmen erhalten, und die Majestät, die selbst nicht den Wagemut hatte, Columbus und seine Ideen zu fördern, will nun auf alle Fälle verhindern, dass Spanien sich die Sache an Land zieht.

Drei Tage manövriert der Generalkapitän in den Gewässern vor den Kanaren herum, mit verkleinerter Segelfläche, damit die höhere Takelage nicht in die Sicht der Portugiesen kommt – dann endlich, am 9. September, geraten die Berggipfel der kanarischen Inseln außer Sicht. Vor den Seeleuten erstreckt sich Wasser und nichts als Wasser. Zum ersten Mal haben die Männer vor Augen, auf was sie sich eingelassen haben. Das Bordbuch vermerkt: »Haben heute endgültig die Sicht auf das Land verloren, und die Leute klagten und weinten, dass sie es für lange Zeit nicht wiedersehen würden. Ich beruhigte sie, indem ich ihnen Ländereien und andere Reichtümer versprach.«

Man ist also den lauernden Portugiesen entkommen (fürs Erste) und von nun an notiert das Bordbuch mit steter Gleichförmigkeit Tag für Tag: »... sie segelten auf ihrem Kurs nach Westen.« Die Historiker haben das über lange Zeit für bare Münze gehalten. Aber genau hier liegt der Hase im Pfeffer. In Wirklichkeit segeln die Karavellen nämlich nicht auf Westkurs, sondern Richtung Südsüdwest, tief hinein in portugiesisches Hoheitsgewässer – entsprechend der Reiseroute, die Columbus von seinem Informanten auf Porto Santo erhalten hatte.

Das ist die erste Täuschung.

Die zweite besteht darin, dass er nicht nur die Richtung, sondern auch die Länge der Streckenabschnitte manipuliert hat. Im offiziellen Logbuch des Schiffs sind weitaus geringere Strecken angegeben als im geheimen zweiten Diario, angeblich, »damit die Leute, wenn die Reise lang werden sollte, nicht verschreckt und entmutigt würden«.

Aber darum ging es nicht.

Die Begründung für diesen Trick ist von den Geschichtsschreibern ebenfalls lange für wahr angenommen worden. Aber es war niemals üblich, dass die einfachen Seeleute Einblick in das Logbuch des Schiffes nahmen – außerdem hätte es ihnen ohnehin nichts gebracht, denn sie waren wahrscheinlich alle Analphabeten, und das Hantieren der Kapitäne und Navigatoren mit Quadranten, Kompass, Karte und Stechzirkel muss ihnen fast wie Magie vorgekommen sein.

Wir wissen inzwischen, es gibt die anderen Angaben – die richtigen – in seinem geheimen Logbuch, und dies Buch trägt der Generalkapitän ständig bei sich. Warum? – Um sie, falls sie wirklich in die Hände der Portugiesen fallen, schnell zu vernichten. Denn schließlich befindet sich die Expedition – was nur er und seine engsten Vertrauten wissen – tief in portugiesischen Gewässern, und eine Gefangennahme der Besatzung wäre die mögliche Folge gewesen. Wahrscheinlich hätte man die Seefahrer samt und sonders aufgeknüpft.

Am 16. September schließlich, nach zehn Tagen banger Ungewissheit, führt er den ersten Schwenk auf tatsächlichen Westkurs durch. Die Gefahr eines portugiesischen Angriffs ist gebannt. Columbus hat seine eigentliche Reiseroute erreicht.

Wie eben schon erwähnt, die Kapitäne und Navigatoren der drei Schiffe müssen eingeweiht gewesen sein in diesen »Schummel«, sie haben die Bordbuch-Fälschung mitgetragen; anders kann es bei Seefahrern mit dieser Erfahrung nicht sein. Dass ihre eigenen Berechnungen fast immer um fünf Leguas über denen des Generalkapitäns lagen, entsprach den Gepflogenheiten der Seefahrt – man ist vorsichtig und gibt lieber zu viel als zu wenig an.

Natürlich fragt man sich, wieso die Portugiesen in einer Region, die geografisch weit vom Heimatland entfernt war, Hoheitsansprüche zu Wasser anmelden konnten. Das hing mit der so genannten *raya* zusammen, einer Art Demarkationslinie, die elf Jahre zuvor von einem der Päpste sozusagen »ins Blaue hinein« festgelegt worden war, damit sich die rivalisierenden Mächte Spanien und Portugal nicht ständig in die Quere kamen bei ihren Entdeckungsfahrten. Man muss sich diese *raya* wie einen Breitengrad auf der nördlichen Halbkugel vorstellen. Die Seefahrer nahmen diese »Grenze« sehr ernst – es ging schließlich darum, wer zuerst neue Länder, neue Ressourcen fand.

Da der vom Steuermann Pedro an Columbus übermittelte Kurs aber tief durch portugiesisches Gewässer führte, musste er das Wagnis eingehen. Daher die zwei Bordbücher.

Die detektivische Rekonstruktion seiner wahren Reiseroute haben Gelehrte und Seefahrer erst im letzten Jahrzehnt des vorigen Jahrhunderts zustande gebracht.

Es wird kritisch

Am 17. September erreicht die Flotte das Sargassomeer. »Büschel von Gras« treiben, so Bordbuch, im Wasser. Die goldenen und olivgrünen Teppiche des Beerentangs (Sargassum), die wie Flöße in der Strömung treiben, bieten Verstecke und Nahrung für Fische, Krabben und Krebse. Die Tangmassen, deren Ausbreitung mitten im Atlantik eine Fläche so groß wie zwei Drittel der Vereinigten Staaten bedeckt, machen den einfachen Seeleuten Angst. Vielleicht würden die Schiffe darin stecken bleiben? Aber Columbus kennt dies Zeug von seinen Hochseefahrten und auch Pinzón hat schon davon gehört. Man beruhigt sich, als sich zeigt, dass die Schiffe mühelos diese »Grasbüschel« passieren können.

Nun sind die Schiffe im Sog des Nordwestpassats und es geht rasch voran. Aber das bedeutet auch: An eine Umkehr ist nun immer weniger zu denken. Die Stimmung an Bord muss zu diesem Zeitpunkt eine Mischung von Hochstimmung und Angst gewesen sein. Sicher, bald haben sie ihre 750 Leguas ersegelt. Bald muss das Land auftauchen! Aber mit jeder Seemeile, die sie mit geblähten Segeln vor dem Wind dahinschießen, sind sie ein Stück weiter fortgeschritten ins Ungewisse…

Am Sonntag, dem 23. September, steigt wie allabendlich vom Heck der »Santa Maria« das *fumo,* das Rauchzeichen, auf, das Signal zur gemeinsamen Lagebesprechung.

Columbus erkennt an den verschlossenen Mienen seiner

Führungsoffiziere: Hier braut sich etwas zusammen. Und bevor er überhaupt die Besprechung eröffnen kann, platzt Martín Pinzón auch schon in aller Direktheit heraus: »Señor, die Führungsoffiziere der Schiffe haben ihre Berechnungen angestellt. Wir sind übereinstimmend der Meinung, dass wir die vertraglich abgemachten 750 Leguas zurückgelegt haben. Das Ende der Reise ist da! Und wo ist das Land?«

Der Generalkapitän mustert ihn mit hochmütig zurückgelegtem Kopf aus halb geschlossenen Augen: »Señor, Ihr mögt ein fähiger Seemann sein, und die Herren hier ausgezeichnete Navigatoren, aber was die hohen Künste der Seefahrt angeht, da dürfte ich Euch wohl doch einen kleinen Schritt voraus sein.« Er entrollt mit Schwung die Seekarte, in die er jeden Abend mit Zirkel und Lineal den Kurs einträgt. »Hier! Eure Berechnungen sind falsch! Ich weiß es genau: Die ganze Zeit habt Ihr Tag für Tag fünf Leguas ›draufgelegt‹, nicht wahr? Ich kenne diese Tricks! Und ich versichere Euch auf meine Ehre, wir sind erst 633 Leguas gesegelt. Also bis morgen, und an die Arbeit, meine Herren! Ich wünsche eine gute Nacht.«

Aber so leicht lassen sich die Männer diesmal nicht abspeisen. Sie starren mit gerunzelten Brauen auf die Karte des Generalkapitäns, zucken mit den Achseln, schütteln die Köpfe. Wieder ergreift Martín Pinzón das Wort: »Welchen Grund sollten wir haben, jemandem zu glauben, der von Anfang an zwei verschiedene Logbücher geschrieben hat? Euer Geschick, andere an der Nase herumzuführen, wird Euch diesmal nicht weiterhelfen, Señor! Wir bestehen auf Beendigung der Reise.«

Columbus will auffahren, aber Juan de la Cosa, der Schiffsführer und Eigner der »Santa Maria«, hebt begütigend die Hände. Der bärtige Mann mit den großen melancholischen

Augen ist für seine Besonnenheit bekannt und er kommt im Allgemeinen gut mit dem allzu sehr von sich überzeugten Leiter der Expedition aus.

»Señor Don Cristobal! Beruhigt Euch und denkt nach! Was die Herren Kapitäne und Steuermänner da vorbringen, das spiegelt die Stimmung der Matrosen wider. Es besteht allen Ernstes die Gefahr einer Meuterei. Und, verzeiht schon, auch ich würde mein Schiff gern wieder heil in den Hafen von Palos bringen …«

»Ihr wollt also umkehren?« Columbus verzieht höhnisch die Lippen. »Gegen den Wind segeln und mit dem Rest fauligen Wassers, dem Fässchen Stockfisch, dem Säckchen Erbsen nach Hause gelangen?« Er schüttelt den Kopf. »Das wird nichts! Wir haben nur eine Möglichkeit: weiter nach Westen, den Rest der Strecke unter den Kiel nehmen.«

»Wer hat uns denn in eine solche Lage gebracht?«, fährt jetzt der jüngere Pinzón, Yañez, der Kapitän der Niña, auf. »Ihr doch ganz allein!«

»Und wer hat Euch gezwungen mitzufahren, he? Eure Gier nach Gold hätte Euch doch bis ans Ende der Welt segeln lassen!«

»Von unserer Goldgier einmal abgesehen, die gewiss nicht größer ist als Eure, Euer Gnaden – am Ende der Welt sind wir ja wohl schon angelangt!« Das ist wieder Martín Pinzón.

Columbus läuft rot an. Es fehlt nicht viel und die beiden Feinde gehen sich an den Kragen, aber de la Cosa und die anderen stellen sich vermittelnd dazwischen. Wutentbrannt besteigen die Offiziere schließlich wieder ihre Beiboote und lassen sich zu ihren Schiffen zurückrudern.

Die Situation ist bis zum Äußersten gespannt.

In seiner »Toldilla«, nur durch hauchdünne Wände von den Matrosen getrennt, hört Columbus das Murren der Mannschaft. Auf der »Santa Maria« dienen viele Basken, erfahrene Seebären, die durchaus ihre Rechte kennen. Sie wissen, dass der Schiffsführer sich mit ihnen auf 750 Leguas festgelegt hat. Und nach dem, was sie von den Gesprächen der »Großen« mitgekriegt haben, ist der Kontrakt nun erfüllt. Und wo sind die Goldländer? Vielleicht haben sie immer nur im verrückten Kopf von »Don Fantastico« existiert und der hat nur alle dumm und dämlich geredet mit seinem gelehrten Geschwafel?

Vielleicht sollte man kurzerhand, wenn der große Generalkapitän einmal wieder auf dem Achterkastell steht und die Sterne anvisiert – nun ja –, ihm einen kleinen Stoß geben? (In den gerichtlichen Untersuchungen, die viele Jahre später um das Erbe des Columbus stattfinden, sagt ein Matrose aus, dass tatsächlich daran gedacht wurde, den Admiral über Bord zu werfen!) Und dann nichts wie nach Hause!

Kaum vorstellbar, dass er eine angenehme Nacht verbracht hat.

Am 24. September notiert Columbus: »Ich habe ernsthafte Schwierigkeiten mit der Mannschaft, trotz der Hinweise auf nahes Land, die uns Gott der Allmächtige zukommen lässt. Da die meisten aus Palos und der näheren Umgebung sind, halten sie zusammen, und ich weiß, dass ich Martín Alonso (Pinzón) nicht trauen kann. Er ist ein tüchtiger Seemann, aber er will die Belohnung und die Ehren der Entdeckung für sich allein. Stets segelt er vor der Flotte, um als Erster Land zu sichten; jedoch ist mir bewusst, dass ich ihn brauche, denn er hat viel Unterstützung bei den Leuten.«

Eine klarsichtige Analyse der Lage.

Und wieder tut Pinzón das, was Columbus zur Weißglut bringen kann: Er segelt mit seiner wendigen »Pinta« der schwerfälligen, dickbauchigen »Santa Maria« davon. Der Generalkapitän hat keine andere Wahl. Wenn er die Expedition retten will, muss er sich entschließen, Einblick in seine Geheimnisse zu geben.

Ein Bombardenschuss (Columbus hatte die kleine Kanone an Bord seines Schiffs, um damit die Landsichtung zu verkünden!) signalisiert der »Pinta« beizudrehen.

Columbus wirft ein paar Zeilen aufs Papier und lässt per Beiboot Martín Pinzón diesen Brief überbringen, zusammen mit einer Landkarte. Und Martín Alonso treten fast die Augen aus dem Kopf bei dem, was er da sieht.

Ohne Zweifel hat also Columbus die Karten, vielmehr »die Karte« auf den Tisch gelegt – seine geheime Seekarte, so wie er sie von dem gestrandeten Steuermann übernommen hatte. Ob es klug war, das wertvolle Dokument für einen ganzen Tag in Pinzóns Hände zu legen, sei dahingestellt, denn natürlich wird der ehrgeizige Kapitän sie nicht nur fasziniert studiert, sondern auch eine Kopie für sich angefertigt haben. Aber wahrscheinlich war das der einzige Weg, durch diesen Vertrauensbeweis das gestörte Verhältnis zu seinem Stellvertreter zu kitten.

Und schon wendet sich das Blatt. Am Dienstag kommt die »Pinta« längsseits. Pinzón will die Karte zurückgeben. Er erklärt sich bereit, noch acht Tage weiterzusegeln.

Dumpfes Murren erhebt sich auf dem Flaggschiff. Schließlich fordern die Männer im Sprechchor lautstark: »Umkehr – Umkehr!«

Aber Kapitän Martín Pinzón auf seiner »Pinta« glaubt angesichts der Information, die er jetzt hat, an den Erfolg. Das Gold ist schon zum Greifen nah! Also erhebt er die Stimme und brüllt über das Wasser hinweg der Mannschaft der »Santa Maria« zu: »Das ist eine wichtige Entdeckungsfahrt und keine Handelsreise! Eine Flotte, die von einem so mächtigen Herrscherpaar wie den Katholischen Königen ausgesandt wurde, darf nicht ohne gute Nachricht und unverrichteter Sache heimkehren! Und wenn ihr Ärger machen wollt, komme ich mit meinen Brüdern an Bord und knüpfe ein halbes Dutzend von euch am Großmast auf!«

Pinzón hat, wie man sieht, Erfahrung, wie man mit Meuterern umgeht. Es tritt Ruhe ein. Ob Columbus begeistert war von diesem Eingriff in seine Autorität, darf man bezweifeln.

Jedenfalls besprechen sich Generalkapitän und Stellvertreter. Auch Pinzón schließt sich nun der Meinung an, die Offiziere hätten die Fahrtgeschwindigkeit überschätzt. Dass sie sich in der richtigen Gegend befänden, daran hat er jetzt keinen Zweifel.

Aber die nächsten Tage werden dramatisch.

Wo bleibt das Land?

Am gleichen Dienstag, dem 25. September, steht Martín Alonso Pinzón, der wie immer vorausgesegelt ist, auf der Popa, dem Achterdeck seines Schiffs, und späht mit zusammengekniffenen Augen in den Sonnenuntergang. Und dann – nein, das ist keine Wolke, keine Luftspiegelung! Eindeutig ist an der Horizontlinie eine Insel auszumachen.

»Tierra a la vista!« Land in Sicht!, brüllt er. Seine Matrosen entern die Takelage und starren, die Augen mit der Hand abschirmend, in den Sonnenuntergang. Es besteht kein Zweifel. Da ist eine Insel.

»Land! Land in Sicht!« Der Ruf pflanzt sich fort von Schiff zu Schiff, lockt den Generalkapitän von seinen Berechnungen in der Toldilla und mit großen Schritten eilt er zu seinem Ausguck. Ja, es ist wahr.

Land in Sicht. Nach zwanzig Tagen hat er sie gefunden, seine Inseln, so wie es sein Wissen und seine Vision gewesen sind. Und er selbst hat niemals daran gezweifelt. Keine Sekunde.

Trunken vor Ergriffenheit, berauscht von Glück, sinkt er auf der Popa in die Knie, um Gott zu danken.

Ob er in diesem einmaligen Augenblick daran gedacht hat, wie er, mit dem Lorbeer des Siegers gekrönt, heimkommt, und wie ihn die Gouverneurin empfangen wird?

Lauthals stimmt man auf der »Pinta« das »Gloria in excelsis Deo« (Ehre sei Gott in der Höhe) an. Dann fordert Martín

Alonso Pinzón, ihn als den Mann anzuerkennen, dem die königliche Belohnung zusteht. Er hat das Land zuerst gesehen.

Auch auf der »Niña« hängt die halbe Crew in den Wanten und bestaunt die Insel vor ihnen.

Columbus befiehlt, die Segel zu reffen und beizudrehen. Wie von einem Albtraum befreit, liegen sich die vorher verfeindeten Offiziere in den Armen, zollen dem Mann Respekt, der sie hierher gebracht hat. Seine Autorität wird nun von niemandem mehr angezweifelt.

Die Matrosen springen in die ruhige See, Delfine kommen neugierig herbei. Für jeden Mann wird eine Extraration Wein ausgeteilt, der Koch haut das letzte Pökelfleisch in den Kessel. Bald werden sie ja Frischfleisch haben. –

Am nächsten Morgen ist da keine Insel mehr.

Sosehr auch alle Augen den Horizont absuchen – die Insel ist verschwunden.

Grenzenlose Enttäuschung macht sich breit nach der Hochstimmung des Abends zuvor.

Was war geschehen? Waren die achtzig Mann Besatzung einschließlich ihres Generalkapitäns einer kollektiven Sinnestäuschung zum Opfer gefallen?

Nein, ganz gewiss nicht. Wir wissen heute, dass Martín Pinzón mit Sicherheit eine der Jungferninseln gesichtet hat, eine kleine Inselgruppe am nordöstlichen Rand des karibischen Inselbogens.

In dieser Gegend des Weltmeers fließen starke Strömungen mit hoher Geschwindigkeit nach Norden oder Nordwesten, was Columbus nicht wissen konnte; denn mit dem Senklot kann man diese Tiefenströmungen nicht messen. So werden die drei Schiffe unbemerkt 40 bis 50 Seemeilen abgetrieben worden sein.

Die Insel war verloren.

Im Bordbuch tut der trickreiche Entdecker dies Ereignis dann wirklich als eine Täuschung ab, »nichts als ein Stück Himmel«. Und das kommt ihm nur recht, denn ungern hätte er den Ruhm der Landkennung ausgerechnet seinem Rivalen Pinzón überlassen – von der Leibrente einmal ganz zu schweigen.

In Wirklichkeit weiß er sehr genau, was er da gesehen hat. Er ist am Ziel, das Festland nicht mehr weit. Zeugnis davon ist ein Brief, den Columbus 1493 schreibt und der überall in Europa verbreitet wird. Darin heißt es lapidar: »Nach zwanzig Tagen fand ich die indischen Inseln.« Am 6. September war man von La Gomera aufgebrochen ...

Was nun folgt, ist der nackte Horror.

An diesem entsetzlichen Morgen, als das Land plötzlich wieder verschwunden ist, gibt Columbus schließlich Befehl, die Segel zu setzen – aber er bricht nicht nach Südwesten auf, um die Insel wiederzufinden, sondern lässt Westkurs nehmen. Fürchtet er die gefährlichen Riffe dieses Abschnitts – falls sie denn auf seiner geheimnisvollen Karte verzeichnet sind? Wir wissen es nicht.

Zunächst einmal blicken die Männer der Expedition mit neuer Zuversicht, neuem Vertrauen auf ihren Anführer. Es *gibt* hier Land. Er wird es finden.

Mehrere Tage lang dümpeln die Schiffe auf Westkurs weiter – wie wir heute wissen, längs der Inselkette, die sich in Richtung Florida erstreckt, aber ohne jemals in Sichtweite zu kommen. Das Land liegt greifbar nahe backbords. Aber da der Generalkapitän jeden Abend die Segelfläche verkleinern lässt, um die Schiffe vor möglichen Riffen oder unbekannten Driften zu sichern, werden sie Nacht für Nacht von der Strömung nach Westnordwest abgetrieben, ohne es zu merken.

Da gibt es wieder Tang, Delfine, Vögel – aber kein Land.

Pinzón dringt in den Admiral: Man solle doch endlich dem Schwarm der Küstenvögel folgen und sich nach Südwesten wenden! Columbus beharrt stur auf seinem Kurs.

Er ist sich absolut sicher, dass er bald auf das Festland stoßen wird. Wer gibt ihm diese Sicherheit ein? Seine Seekarte (die Pinzón nun ja schließlich auch kannte)? Eine Vision? Oder nur Verbohrtheit und Unsicherheit? Das Faszinierende an diesem Mann ist ja diese Mischung von Ahnung und Erfahrung, von Tarnung und Selbstbetrug – und in einem Moment wie diesem ist er gewiss noch schwerer zu enträtseln als sonst.

Noch einmal entdeckt die »Pinta« die Silhouette einer flachen Insel zwischen Wolken und Abenddunkel – Columbus zuckt die Achseln. Er lässt nicht beidrehen. Das könnte man ja alles noch »auf der Rückreise erledigen«. (Wahrscheinlich hatte die Flotte inzwischen die Jungferninseln hinter sich gelassen und trieb an der Caicosgruppe vorüber.)

Die acht Tage sind vorbei, und wieder beginnen die Männer, unruhig zu werden. Noch stehen die Führungsoffiziere hinter dem Generalkapitän – Pinzóns Gespür für Gold und Geschäft ist den anderen ein Garant dafür, dass sie keinem Trugbild nachjagen.

Am 7. Oktober erfolgt die dritte Landsichtung, diesmal von der »Niña« aus. Das Schiff dreht bei, die Rauchwolke eines *fumo* steigt auf, mit dumpfem Knall wird eine Bombarde abgefeuert. Doch bevor das Flaggschiff näher kommt, ist das Land wieder im Dunst verschwunden.

Inzwischen liegen die Nerven der Crew bloß, an Bord der Schiffe herrscht fiebrige Hysterie. Ständig zwischen Hoffnung und Enttäuschung hin- und hergeworfen, brechen die Männer Streit vom Zaun, wo sie nur können – und natürlich hat sich die Stimmung wieder gegen Columbus gewendet, diesen starrköpfigen Geisteskranken, der sie am Land vorbei irgendwohin kommandiert.

Bei der nächsten morgendlichen Lagebesprechung erklären die Brüder Pinzón, es sei unbedingt notwendig, Südwestkurs zu setzen und den Vogelschwärmen zu folgen. Sie haben ja so Recht! Aber nicht in Columbus' Augen. Stur besteht er auf seiner Richtung.

Am Abend des 8. Oktober reicht es Martín Pinzón. Ohne weitere Absprache mit dem Flaggschiff lässt er die »Pinta« schwojen und setzt Südwestkurs. Die »Niña« folgt nach kurzem Zögern. Der Generalkapitän sieht hilflos zu, wie sich die beiden Schiffe entfernen. Er hat seine Kommandogewalt eingebüßt! Was tun, um nicht vollends das Gesicht zu verlieren? Zähneknirschend lässt er ebenfalls beidrehen und folgt den beiden Ausreißern.

Wir wissen, hätte er seinen Westkurs beibehalten, wäre er wahrscheinlich direkt auf Florida gestoßen.

Aber so bringt dies Manöver nichts. Immer noch kein Land. –

Drei Tage Frist

Sie haben nun, nach den Berechnungen der Kapitäne, 1230 Leguas zurückgelegt. Ist es nicht geradezu selbstmörderisch, weiter diesem Irren zu folgen, der sie alle ins Verderben reißt?

Ein Freund von Yañez Pinzón beschreibt die Stimmung später so: »Die Männer an Bord erklärten dreist und in aller Öffentlichkeit, man habe sie betrogen und sie seien verloren, der König und die Königin hätten ihnen übel und grausam mitgespielt, indem sie einem Fremden vertrauten, der nicht wusste, was er tat. –

Alle Kapitäne und die vielen Matrosen beschlossen, nach Kastilien zurückzusegeln, und sie sprachen untereinander davon, Columbus ins Meer zu werfen, weil sie glaubten, er habe nur sein Spiel mit ihnen getrieben ...«

Hier also wird das Murren der Mannschaft bereits zur Meuterei. Es ist übrigens bemerkenswert, dass sich die Nichtseeleute, also die königlichen Beamten vom Zahlmeister bis zum Profos, vorsichtig zurückhielten. Sie werden bestimmt den Tag verflucht haben, als sie die Planken der »Santa Maria« betraten – und den Mund gehalten haben.

Mit welchen Vorräten an Bord sie allerdings nach Kastilien zurücksegeln wollten, darüber schweigt man sich aus. Offenbar ist die Panik so groß, dass man lieber auf offener See verhungern und verdursten will, als diesen Wahnsinn noch länger mitzumachen.

Es ist der 10. Oktober 1492, der verhängnisvollste Tag der ganzen Reise. Columbus kämpft um sein Leben.

Mannschaften und Offiziere haben sich an Deck des Flaggschiffs versammelt, ohne um Erlaubnis gefragt zu haben. Eine brodelnde Menschenmenge, gleichsam dampfend vor Hass, Wut und Verzweiflung, steht dicht an dicht und wartet auf das Erscheinen des Generalkapitäns, dieses Betrügers und Narren, der sie alle ins Unglück geführt hat. Es ist offene Meuterei.

Als Columbus schließlich seine Toldilla verlässt und sich auf der Popa, dem Achterdeck, den Aufrührern stellt, wird er von einem Pfeifkonzert und von wilden Schmährufen empfangen.

Er regt sich nicht, steht ganz still, das weiße Haar unbedeckt, den einst prachtvollen roten Samtmantel, dem die Tage an Bord, die Salzwasserspritzer, das grelle Sonnenlicht zugesetzt haben, lose um die Schulter gelegt. Seine Augen gleiten hin über die Gesichter da unten: ausgemergelt, von der Sonne verbrannt, Wut und finstere Entschlossenheit in den Mienen der Kapitäne und Offiziere, nackte Angst bei der Mannschaft.

Er hat vor Königen und Fürsten, vor Gelehrten und Priestern seine Überredungskunst spielen lassen, hat alles gegeben. Hier und jetzt, das weiß er, wird die Entscheidung fallen. Er ist zu allem bereit – nur nicht, umzukehren.

Columbus hebt die Hand und langsam ebbt der Lärm der erregten Menge ab.

»Meine Brüder in Christo!«, beginnt er, und noch einmal schwillt das Pfeifen und Brüllen an. Für einen Moment schließt er die Augen. Nun ist er ganz ruhig. Wenn Gott ihn bis hierher geführt hat, so wird ER nicht zulassen, dass er so kurz vor dem Ziel scheitert. Ohne die Lippen zu bewegen, spricht er lautlos die Worte des Psalms: »Herr, auf dich steht mein Hoffen. Lass mich nicht zuschanden werden.«

»Ihr Herren Seeleute, hört mich an. Ich werde nur kurz zu Euch sprechen. Die Majestäten des Königs und der Königin haben ihr Vertrauen in mich gesetzt – die Großen der Christenheit haben mich auf diese Mission geschickt, und wunderbar hat Gott der Herr bisher seine Hand über uns gehalten. Wie könnte ich jetzt aufgeben, angesichts all der Zeichen, dass das ersehnte Land in der Nähe ist? Ich schwöre bei Gott, dass jeden Einzelnen von Euch ungeahnte Reichtümer erwarten – und bedenkt den Ruhm und das Ansehen, wenn Ihr erst nach Spanien heimkehren werdet! Jeder, auch der Geringste unter Euch, wird in den Adelsstand erhoben werden, das verspreche ich bei meiner Ehre! Mut, tapfere Seeleute! So wahr ich hier stehe, so wahr werden wir binnen drei Tagen Land sichten, die Bombarde wird donnern, und unsere Füße werden wieder festen Boden berühren – und gemeinsam mit Euch werde ich das Kreuz unseres Glaubens aufpflanzen auf der fremden Erde. Drei Tage noch, Männer! Und Eure Augen werden geblendet sein von der Schönheit paradiesischer Landstriche – und von dem Gold, mit dem dort die Dächer der Häuser gedeckt sind! Drei Tage noch haltet durch und Ihr werdet die Früchte Eurer Mühen genießen können. Dafür stehe ich mit meinem Leben ein. Macht dann mit mir, was Ihr wollt.«

Jetzt ist es still. Nur das Knarren der Schiffsplanken, das Ächzen des Tauwerks, das Plätschern des Wassers sind zu hören.

Columbus dreht sich um und geht zurück in die Schiffshütte. Drinnen sinkt er auf seinen Stuhl und presst die gefalteten Hände gegen die Stirn. Herr, lass mich nicht zuschanden werden …

Noch einmal hat die ungeheure Ausstrahlungskraft unseres Seefahrers den Sieg davongetragen. Als die Offiziere wenig später an die Tür der Toldilla pochen, weiß er, dass er gewonnen hat – sonst hätten sie sich schwerlich die Mühe gemacht, anzuklopfen.

Pinzón macht sich einmal mehr zum Sprecher der Besatzung. Mit finsterer Miene erklärt er: »Wie es scheint, hat Gott Euch bei der Hand genommen, Señor Colón, und Euch die rechten Worte eingegeben. Das Schiffsvolk und wir Kapitäne und Offiziere sind bereit, Euch diese drei Tage zuzugestehen. Drei Tage und keine Stunde länger! Das ist Eure letzte Chance.«

»Gut denn.« Columbus mustert sie mit der sattsam bekannten hochmütigen Miene, die Augen halb geschlossen. »Nachdem wir denn den halben Tag mit Streitereien vertan haben, lasst uns in Gottes Namen die Fahrt wieder aufnehmen.«

Natürlich ist seine Kaltblütigkeit nur vorgetäuscht. Innerlich muss er gezittert und gebebt haben. Sein Lebenswerk droht zu scheitern, und er hegt keinen Zweifel daran, dass ihn seine erbitterten Mitreisenden über Bord werfen werden, wenn die Dreitagesfrist erfolglos verstreicht.

Indessen mehren sich die Anzeichen, dass Land in greifbarer Nähe ist. Man sichtet einen geschnitzten Stock, der offensichtlich von Menschenhand bearbeitet worden war. Die Männer der »Niña« fischen einen Zweig mit roten Beeren aus dem Wasser. »Bei diesen Anzeichen atmeten alle freier und wurden fröhlich«, schreibt der Generalkapitän ins Logbuch – wahrscheinlich war er selbst einer der Fröhlichsten wegen dieses Fundes! Und jeder, der nicht am Tauwerk oder in den Wanten zu tun hat, steht am Bug und starrt nach vorn.

Die kleine Flotte kommt gut voran, man macht vier bis

sechs Knoten. Columbus lässt alle gebotene Vorsicht fahren und segelt auch nachts mit voller Geschwindigkeit weiter – ein riskantes Unternehmen in unbekannten Küstengewässern. Er ist zu allem entschlossen – was hat er zu verlieren?

Tierra a la vista!

Wie immer eilt die »Pinta« den beiden anderen Karavellen voraus. Es ist Nacht, die Nacht vom 11. zum 12. Oktober 1492. Der Mond ist zu drei Vierteln voll. Im Ausguck sitzt ein junger Matrose, Juan Rodríguez aus Sevilla.

Um zwei Uhr in der Frühe fährt Columbus durch den Signalschuss einer Bombarde aus dem Schlaf und eilt an Deck.

Juan Rodríguez da oben in seinem »Krähennest« hatte gute Augen. Er hat im Mondlicht den hellen Saum einer Brandung entdeckt, die sich an einer Felsküste bricht. Und nun sehen alle die lang gezogene dunkle Silhouette einer Landmasse, die sich nördlich vor ihnen aus dem Meer erhebt.

Die »Santa Maria« und die »Niña« schließen zur »Pinta« auf. Sofort werden die Segel eingeholt und die schnelle Fahrt der Schiffe beendet. Mit gerefftem Tuch drehen die Schiffe bei und warten ab, bis das Tageslicht eine sichere Weiterfahrt ermöglicht.

In den drei Stunden bis Sonnenaufgang wird wohl keiner aus der Crew ein Auge zugemacht haben. Man betet, man singt, man tanzt und wirft immer wieder begehrliche Blicke auf die dunklen Konturen voraus. Abgesehen von der ungeheuren Erleichterung, es nun doch geschafft zu haben, statt eine mühe- und gefahrvolle, unehrenhafte Rückfahrt anzugehen, sind es ziemlich eindeutige Gefühle, die die Männer beherrschen: Wissbegierde, Neugier und vor allem Gier. Nackte, blanke schamlose Gier. Das da ist das Goldland. Das da ist die Beute.

Und Columbus selbst? Ein dem Tode Entronnener, ein Wiedergeborener. Ich glaube nicht, dass er triumphiert hat. Dazu war er seiner Sache immer viel zu sicher gewesen, um jetzt aufzutrumpfen. Zweifellos hat er mit Herablassung und in stolzer Haltung die Huldigungen seiner Männer entgegengenommen, für die er nun wieder der Größte war, hat die verlegenen Entschuldigungen der Pinzóns und Juan de la Cosas genossen.

Aber dann? Wozu sollte er sich nun, da eingetroffen war, was er immer gewusst hatte, aus der Ruhe bringen lassen? Gott hatte das an ihm getan, was ER ihm schuldig war. Ein tiefer Frieden umfängt ihn. Morgen wird er alle seine Kraft brauchen für die neuen Aufgaben als Gouverneur eines Landes, das er noch nicht kennt. Aber heute ist er erst einmal am Ziel.

Und so könnte ich mir vorstellen, dass der Admiral, nachdem er sein Gebet verrichtet hat, als Einziger von der ganzen Besatzung in dieser Nacht – schläft.

Und vielleicht schläft in dieser Nacht auch Beatriz de Bobadilla, die auf einer Expedition in den Norden ihrer Insel mit dem Schiff unterwegs war, auf Deck unterm Licht der Sterne.

Wohl ist das Bild des Seefahrers verblasst – mit allzu vielen Widrigkeiten hat sich die Gobernadora in ihrer Position herumzuschlagen, allzu viele Feinde erwachsen ihr ringsum –, aber mit einer Beharrlichkeit und Treue, die die »Jägerin« sonst nicht immer zeigte, hat sie an ihrem Versprechen festgehalten, Nacht für Nacht den Polarstern am Himmel zu suchen in Gedenken an ihren Geliebten.

Die letzte Zeit Anfang Oktober, wo die Tage kürzer werden, ist sie unruhig gewesen, und obwohl sie nichts auf Träume gibt, haben sie nachts merkwürdige Gesichte heimgesucht: Fische mit Flügeln, die auf Deck eines Schiffs klatschen und sie unter sich begraben, Wellenberge, die über ihr zusammenbrechen, oder, am schlimmsten, ein Wasser, das langsam und allmählich, aber unaufhaltsam steigt – und sie kann weder Hand noch Fuß rühren. Und sie wacht schweißgebadet im Bett auf und läutet nach ihren Frauen, damit sie ihr Licht und etwas zu Trinken bringen und ihr ein frisches Hemd aus jenem gefältelten Batist anziehen, aus dem sich auch der eitle »Generalkapitän« seine Wäsche schneidern lässt.

Jetzt, im Norden, ist nur noch die kleine Insel El Hierro zwischen ihm und dem ozeanischen Meer, das er durchquert, und der Sonnenuntergang ist rot und leuchtend und der Polarstern so groß und klar, dass man meint, ihn mit einem Netz vom Himmel herunterfangen zu können. »Polarstern, hilf ihm! Hilf meinem Abenteurer!«, murmelt sie und ist sich wohl bewusst, dass das ganz und gar kein christliches Gebet ist.

Und hier im Norden der Kanarischen Inseln, während die Nächte schon kühler sind als sonst, kann sie wieder schlafen ohne üble Träume auf dem Deck ihres Schiffs, unterm Sternenlicht. Sie nimmt es für ein gutes Omen. Er wird finden, was er sucht. Er wird zurückkehren.

Bis heute ist der Streit nicht beigelegt, welche Insel nun die »Ehre« hatte, von den Spaniern zuerst angelaufen worden zu sein. In dem ominösen Bordbuch sind bestimmte Merkmale des Eilands verzeichnet, aber das hilft uns so gut wie gar nichts. In allen nautischen Angaben bleibt Columbus so verschwommen, wie es nur geht. Es sind »seine« Inseln und kein anderer soll sie ansteuern.

Die drei Anwärter sind Watling Island (San Salvador), Samana Cay und Grand Turk Island. Sie liegen 50 bis 100 Seemeilen auseinander, und das ist eine Abweichung, die durchaus innerhalb der Toleranzgrenzen liegt, da ja Positionsbestimmungen damals sehr starke Abweichungen vorwiesen und man also den Kurs der drei Karavellen nur in groben Umrissen nachvollziehen kann.

Fest steht nur, dass die Ureinwohner ihre Heimatinsel Guanahaní genannt haben.

Watling Island wird seit mehr als einem Jahrhundert als erste Landkennung angesehen. Im Jahr 1987 wurde die Insel »offiziell« zu jenem Eiland erklärt, das den »Erstkontakt« hatte und ihm der Name San Salvador (Heiliger Erlöser) verliehen – so hat Columbus die Insel genannt.

Aber seit 1986 ist auch Samana Cay im Gespräch. Sie war Endpunkt einer computersimulierten Atlantiküberquerung à la Columbus. Aber die Insel hat ein Handicap: Landaufnahmen zeigen hohe Brandungswogen, die sich in eine schmale Lagune ergießen. Dergleichen wird ein erfahrener Seemann wie Columbus wohl kaum beschrieben haben als einen Hafen, »in dem nicht mehr Seegang herrschte als hinter einer Mauer«.

Als dritte Kandidatin ist Grand Turk Island, ein Winzling der Caicos-Gruppe, im Gespräch. Sie weist genauso viel und genauso wenig Anhaltspunkte auf wie die beiden Konkurrentinnen.

Wie dem auch sei: Die Bewohner der Insel Guanahaní und mit ihnen der ganze neue Kontinent können in dieser Nacht das letzte Mal ruhig schlafen.

Crash der Kulturen

Der Stamm der Lucaya ist ein friedfertiges Völkchen. Die Indianer sind gesund und fröhlich, und die Natur gibt alles, was man braucht, Nahrung, schönes Wetter und eine wunderbare Landschaft mit klarem Wasser und immergrüner Vegetation.

Sie leben von Fischen und Meeresschnecken, sie bauen Jamswurzeln an und backen Maniokbrot, sie töpfern und weben sich aus Hanf und Baumwolle ihre Hängematten. Von Kleidung halten sie nichts – wozu auch. Es ist warm genug und eine schöne Bemalung ist viel reizvoller als irgendwelche lästigen Gewänder.

Es gibt nicht einmal größere Tiere, die man jagen kann – infolgedessen ist ihr Kampfgeist gleich null. Wenn es einmal eine Auseinandersetzung mit einem anderen Stamm gibt, werfen sie mit Fischspeeren. Aber es gibt eigentlich nichts, worüber man sich so richtig in die Haare geraten kann. Alles ist im Überfluss da, und was man nicht hat, kann man ertauschen. Mann und Frau sind gleichberechtigt, und Leute, die man braucht, ein Völkchen zusammenzuhalten, gibt es nur wenige.

Für die Indianer muss die Begegnung mit den Europäern – anders als für diese selbst – eine zwiefache Erfahrung gewesen sein: ungewohnt und gewohnt zugleich. Sie kennen es, auf unterschiedliche Lebensformen zu stoßen. Jede Insel wird bevölkert von einem anderen Stamm mit anderen Göttern, einer anderen Sprache, einem anderen Verhaltenscode. Man betrachtet sich neugierig und lässt es dabei bewenden, beziehungsweise beschränkt den Kontakt auf nützliche Vorgänge wie den Austausch von Waren. Man respektiert die anderen, ohne sie belehren zu wollen. Ungewohnt: Die Männer, die da kommen, sind fremder als alles, was ihnen bisher begegnet ist.

Und so wachen die Lucaya-Indianer am Morgen des 12. Oktober 1492 auf und sehen drei große schwimmende Häuser mit Flügeln auf dem Wasser. Neugierig rennt alles zum Strand. Eine Abwechslung kann nie schaden. Sie haben keinen Grund zu der Annahme, dass da nichts Gutes kommt.

Im Schatten der Bäume beobachten sie, wie die »Vögel« ihre weißen Schwingen zusammenfalten. Boote werden ins Wasser gelassen, und Menschen, behängt mit farbigen Geweben, mit glänzenden Gegenständen über den Schultern, verlassen die schwimmenden Häuser. Schon von weitem kann man erkennen: Sie tragen jede Menge Haare im Gesicht, haben lange Nasen und sind krankhaft bleich, und die Haare auf ihren Köpfen haben ebenfalls unterschiedliche Farben; der eine, der in das rote Tuch gewickelt ist, hat sogar einen denkwürdig weißen Schopf.

Was für eine Aufregung!

Dann landen die Boote und die Fremden kommen an Land und machen merkwürdige Dinge. Sie stolzieren am Strand umher, schwenken bunte Tücher an langen Stangen, knien nieder und springen wieder auf, heben die Hände zum Himmel... Ein spannendes Theater.

Gefolgt von einer ganzen Prozession von Männern, setzt Columbus als Erster seinen Fuß auf das fremde Land. Sie knien nieder und danken Gott. Dann pflanzt er als Anführer ein Kreuz als Symbol des Glaubens in den Sand – und einen

Galgen (!) Hier wird fortan spanische Gerichtsbarkeit zuständig sein. Er schneidet eine Hand voll Gras ab, um das Land im Namen der spanischen Könige in Besitz zu nehmen, gibt ihm den Namen San Salvador. Der Flottenschreiber protokolliert den Vorgang und gleichzeitig die Erhebung des bisherigen Generalkapitäns zum Admiral, Vizekönig und alleinigem Gerichtsherren des neuen Landes. Seine Mannschaft hat ihm nun einen Treueid zu leisten.

Und dann beginnt man mit der Erkundung des Territoriums.

Zögernd und mit freundlichen Gesten nähern sich die eigentlichen Besitzer dieser Insel – sie haben ja keine Ahnung, dass man ihnen eben gerade die Rechte an ihrem Land genommen hat.

Die Spanier halten eine reichhaltige Sammlung an wertlosem Kleinkram bereit. Mit solchem Tinnef haben die Portugiesen in Afrika schon hervorragende »Erfolge« gehabt.

Auch die Inselmenschen staunen. Bunte Glasperlen sind einfach etwas Neues im Schmucksortiment, auch zierliche Glöckchen können einen faszinieren, ein eiserner Nagel ist eine große Bereicherung der Werkzeuge und ein Spiegel ein echter Wert für jemanden, der bis jetzt in einer Wasserpfütze nachgucken musste, ob sein Haar gut sitzt.

Es heißt, die Eingeborenen hätten die Schiffe für »Vögel aus dem Himmel« angesehen. Ihre Meinung über die auf diesen Vögeln zu ihnen Gekommenen wird sehr zwiespältig gewesen sein. Was sie an Geschenken bringen, ist ja in Ordnung, und man bedankt sich auch mit Gegengeschenken in Form von bunten Papageien, Speeren mit Fischbeinspitzen und Baumwollgeweben, aber das stößt offensichtlich nicht auf allzu große Begeisterung.

Andererseits müssen sich die Indianer sehr zusammennehmen, wenn sie mit den fremden Gästen beieinander stehen. Menschen, die bekannterweise mehrmals am Tag baden, müssen wohl ziemlich schockiert gewesen sein, auf Leute zu treffen, die sich seit Monaten nicht gewaschen haben und das für normal halten. Die dabei gewesenen Männer aus Spanien berichten, dass die ersten Indianer, mit denen sie zusammentrafen, aus ehrfürchtiger Scheu den Kopf senkten und die Hände vors Gesicht hielten. Man könnte darauf kommen, dass sie sich wohl eher die Nasen zugehalten haben.

Zu keiner Zeit während dieses »First Contact« hat jemand von den Eingeborenen die Idee, diese merkwürdigen Fremden wären gekommen, ihnen ihre Kultur, ihre Lebensart und ihre Traditionen aufzuzwingen, geschweige denn, sich als Beherrscher und Herrenmenschen aufzuspielen. Umso grausamer wird das Erwachen.

»Ich verstehe nichts!«

»No entiendo nada! – Ich verstehe nichts!«, muss Luis de Torres, der Dolmetscher für Hebräisch, bekennen, nachdem er versucht hat, verbalen Kontakt zu den Menschen von Guanahaní aufzunehmen. Auch mit Arabisch funktioniert es nicht, von Latein und Kastilisch einmal ganz zu schweigen.

»No entiendo nada!« Das könnte als Motto über dieser ganzen Begegnung stehen. Denn es ist alles anders. Es ist so ganz, ganz anders, mit nichts von dem vergleichbar, was sich die Männer erträumt oder vorgestellt haben.

Wo ist das Land des Großkhans, überhaupt, wo beginnt das Festland? Wo sind die jüdischen Königreiche, und vor allem: Wo ist das Gold?

Für uns heute sind fremde Kulturen auf diesem unseren Erdball etwas Normales; nur schwer vorstellbar, welchen Schock diese andere Welt bei Menschen ausgelöst hat, die in den engen Vorstellungen und Denkweisen des ausgehenden Mittelalters verhaftet sind. Und nachdem das erste Starren mit offenem Mund, das völlige Erschlagensein vom Neuen und Fremden vorüber ist, schlägt die eigene Unsicherheit um in Arroganz und Hochmut: Da die Wilden, hier wir, Christen aus Spanien, der Gott und dem Papst am wohlgefälligsten Nation, und zudem die Bezwinger des Ozeans!

Mit bemerkenswerter Sturheit versucht Columbus, mithilfe seines Dolmetschers Bestätigungen von den Indianern zu erhalten, dass seine Träume sich mit der Wirklichkeit decken. Was bedeutet, dass er alle Auskünfte umdeutet, missversteht, sie nach seinen Wünschen zurechtbiegt. Wenn die Bewohner der Insel von einer Gegend namens Cami sprechen, hört er »Grandchan« (Großkhan) heraus und glaubt allen Ernstes zu verstehen, dieser Herrscher sei bereits per Schiff unterwegs, um ihn zu begrüßen. Wenn sie von der großen Insel Kuba sprechen, versteht er Zayton und Quinsay (nach Marco Polo Städte in Japan) und schließt daraus, dass Kuba und Japan dasselbe sind. Jene Besessenheit, die ihn trotz aller Widerstände und Gefahren bis hierher gebracht hat, wird nun zur Verbohrtheit. Es ist, als habe man einen Schalter umgelegt. Alles, was bisher an ihm positiv war, scheint sich nun ins Gegenteil zu verwandeln.

Der Mann ist an seinem Ziel angelangt, und das Ziel ist nicht so, wie er es erwartet hat. Und das darf nicht sein.

Zwischen ihm und seiner Mannschaft kommt es zu hitzigen Auseinandersetzungen. Er hat kurzerhand seinen Leuten den privaten Handel mit den Eingeborenen verboten und alles Gold, Silber und Gewürze, die vorhanden sind, zum Monopol der Krone erhoben. Aus der Traum vom Gold! In den Wind gesprochen die großen Worte, dass jeder hier seinen Seesack mit Schätzen füllen kann! Die armen Schlucker bleiben arme Schlucker.

Nicht verschweigen darf man eine der schäbigsten Taten unseres Seefahrers: Er bringt den Seemann Juan Rodríguez, der das Land gesichtet hat, um seine Belohnung, indem er erklärt, er selbst habe bereits vier Stunden früher, am Achterdeck stehend, ein Licht gesehen »wie eine kleine Wachskerze«, und damit sei also er der wahre Entdecker, dem die Leibrente der Majestäten zustünde.

Die Sache ist schlichtweg eine Lüge. Vom Zeitpunkt seiner »Sichtung« bis zu dem Moment, als Rodríguez »Land!« meldet, legt die Flotte mit vollen Segeln noch dreißig Seemeilen zurück. So weit ist nicht einmal das Licht eines Leuchtturms auszumachen.

Natürlich wissen das die Seeleute und sie sind empört. Fast gibt es wieder eine Meuterei. Unser Seeheld beschließt daraufhin, neues Land neues Land sein zu lassen, und hält sich die meiste Zeit in der Toldilla der »Santa Maria« auf, im Schutz seiner Kommandogewalt und der königlichen Beamten.

Sein Streben gilt dem Gold. Einige Bewohner von Guanahaní tragen schmale Goldringe in den Nasenflügeln. Befragt, woher das denn stamme, verweisen sie mit vagen Handbewegungen gen Westen – vielleicht nur, um die lästigen Frager loszuwerden.

Er lässt die Anker lichten und macht sich auf die Suche – Südwestkurs. Wenig später ist der Horizont von so vielen Inseln übersät, dass dem Admiral fast die Augen aus dem Kopf fallen.

So beginnt der erste »Karibik-Turn« der Weltgeschichte.

Der Admiral hat zu diesem Zeitpunkt keine Ahnung, dass er sich in einem der gefährlichsten Gewässer der Weltmeere befindet. Untiefen und Riffe direkt unter der Wasseroberfläche, unberechenbare Strömungen, Gegenwinde und wolkenbruchähnliche Regenfälle machen den Schiffen zu schaffen. Bisher sind die Wissenschaftler nicht in der Lage, den genauen Kurs der Entdeckerflotte zu rekonstruieren, so sehr fährt man Zickzack. Aber nichts stößt ihnen zu.

Den Inseln, die angelaufen werden, verpasst Columbus »christliche« Namen nach den Majestäten wie Fernandina oder Isabela und hinterlässt den staunenden Bewohnern jeweils ein großes, am Strand aufgepflanztes Holzkreuz.

Seine Eintragungen im Bordbuch lesen sich wie Urlaubsgrüße. Er »atmet die balsamische Luft«, und es »wehte so ein reiner und lieblicher Blütenduft zum Schiff, dass ich ihn für das Köstlichste auf der Welt hielt«. Überall ist »das Land grün und das Wasser von unbeschreiblicher Klarheit« – womit er ja auch Recht hat. Für ihn sind alle Korallenriffe mit Perlen übersät und alle Wälder voller köstlicher und seltener Gewürze – glaubt er das wirklich selbst oder schneidet er nur auf?

Die Männer ernähren sich von Fischen und Leguanen, sie fangen Schildkröten, kosten den Saft einer Ananas und ein Wurzelgemüse, »ähnlich wie Kastanien« – Süßkartoffeln. Man sammelt den Samen eines Getreides namens *maíz*, erfreut sich an scharfen und milden Gewürzen wie Cayennepfeffer und Zimt, und die Matrosen wissen bald die Bequemlichkeit der Hängematten zu schätzen, wie sie die Eingeborenen herstellen und die ihnen auf dem Schiff die Möglichkeit für vernünftige Schlafplätze geben, wenn man sie unter Deck und in den Wanten aufhängt.

Wenig Beachtung schenken die ersten Entdecker gewissen getrockneten Blättern, die man zu Röhren zusammenrollt, anzündet und den Rauch »trinkt«. Aber auch diese *tabacos* werden ihren Siegeszug über die Welt antreten, wie fast alles andere.

Dass dies die eigentlichen Geschenke der »neuen Welt« an die alte sind, können die Goldsucher nicht erkennen.

Der Verlust des Flaggschiffs

Was nun folgt, steht unter einem einzigen Aspekt: Gold. Wann finden sie endlich das Gold!

Columbus lockt einige der Lucaya-Indianer an Bord, damit sie ihm als Lotsen durch die Inselwelt Dienste leisten, und da keiner bereit ist, freiwillig auf dem Schiff zu bleiben, lässt er sie kurzerhand in Ketten legen.

Man schippert an der Nordküste Kubas entlang, immer hoffend, neben nackten »Wilden« nun bald auf die prächtig ausstaffierten Krieger des Großkhans zu stoßen, und lässt sich von den Indianern jede Menge Bären aufbinden in Hinblick auf das gesuchte Goldland – denn natürlich haben die inzwischen die Nase voll von den aufdringlichen Fremden, so freundlich sie auch tun, und möchte diese möglichst bald »wegloben«, um wieder zur alten Lebensweise zurückzukehren.

In einer geeigneten Bucht lässt der Admiral die Schiffe an Land ziehen und die von Salzwasser, Algen und Seepocken arg mitgenommenen Rümpfe neu teeren.

Dann erklären die Indianer durch Zeichensprache, es gäbe im Süden eine Insel namens Bohío oder Babeque, auf der es Gold in Hülle und Fülle gibt. Babeque ist nun die fixe Idee der Seefahrer und sie machen sich nach dieser Insel auf.

Aber die Winde und die Meeresströmungen sind tückisch, und vor allem die schwerfällige »Santa Maria«, die nicht für Fahrten gegen den Wind gebaut ist, fällt immer wieder zurück. Pinzón hat indessen auf seinem Schiff wieder die dreieckigen Lateinsegel gesetzt, mit denen man hervorragend kreuzen kann. Am 21. November macht er sich einfach davon.

Das ist Fahnenflucht, ohne Frage. Der vorsichtigere Pinzón-Bruder, der Kommandant der »Niña«, bleibt beim Flaggschiff – er setzt in diesem Fall auf Treue, während sein Bruder jetzt nur noch eines im Sinn hat: zuerst das Goldland zu finden, und, wenn möglich, auch zuerst wieder in Spanien zu sein. Columbus ist aufgestört. Was, wenn der abtrünnige Kapitän tatsächlich als Erster das Goldland findet und mit einem Laderaum voll edlen Metalls als Erster zurück ist in Spanien? Aber widrige Winde hindern ihn daran, der wendigen »Pinta« zu folgen.

Als er um die Ostspitze Kubas herumsegelt, findet er eine zweite große Insel, die er Espanola nennt, was schon bald zu Hispaniola wird. (Sie heißt heute noch so und gehört zu Haiti und der Dominikanischen Republik.)

Gastfreundliche Eingeborene kommen bald mit ihren Kanus zu den Schiffen und überhäufen die Ankömmlinge mit Geschenken. Besonders rührt Columbus die Freundschaft eines Kaziken (Häuptlings) namens Guanacagarí, der ihm eine herrliche Maske aus getriebenem Gold schenkt. Aber wo kommt das Gold her?

Die Menschen deuten gen Osten und sagen: »Cibao! Cibao!« Dass er stattdessen »Zipangu« (Japan) versteht, ist völlig klar.

Drei Tage vergnügen sich die Seeleute an Land und nehmen mit Sicherheit auch die Angebote wahr, die ihnen die Frauen, der Sitte entsprechend, machen – auch wenn sie sich mächtig überwinden müssen, mit den ungewaschenen weißen Männern auf eine ihrer geflochtenen Matten zu gehen.

Drei Tage Landgang – das bedeutet eine strapazierte, übermüdete Mannschaft. Und so geschieht das Unglück.

Es ist der Weihnachtsabend. Columbus und seine Offiziere teilen sich wie immer die Nachtwachen: Der Admiral übernimmt die erste Schicht, der Schiffsführer Juan de la Cosa die zweite. Beide sind so fertig, dass sie ihre Aufgabe an jemand anderen weitergeben. Aber auch der beauftragte Matrose kann kaum mehr die Augen offen halten. Das Meer ist ruhig und das Wetter gut. Kein Grund zur Besorgnis. Also übergibt er das Ruder einem Schiffsjungen, was strengstens untersagt ist.

Eine Stunde nach Mitternacht beginnt die Ruderpinne zu vibrieren. Ein furchtbares Knirschen folgt und eine Gischtwelle erhebt sich um das Schiff. Der Kiel ist auf ein festes Korallenriff aufgelaufen.

Auf den Entsetzensschrei des Jungen ist Columbus als Erster an Deck. Schimpfend und fluchend befiehlt er dem Schiffsführer, das Beiboot klarzumachen und hinter dem Heck einen Anker auszuwerfen, um die »Santa Maria« wieder flottzumachen.

Er beschuldigt den Schiffsführer, schuld an dem Unglück zu sein – schließlich ist es seine Wache! Aber de la Cosa war in dieser Nacht von niemandem geweckt worden – aufgerufen, wie es heißt, und nach noch heute existierendem Seemannsbrauch gilt man erst dann als auf Wache befindlich.

Juan de la Cosa hat keine Lust, sich die Verdächtigungen seines wütenden Kapitäns anzuhören: Er sei ein Verräter, der sein eigenes Schiff versenken wolle! Zutiefst beleidigt besteigt er das Beiboot und rudert zur »Niña« hinüber, statt den Befehl zu befolgen.

Inzwischen nimmt das Verhängnis seinen Lauf. Es ist Ebbe! Die »Santa Maria« wird von der Dünung weiter auf das Riff geschoben. Die Korallenstöcke bohren Löcher in die Schiffsplanken.

Verzweifelt befiehlt Columbus, die Masten zu kappen und Ballast über Bord zu werfen. Alles nicht Lebensnotwendige fliegt ins Meer. Zu spät! Die »Santa Maria« ist hoffnungslos verloren.

Zu einer großzügigen Rettungsaktion kommt der Kazike Guanacagarí mit seinen Leuten per Kanu herbei. Alle Vorräte und Ausrüstungsgegenstände werden geborgen, die Männer gastfreundlich aufgenommen.

Und einmal wieder dichtet unser Seefahrer eine Sache zu seinen Gunsten um. Nicht er ist schuld, sondern de la Cosa. Und außerdem ist das nun auf einmal ein Wink des Herrn: Hier soll eine Festung errichtet werden, um die Präsenz Spaniens vor den Toren des Goldlands dauerhaft zu machen.

Man baut aus dem Holz des Flaggschiffs ein Blockhaus, befestigt wie ein Fort, bringt Waffen, Vorräte und Saatgut hierher und nennt das Ganze »La Navidad« – Weihnachten. Zirka vierzig Männer bleiben gern zurück; hier ist es so paradiesisch und die Frauen sind so nett! Und außerdem haben die Zurückgebliebenen die besten Chancen, schon vor der Rückkehr des Admirals und Vizekönigs die ersehnten Goldgruben zu finden!

Mit dieser Entscheidung ist die Katastrophe vorprogrammiert. Denn da bleiben zwar Diego de Harana und ein königlicher Beamter zurück, aber der Rest besteht aus zügellosen Strauchdieben, die nur eins im Sinn haben: sich auf dem Rücken der »Wilden« auszutoben als Herrenmenschen und sich ohne Hemmung zu bereichern.

Die Expedition nur mit einem Schiff fortzusetzen, hält Columbus für zu gefährlich. Er beschließt am 4. Januar 1493, Heimatkurs zu setzen.

Heimwärts

Am Dreikönigstag, dem 6. Januar, erscheint ein Segel am Horizont. Die »Pinta« ist wieder da!

Columbus erwartet den abtrünnigen Kapitän mit kalter Wut. Als Pinzón um Erlaubnis bittet, an Bord der »Niña« zu kommen, lässt ihn der Admiral erst stundenlang zappeln, bis er sich herbeilässt, ihn in seiner Toldilla zu empfangen; einmal wieder angetan mit allem, was er an goldenen Ketten, Samt und Seide noch auftreiben kann.

Es muss eine bittere Stunde für den Mann von der »Pinta« gewesen sein, zu Kreuze zu kriechen – aber die Vernunft sagt ihm, dass der Admiral in Spanien die besseren Karten hat und dass es gescheiter ist, mit ihm zusammen zurückzusegeln, sodass man einander helfen kann.

»Nun, Señor, was habt Ihr mir zu sagen?«, beginnt Columbus frostig. Er sitzt mit verschränkten Armen, zurückgelehnt, die Beine übergeschlagen.

»Don Cristobal! Ich habe Gold gefunden!«

Columbus reagiert nicht.

»Ich habe sechzehn Tage in einem nahen Fluss geankert, die Gegend erkundet und Gold aus dem Schwemmland waschen lassen. Die Hälfte habe ich unter den Männern verteilt, der Rest ist für Euch bestimmt, damit Ihr es Doña Isabel aushändigen könnt.« Er legt einen Lederbeutel vor Columbus auf den Tisch, aber der fegt ihn mit einer wütenden Handbewegung herunter.

»Behaltet Euer Gold – es ist unrechtmäßig erworben, nämlich ohne meine Zustimmung. Wir werden der Königin andere Schätze präsentieren können. Was soll das? Wollt Ihr meine Verzeihung erkaufen?«

Nun reicht es Pinzón. »Eure Verzeihung, weil ich auf eigene Faust da weitergefahren bin, wo Euer schwerfälliges Schiff sich nur wie eine Kuh auf der Weide bewegt hat? Dass ich nicht lache, Señor!« Er klaubt den Beutel vom Boden auf und steckt ihn wieder ein, er ist rot im Gesicht vor Wut. »Warum sollte ich auf einen Mann warten, der mich, als mein Schiff nicht mehr seetüchtig war, vor den Kanaren im Stich gelassen hat, weil er einer gewissen Dame einen Besuch abstatten wollte? Fast wären wir in die Herbststürme geraten!«

»Lasst Doña Beatriz aus dem Spiel!« Columbus schlägt mit der Faust auf den Tisch. »Was denkt Ihr Euch noch aus, um zu verschleiern, dass Ihr ein Fahnenflüchtiger und Verräter seid, den ich eigentlich an der höchsten Rahe aufknüpfen lassen müsste?«

Inzwischen brüllen sie beide. Das Schiffsvolk steht mit angehaltenem Atem draußen und hört zu. Es ist nicht gut, wenn sich die Befehlshaber so in die Haare kriegen. Man verliert den Glauben an die Führung. Andererseits, spannend ist es doch.

Pinzón legt beide Hände auf die Brust. »Lächerlich! Wer seid Ihr ohne mich, Herr Admiral? *Ich* habe Euch Schiffe und Mannschaft organisiert, *ich* bin der Kapitän, dem die Männer vertrauen, und *ich* habe zum ersten Mal Land gesehen, wenn Ihr das auch bis zum letzten Atemzug bestreiten werdet: *Ich* bin der eigentliche Entdecker dieser Inseln! Und jetzt habe ich auch eine Entdeckung mehr gemacht – eine Insel, die ich San Juan genannt habe …«

»Ihr habt *was*?« Der Admiral ist aufgesprungen, er stützt

sich mit beiden Händen auf den Tisch und beugt sich vor, sodass sein Gesicht nah vor dem des anderen ist. »Dazu habt Ihr kein Recht! *Ich* habe die alleinige Vollmacht, von den neuen Ländern im Namen der Königin Besitz zu ergreifen! Der Haufen Steine, den Ihr entdeckt haben wollt – pah, dass ich nicht lache! Euer Hochmut ist wirklich unerträglich. Das alles wird ein Nachspiel haben, wenn wir erst wieder in Spanien sind.«

»Und ob es das wird! Ich werde die Gerichte anrufen! Und dabei auch einklagen, dass Ihr hier so viele Christenmenschen mit viel zu geringen Vorräten unter Wilden zurücklassen wollt – das ist ihr sicherer Tod, Herr Admiral! Begreift Ihr das nicht?«

»Mischt Euch nicht in meine Entscheidungen!«

»Die haben noch nie viel getaugt!«

»Raus!«, schreit der Admiral. »Verlasst mein Schiff und dankt Gott, wenn ich Euch erlaube, mit mir zu reisen!«

Pinzón setzt zu einer Erwiderung an, winkt dann verachtungsvoll ab und verlässt wutschnaubend die Toldilla. Von der Mannschaft ist natürlich keiner mehr zu sehen außer dem Rudergänger und ein paar Matrosen, die Dienst in den Wanten tun …

Columbus notiert in seinem Bordbuch: »Die beiden Brüder Martín Alonso Pinzón und Vincente Yañez Pinzón sind habgierig und unzuverlässig. Sie erweisen sich der Ehre, die ich ihnen habe zukommen lassen, als unwürdig, sie haben meine Befehle missachtet und tun es weiterhin … Ich habe all dies ertragen, damit ich diese Reise erfolgreich abschließen kann. Um solch schlechter Gesellschaft zu entfliehen, habe ich mich entschieden, in aller Eile nach Spanien zurückzukehren und nirgendwo länger zu verweilen.«

Natürlich wird er, nachdem seine Wut verraucht war, eingesehen haben, dass es nicht besonders sinnvoll ist, sich mit der Pinzón-Clique zu überwerfen. Er ist von ihnen abhängig, das ist klar. Ohne sie kommt er nicht nach Haus.

Also schickt er schließlich einen Boten zur »Pinta« und lässt dem Kapitän großmütig erklären, er habe ihm verziehen.

Pinzón zuckt die Achseln und legt sich schlafen. Den Beutel Gold konnte er behalten – nicht schlecht. Ansonsten geht ihm die Verzeihung des Admirals zehn Leguas am Bug vorbei. Und noch immer ist er bestrebt, als Erster in Spanien anzukommen…

Nachdem die beiden Schiffe noch einmal generalüberholt worden sind, begibt man sich dann gemeinsam auf die Heimreise. Es ist Mittwoch, der 16. Januar. Man nimmt an Bord, was man vorführen will, darunter natürlich auch einige »Insel-Wilde« vom Stamm der Tainos, die man in Ketten legen muss, damit sie nicht über Bord springen. (Columbus braucht auch lebende »Beweisstücke«, wenn er vor das Königspaar tritt! Was uns heute mit Recht als unmenschliche Kolonialherrenart erscheint, war in der Zeit Normalität – Nichtchristen waren eben Menschen zweiter Klasse.)

Es geht in die entgegengesetzte Richtung.

Nun sind die Passatwinde, die sie so wunderbar gen Westen geblasen haben, ihre Feinde.

Wieder erweist sich Columbus als erfahrener und überlegener Seemann, der sein Handwerk aus dem Effeff versteht – gemäß seiner Devise »Omnis mare navigabile«. Ein jedes Meer ist schiffbar. Er weiß, dass es auf der Höhe von Madeira beständig wehende Westwinde gibt, also bestimmt er seinen Kurs zuerst einmal strikt nordwärts. Hart am Wind kreuzen die beiden Karavellen, bis sie eine vom Admiral vorberechnete Position erreichen, wo tatsächlich das Lavieren ein Ende hat. Im Westwind legen die Schiffe gewaltige Strecken zurück, bis zu zweihundert Seemeilen pro Tag, was der Leistung einer heutigen Hochseeyacht entspricht. Auch hier hat unser Seefahrer Bahnbrechendes geleistet: Noch immer gilt dieser Kurs von Amerika nach Spanien für Segler als die Idealroute und sein Reisetempo als unübertroffen…

Nein, die Kanaren können auf der Rückreise nicht angesteuert werden. Das gibt diese Route nicht her.

Ob die Jägerin das gewusst hat? Ob er ihr bei seiner Abreise vor drei Monaten davon erzählt hat, dass sie von seiner Heimkehr erst erfahren würde, wenn er in Spanien glücklich angekommen war? Das wissen wir nicht. Aber Columbus, der Mann der vielen Geheimnisse, wird wohl eher darüber geschwiegen haben. Denn wusste er überhaupt, auf welchem Weg er zurückkehrt – wenn überhaupt?

Ich kann mir auch schwer vorstellen, dass eine Frau wie die Gouverneurin, sooft sie Zeit dazu hätte, sich an die Westküste der Insel schippern lässt (über Land geht es nicht wegen der Schluchten und Klüfte) und dort Ausschau hält nach ihrem Geliebten. Sie ist eine Frau der Tat. Sie hat eine Insel zu regieren. Sie kann nicht sentimental sein. Und ihre Furcht um sein Leben – die wird sie zunächst einmal einfach verdrängen.

Alles steht zum Besten, Columbus erwartet jeden Tag, die Gipfel von Madeira vor sich auftauchen zu sehen – da überrascht sie am 12. Februar ein gewaltiger Sturm.

Vor Topp und Takel, also ohne Segel, oder, wie es im alten Spanisch heißt, »mit trockenem Baum« lenzen die Karavellen in der ungestümen See. Da die »Niña« zu wenig Ballast an Bord hat, lässt der Admiral Fässer mit Seewasser füllen, um das Schiff zu stabilisieren; im Übrigen kann er die Seetüchtigkeit der kleinen Karavelle nicht genug rühmen.

Die »Pinta« hat einen Mastbruch, sie bleibt zurück. Wieder wäre es Columbus ein Leichtes gewesen, dem lädierten Schiff beizustehen, und wieder macht er sich aus dem Staub. Soll der Aufsässige doch sehen, wo er bleibt! Die beiden Schiffe geraten schnell außer Sichtweite.

Wie mag es wohl den Taino-Indianern zumute gewesen sein in der Gewalt der Wellen? Kein Wort wird über sie verloren im Bordbuch des Admirals.

Die Lage ist kritisch. Man lost alle möglichen Gelübde aus: Wer soll eine Pilgerfahrt machen, wenn man heil davonkommt? Zweimal trifft es den Admiral selbst.

Trotz der verzweifelten Lage gelingt es Columbus, einen Kurzbericht der Reise zu verfassen, ihn in Wachstuch einzuschlagen und in einem Fass über Bord zu werden – Dokumentation der Großen Reise. (Bis heute ist diese »Flaschenpost« nicht aufgefunden worden – aber unzählige Fälschungen tauchten auf…)

Endlich, am 16. Februar, nach vier entsetzlichen Tagen, sichtet man Land. Ausgelaugt von Hunger, Erschöpfung und schmerzhaften Gichtanfällen, läuft Columbus den erstbesten Ankerplatz an. Er hat keine Ahnung, wo er ist.

Es stellt sich heraus: eine Azoreninsel, die südlichste. Also portugiesisches Territorium. Man geht an Land – und wird unverzüglich verhaftet, weil die Portugiesen annehmen, die Spanier seien widerrechtlich nach Guinea gesegelt. (Wir erinnern uns: Die »Kolonialwelt« ist mittels eines Breitengrades zwischen Spaniern und Portugiesen aufgeteilt.) Erst die königlichen Vollmachten des Admirals und der Einblick in sein Bordbuch reißen sie raus.

Und noch einmal gerät die Karavelle in einen wahnsinnigen Sturm – es ist, als wolle irgendeine höhere Macht den Menschen der »Neuen Welt« vor den kommenden Schrecken eine Gnadenfrist einräumen. Schließlich ist Land in Sicht. Columbus erkennt eine ihm vertraute Landmarke: den Felsen von Sintra in der Mündung des Tejo.

Man läuft geradewegs in den Hafen von Lissabon ein! Und sie werden als die Heimgekehrten erkannt. Als die Helden!

Die Spannung ist unerträglich. Wird König Johann sie alle festnehmen lassen? Schließlich sind alte Rechnungen offen.

Aber Johann ist viel zu verschlagen, um sich mit einem Mann anzulegen, der eindeutig jetzt in Spanien eine bedeutende Position einnehmen wird. Er lädt ihn im Gegenteil an seinen Hof ein und versucht, ihn abzuwerben. Aber der Admiral des ozeanischen Meers lässt sich auf nichts ein. Er will nach Haus, so bald wie möglich, und die Lorbeeren ernten, die er sich verdient hat – nicht dass irgendwo aus dem Nichts doch noch die »Pinta« aufkreuzt und Pinzón ihm die Show stiehlt!

Und es zeigt sich, dass seine Befürchtungen nicht unbegründet sind. Als sie nach sechsmonatiger Expedition am Freitag, dem 15. März, unterm Jubel der Menge in den Hafen von Palos einlaufen, taucht am Horizont ein anderes Schiff auf. Die »Pinta« fährt auf der gleichen Flut wie die »Niña« in den Hafen!

Martín Alonso Pinzón ist völlig am Ende. Der verhasste Gegner ist in den Stürmen der vergangenen Wochen nicht umgekommen, sondern hat das Rennen gemacht! Der schwerkranke, von Fieber geschüttelte Kapitän wechselt kein Wort mit dem triumphierenden Columbus. Er begibt sich zu seiner Familie – und der Admiral muss sich nicht die Mühe machen, ihn, wie er einmal angekündigt hat, »am Türpfosten seines eigenen Hauses aufzuhängen«. Kaum eine Woche nach seiner Heimkehr stirbt Pinzón. Damit ist die Rolle der für die Entdeckungen so wichtigen Seefahrerfamilie ausgespielt. Kein Pinzón nimmt je wieder an einer Fahrt über den Atlantik teil. –

Bereits von den Azoren her hatte Columbus durch einen gerade auslaufenden Schnellsegler die Nachricht von seiner geglückten Expedition nach Spanien geschickt – nicht etwa an die Majestäten, sondern ganz selbstverständlich an den Geldgeber und eigentlichen Initiator der Fahrt, den Minister Luis de Santangel, der dann das Königspaar informiert. Der Brief wird bald von Freunden des Finanziers in halb Europa durch Druck verbreitet. Die Neugierde ist groß und die Sensation vollkommen.

Tag des Triumphes

Die Begeisterung, mit der Don Cristobal Colón in Spanien empfangen wird, lässt sich vielleicht vergleichen mit der Ekstase, die seinerzeit die Rückkehr des ersten Menschen vom Mond ausgelöst hat.

Da der Hof gerade in Barcelona residiert, hat Colón, nachdem er um Audienz nachgesucht hat, einen Weg von fast 700 Meilen zurückzulegen, der sich zu einem beispiellosen Siegeszug gestaltet.

Der Mönch Bartolomeo de las Casas, ein Anhänger des Columbus, erlebt als junger Mensch den Einzug des pompösen Trupps in Sevilla und gewinnt einen unauslöschlichen Eindruck davon, wie der Admiral an der Spitze seines »Gefolges« gleich einem römischen Triumphator daherkam, aufs Prachtvollste gekleidet in feines Leinen, Samt und Pelzwerk. Und dann die große Exotenschau! Allen voraus die vier bibbernden Überlebenden der gewaltsam aufs Schiff verschleppten Indianer – die »Muster«! –, dann die Käfige mit den aufgeregt kreischenden Papageien, Stoffe aus einer Wolle, die auf Bäumen wächst, in den leuchtendsten Farben, bunt schillernde Federkronen und Schilde mit merkwürdigen Verzierungen, Speere mit Fischbeinspitzen, die Haut eines riesigen Leguans und die eisenbeschlagenen Kästen mit den »Schätzen« – dass es damit nicht so weit her war (meist nur Gewürze, Samen und farbige Hölzer), kann man ja von außen nicht erkennen.

Las Casas berichtet: »Einige versuchten, sie (die Indianer) insgeheim in die Haut zu zwicken, um zu sehen, ob sie echt seien.« Die armen Tainos müssen wie in einem bösen Traum gewesen sein – nach der entsetzlichen Schiffsreise nun noch diese Torturen, diese ganze fremde, laute, stinkende, ganz und gar unverständliche Welt mit ihrem Glockengeläut, ihren Kanonenschüssen und ihren dumpfen Litaneien, ihren Häusern aus Stein, ihren Pferden und Hunden und ihren brüllenden, johlenden Menschen.

Es ist anzunehmen, dass der Admiral in Cordoba bei seiner alten Geliebten Beatriz de Harana einkehrt – sicher hat er ein schlechtes Gewissen ihr gegenüber. Die Leibrente für die Landkennung, die er dem Matrosen gestohlen hat, wird er ihr überschreiben. Ihr inzwischen fünfjähriger Sohn Fernando wird mitgenommen auf den Triumphzug, genauso wie Sohn Diego aus der ersten und einzigen Ehe unseres Seefahrers.

In Barcelona kommt ihm ein hoher Beamter des Hofes entgegen, um ihn feierlich zu den Majestäten zu geleiten. Und dann der absolute Höhepunkt: Als Columbus vor dem Herrscherpaar ins Knie gehen will, um Isabella die Hand zu küssen, erhebt sie sich und lässt diese Geste der Demut nicht zu. Ihm wird gestattet, neben König und Königin Platz zu nehmen – eine unerhörte Ehre, die sonst nur Granden oder Mitgliedern der königlichen Familie gewährt wird.

Wie muss er sich gefühlt haben in diesem Moment! Angeblich, so berichtet man, habe sein Gesicht »vor bescheidener Genugtuung geleuchtet«. Aber ich glaube nicht, dass Bescheidenheit zu seinen größten Tugenden gezählt hat. Ich denke mir, er wird vor Stolz fast aus den Nähten geplatzt sein. Und er wird mit unverhohlenem Triumph herabgesehen haben auf all die Hofschranzen, die engstirnigen Besserwisser, die hämischen und kleinkarierten Pfaffen, die hochnäsigen Granden, Herzöge und Grafen – mit der Miene eines Menschen, der es am liebsten aussprechen würde, was er denkt: »Seht ihr wohl? Und wer hat nun Recht behalten?«

Aber das tut er natürlich nicht. Er beginnt mit seinem Bericht gegenüber den Majestäten und der ganze Hof hört atemlos zu. Wir wissen ja, wie faszinierend er reden kann, wie er, wenn er denn will, die Menschen von sich einnehmen kann, wie fesselnd er zu schildern weiß. Und ich bin sicher, dass er seine Rede sorgfältig einstudiert und mit seinen geistlichen Freunden, die sich im Kanzelreden auskennen, gründlich geprobt hat.

Columbus ist auf dem Höhepunkt seines Glücks. All die in den Verträgen, den »Capitulaciones«, festgelegten Vereinbarungen werden nun noch einmal feierlich bestätigt. Er und seine ganze Familie werden in den erblichen Adelsstand erhoben. Er ist Vizekönig der neu entdeckten Länder, Admiral der ozeanischen Meere. Seine Söhne werden am Hof in der Nähe der Majestäten bleiben und erhalten dort die beste Erziehung, die jungen Adligen zuteil werden kann.

Einen Monat lang brechen die Festivitäten nicht ab. Der Admiral und Vizekönig darf neben dem König im Park ausreiten – ob Ferdinand selbst das sehr zu schätzen wusste, bleibt dahingestellt.

Alles hat sich bestätigt, was er behauptet hat: Er *ist* ein großer Navigator, ein großer Entdecker, *ist* ein Mann, der sich durch Sachkunde, Urteilskraft und Wissen auszeichnet, und seine Visionen (oder die geheimen Pläne, auf denen er seine Visionen aufgebaut hat) haben sich als Realität erwiesen. Bloß leider fehlt eine Kleinigkeit noch: das Gold! Aber der Admiral versichert glaubhaft, dass er bei der nächsten Reise das Gold gleich scheffelweise mitbringen wird. (Und von den jüdischen Königreichen ist ja bisher auch noch keins aufgetaucht…)

Einen Monat lang – wäre die Zeit nicht ausreichend gewesen, die Nachricht auf die Kanaren zu bringen und dann einen Schnellsegler auszurüsten, um die Gouverneurin in aller Eile an den Hof zu schaffen?

Sicher hat er sich so etwas erträumt. Aber La Cazadora kommt nicht. Sie ist, so sehr und leidenschaftlich sie auch in den Seehelden verliebt sein mag, eine viel zu kluge Person, um sich am Hof zu zeigen. Das würde nur böses Blut geben. Die eifersüchtige Isabella, der missgünstige Ferdinand – was sollte das geben? Solchen Konstellationen weicht sie aus. Sie weiß ja, dass er kommen wird – vor seiner nächsten Ausfahrt.

Trotz alledem – nie wieder war der Converso, der mallorquinische Portolanenzeichner und Seefahrer auf allen Meeren, die damals bekannt waren, so glücklich wie während dieser Zeit in Barcelona.

Außer in den Tagen auf der Insel. –

Nach den Festen kommt die Politik wieder ins Spiel.

König Johann von Portugal, aufs Höchste alarmiert durch die Kunde von den Entdeckungen des Mannes, dem er einst eine so schnöde Abfuhr erteilt hat, interveniert gegen die vom Papst 1481 festgelegte *raya*, die ozeanische Demarkationslinie zwischen portugiesischem und spanischem Gewässer. Pech, dass inzwischen, dank des Einflusses der Katholischen Könige, ein Spanier Inhaber des Heiligen Stuhls ist. Alfonso Borgia, der als Papst Alexander VI. heißt, ist einer der korruptesten und verderbtesten Männer, die je im Vatikan gesessen haben – und natürlich nimmt er Partei für Spanien.

Mehrfach wird die »Linie« hin und her verschoben, bis Johann endlich die Nase voll hat und sich direkt mit der spanischen Krone ins Benehmen setzt. Den Portugiesen kommt es vor allem darauf an, ihre afrikanischen Einflussgebiete weiter unter alleiniger Kontrolle zu haben – und alles, was sich an unentdecktem Land westlich von Afrika befindet. Damit haben die beiden großen seefahrenden Nationen Europas praktisch die Neue Welt unter sich aufgeteilt.

Doch als der Vertrag unterschrieben wird, ist der Admiral schon längst wieder unterwegs, nach den Ländern des Großkhans zu suchen – oder wonach auch immer.

Das Wiedersehen

Columbus ist auf dem Höhepunkt seines Ruhmes. Nie wieder wird er eine solche Fülle von Ehrungen erhalten, nie wieder wird sein Streben nach Macht so vollkommen erfüllt sein. Im Nu ist eine zweite Expeditionsflotte aufgestellt und ausgerüstet. Am 25. September sticht sie von Cádiz aus in See – siebzehn Schiffe, um deren Bemannung er sich diesmal keine Sorgen machen muss. Hunderte von Siedlern wollen jenseits des Ozeans ihr Glück versuchen, und die besten Seeleute aus allen Teilen Europas drängen sich um die Ehre, mit ihm zu segeln. Auf den königlichen Gehaltslisten stehen 1000 Mann Schiffsvolk, dazu noch ungefähr 400 Hidalgos, die auf eigene Kosten nach dort drüben segeln wollen.

Unser Admiral hat auch Familie an Bord. Bruder Bartolomeo, den wir bereits als Helfer aus den Zeiten des Wartens und Hoffens vor der großen Fahrt kennen, ist genauso für einen Posten vorgesehen wie Diego – ein weiterer Bruder des Columbus, der bisher nicht in Erscheinung getreten ist (nicht zu verwechseln mit seinem Sohn Diego aus der Verbindung mit Felipa). Beide werden in der Neuen Welt eine wenig rühmliche Rolle spielen.

Es ist schon sehr spät für eine solche Überfahrt. Der Admiral kennt die Herbststürme. Er rennt schimpfend im Hafen herum und stellt fest, dass man ihn mit minderwertigen Waren betrügen will. Der Hofbeamte Juan de Fonseca, der für Finanzierung und Ausrüstung zuständig ist, hat bei aller Genauigkeit keine Ahnung von dem, wofür er verantwortlich ist. Unterschlagung und Betrug sind an der Tagesordnung. Der Weinhändler liefert defekte Fässer, die mitzuführenden Pferde werden vor der Abreise klammheimlich gegen müde Klepper ausgetauscht. Alle verdienen mit unlauteren Geschäften.

Endlich, mit allem angesagten Brimborium, startet die Flotte, voran die neue »Santa Maria«, das Flaggschiff des Admirals, über die Toppen geflaggt sein neu erworbenes Wappen mit dem Wahlspruch: »Por Castilia y por León; Nuevo Mundo halló Colón.« Für Kastilien und für Leon fand Columbus eine neue Welt. Siehe da! Von einer neuen Welt, »nuevo mundo«, also ist auf einmal die Rede, nicht von Indien, nicht Kathay oder Zipangu! Wusste er es nun, dass tatsächlich eine neue Welt gefunden worden war? Oder wusste er es nicht?

Und mit dieser Armada von siebzehn Schiffen trifft Cristobal Colón, Grande von Spanien, Admiral und Vizekönig, auf La Gomera ein, wo er, trotz des ausdrücklichen Befehls, ohne Unterbrechung weiterzusegeln, fünf Tage bleibt. Es ist die letzte Zeit ungetrübten Glücks für die beiden Liebenden. –

Schon am Abend zuvor hat sie die Masten am Horizont auftauchen sehen. Sie hat am Fenster ihres nun fertig gestellten Palacio gestanden und gezählt. Drei Vollschiffe und vierzehn Karavellen. Eine Armada. Sie drehen bei auf offener See, gehen vor Anker.

Er ist da. Bei ihr, bei der Bobadilla.

Die Ebbe entblößt den Strand, zieht ihm sein Kleid aus, lässt ihn sein Verborgenes zeigen. Der Teide sieht aus dem Dunst herüber wie ein Phantom. Morgen bei Flut werden sie in der kleinen Bucht von San Sebastian einlaufen.

Der im Augenblick berühmteste Mann Europas kommt zu ihr und ihr Herz hüpft vor Freude. Er, der Einzige, der sie wirklich kennt – so wie sie ihn.

Sie wird ihm geben, was ihm zukommt: Gloria und Viktoria für ihn, Ruhm und Sieg, für den Converso aus Mallorca, und ihre Räte und Höflinge sollen sich bücken bis zum Schuh vor ihm. Sie ruft ihr Gesinde zusammen. Gibt ihre Anweisungen. Und findet wenig Schlaf die Nacht.

Als sie schließlich erwacht, ist es schon heller Tag, und während ihre Damen sie ankleiden und ihr das Haar mit Perlen schmücken, beobachtet sie am Fenster, wie die Schiffe, alle Segel gesetzt, in schöner Ordnung mit der Morgenbrise auf die Insel zulaufen wie ein Pulk schöner Schwäne. Sie hat ein Kleid gewählt, das die Brüste nur durch einen Florschleier verbirgt, aber ansonsten starrt vor schwerem Samt und Edelsteinen. Und alles, was an diesem kleinen Hof Rang und Namen hat, umgibt nun ihren Tragsessel und strömt zu Fuß oder beritten hinunter zum Hafen, wo sich das Volk San Sebastians bereits dicht an dicht an der Mole versammelt hat.

Majestätisch das Landemanöver, wie ein langsamer Tanz. Das Flaggschiff streicht die Segel, und die Bobadilla gibt das Zeichen für die Salutschüsse, während ein Beiboot zu Wasser gefiert wird.

Columbus steht aufrecht im Boot, in großer Hofgala, schwarz und weiß und golden, am Barett lange Federn fremdartiger Vögel, einen purpurnen Samtmantel umgeschlungen, und als sie schließlich anlegen, ist er an Land, ohne eine Hand zu Hilfe zu nehmen, und mit ein paar langen Schritten bei ihr, kniet vor ihr, und unterm Jubel der Menge zieht er ihre Hand an seine Lippen.

Was für ein Augenblick! Die Frau, die strahlt vor Freude

und Stolz, und der Mann, der ihr in diesem Augenblick seine neue Welt zu Füßen legt – vor aller Augen.

Es ist zweifellos immer ein offenes Geheimnis gewesen, dass der Seefahrer und die Bobadilla ein Liebespaar sind – an einem Hof wie dem kastilischen, wo jeder über jeden redet, kann dergleichen nicht verborgen geblieben sein. Trotzdem haben sie in den zurückliegenden Jahren den Schein gewahrt; heimliche Treffen irgendwo, ein kleines Haus vor den Stadttoren – und die Landung vor Beginn der ersten Reise, der Zwischenstopp, diente ja, wie jeder wusste, ausschließlich der Schiffsreparatur, frischem Proviant und der Anheuerung neuer Mannschaft, weil so überraschend viele von Bord gegangen waren …

Nun zeigen sie sich gemeinsam in aller Öffentlichkeit. Sie sitzen neben einander beim Festbankett und trinken sich zu.

Sie empfangen Abgesandte der Bürgerschaft Gomeras und sitzen nebeneinander auf zwei erhöhten Stühlen, als seien sie Ferdinand und Isabella.

Wenn die Sonne fort ist, wird es in diesen Breiten ganz schnell finster. Nun kann die Gobernadora ihr Feuerwerk abbrennen lassen; Feuerräder kreisen über dem Nachthimmel und verdunkeln den Mond, rote und orangefarbene Raketen schießen in die Höhe, als wolle man den Ausbruch des Teide nachspielen, ein Regen von weißen, grünen, blauen Kaskaden scheint den Garten zu verbrennen. Die Musiker der Bobadilla – zugegeben, es sind nicht sehr viele und auch nicht besonders gute – fiedeln sich die Seele aus dem Leib zu Tänzen, wie sie jetzt an den Höfen des Festlands in Schwang sind.

Der Admiral spielt mit seinen Handschuhen. Auf dem weißen Gesicht der Bobadilla, das sie dem Feuerwerk entgegenreckt, spiegeln sich die Farben des Spektakels in der

Luft wider, als sei sie ein Tier, das seine Farbe wechseln kann.

Die Inselbewohner jubeln zu dem unbekannten Schauspiel und die Kirchenglocken läuten.

Er beugt sich zu ihr. »Erlaubt, gnädige Frau Gouverneurin – ich bin müde.«

La Cazadora erhebt sich. »Seine Gnaden der Vizekönig geht zu Bett. Wir beenden das Fest.« Sie legt ihre Hand auf seine ausgestreckte Rechte, nicht leicht und graziös, sondern als würde ein gieriger Greifvogel aufsitzen. Unterm Applaus des kleinen »Hofstaats« begeben sich die beiden hohen Personen ins Innere des Palacio.

»Ich weiß zwar, dass du als Vizekönig vor niemandem außer den Majestäten den Hut abnehmen musst«, sagt sie herausfordernd, »aber würdest du bei mir wohl eine Ausnahme machen? Ich will deinen weißen Haarschopf sehen.«

Er schleudert sein Barett mit den wippenden exotischen Federn in die Ecke und schließt die Tür hinter sich mit dem Fuß.

Das prachtvolle Bett, das in diesem Raum steht, ist eins der altspanischen Machart, eins, auf dem ein Adliger auf dem Totenbett oder eine Frau als Wöchnerin präsentiert wird. Es hat gedrechselte Säulen und einen Himmel aus feinem Leinen und ist so hoch, dass man es eigentlich nur mit einer Fußbank besteigen kann. Columbus ist mit drei langen Schritten bei ihr, hebt sie aufs Bett und beginnt stumm, sie auszuziehen.

Sie lässt ihn, hält nur still, tut gar nichts.

»*Querida!*« Er küsst ihren Hals, ihren Nacken, löst die Schnüre ihres von Gold starrenden Mieders. »Wie habe ich auf diesen Moment gewartet.«

»Nun sag bitte nicht, dass du die ganze Zeit deiner Reise nur an mich gedacht hast« – so wie ich so oft an dich, denkt sie, spricht es aber nicht aus. Und wozu auch? Sie will es ja nicht einmal vor sich selbst wahrhaben.

»Nein«, erwidert er fast unwirsch. »Erst als ich die Inseln am Horizont sah, wusste ich, wie sehr ich mich nach dir sehne. Meinst du, ich hatte viel Gelegenheit zurückzudenken? Ich musste all meine Kräfte sammeln, um nach vorn zu schauen.«

»Und die Sterne? Hast du an mich gedacht, wenn du die Sterne betrachtet hast?«

»Ich habe«, sagt er mit entwaffnender Ruhe, »die Sterne zum Navigieren anvisiert.«

Er löst ihr geflochtenes Haar, die Perlenschnüre rollen mit leisem Klacken zu Boden. Sie sieht ihn an, und im Schein der vier großen Öllampen, die jeweils an den Bettpfosten aufgestellt sind, ist sein von weißen Haaren umrahmtes Gesicht mit den gesenkten Lidern und dem leicht geöffneten Mund ihr so nah, so vertraut, als wäre er nie aufgebrochen ins Ungewisse und hätte sie und die Welt so lange über Gedeih und Verderb im Unklaren gelassen.

Plötzlich beginnt sie zu schluchzen. Er hält inne, sieht sie erstaunt an. »Beatriz! Was ist dir?«

»Du verfluchter, hochnäsiger, eingebildeter Hund von einem Marranen! Du hättest draufgehen können!«

Er schüttelt den Kopf. »Ich habe keinen Augenblick daran gezweifelt, dass ich zurückkomme, so wie es geschehen ist. Gott war mit mir.«

»Ich muss jetzt nicht über Gott sprechen!«, sagt sie und schlingt endlich die Arme um ihn. Von draußen wehen die letzten Klänge der Festmusik herein. Ein altes spanisches Lied. »Al alba venid, vida mia.« Kommt im Morgengrauen, mein Leben.

Grande und Grandin

Am nächsten Morgen besuchen Gouverneurin und Vizekönig gemeinsam mit ihrem Gefolge ein Tedeum in der Kirche de la Asuncion, die einst blutbesudelte – es gibt keine andere in San Sebastian.

La Cazadora trägt eine schwarze Mantilla, ein Schleiertuch, das jedoch Male von Küssen am Hals nicht völlig verbergen kann, und die Damen und Herren weisen einander verstohlen auf einen Kratzer hin, den Seine Gnaden Don Cristobal am Nacken zur Schau trägt.

Danach, noch mit dem Geruch des Weihrauchs in den Kleidern, halten sie Cercle, geben einen Empfang, und wie die Gouverneurin gestern dem Admiral, so stellt der Admiral heute der Gouverneurin einen auserwählten Kreis von Hidalgos und Granden vor, die sich an dieser zweiten Überfahrt beteiligen. Die Herrschaften verhalten sich so steif, als hätten sie einen Stock verschluckt, und die Bobadilla mag sich fragen, was diesen Männern wohl mehr zuwider ist: das Knie vor der Frau mit dem zweifelhaften Ruf, dem ehemaligen Königsliebchen, der »Allerweltsdirne« zu beugen oder unter dem Befehl eines Emporkömmlings zu stehen, den sie eigentlich als Mann von niederer Geburt verachten.

Fünf Tage. Eine Ewigkeit. Und gleichzeitig ein Moment, der wie ein Lidschlag vergeht. Fünf Tage, die den Festen und der Repräsentation gehören, den Pflichten und den Gesprächen. Und fünf Nächte. Fünf Tage können sich dehnen. Fünf Nächte sind viel zu wenig.

Ein großer Augenblick: Die Gouverneurin stattet dem Flaggschiff der Armada ihren Besuch ab.

An der Seite des Admirals wird sie hinübergerudert (der kleine Hafen von San Sebastian ist damals an keiner Stelle tief genug für hochseetüchtige Schiffe), und Don Cristobal lässt es sich nicht nehmen, die Dame auf seinem Arm das Fallreep hochzuwuchten, wenn auch leise ächzend.

Alle seemännischen Ehren, Trillerpfeife, Salut der Mannschaft werden ihr zuteil. Unter anderem wird der Cazadora ein ebenfalls hochgewachsener, schon etwas älterer Mann präsentiert: »Mein Adjutant und meine rechte Hand, der die Kontrolle behält, wenn ich nicht an Bord bin«, erklärt Columbus. »Mein Bruder, Don Diego Colón.«

Beatriz mustert den Menschen. Noch nie hat sie so einen Ausbund von Sesselhocker gesehen wie diesen Diego, einen in sich gekehrten, etwas gebeugten Mann mit schüchternem Lächeln. Kartenzeichner, denkt sie und sagt nichts dazu. Der als Stellvertreter? Als ein Mann, der Situationen einschätzen und Entscheidungen treffen soll? Manchmal zweifelt sie an der Menschenkenntnis ihres Liebsten. Aber natürlich, Familie ist immer gut.

»Und es gibt noch einen weiteren Diego Colón an Bord!«, sagt der Vizekönig lächelnd.

Sie runzelt die Stirn. »Euer Gnaden haben doch nicht etwa Euren Sohn mit auf die Reise genommen?«, fragt sie verblüfft.

Er schüttelt den Kopf. »Lasst Euch überraschen.« Er führt sie in seine geräumige Toldilla, gibt einen Befehl.

Dann tut sich die Tür auf und herein kommt mit lautlosen

Schritten ein barfüßiger junger Mann in einem langen weißen Leinenhemd, darüber baumelt ein hölzernes Kreuz vom Hals. Tiefschwarzes Haar hängt ihm in glatten Strähnen fast bis in die Augen. Er ist braun wie Terrakotta und sein lächelndes Gesicht mit den schmalen Augen ist breit, mit hohen Backenknochen. In seinen Händen hält er ein Tablett mit zwei Bechern und einem Weinkrug.

»Euer Gnaden aufzuwarten!«, sagt er mit weicher Stimme.

Beatriz stößt einen Laut der Überraschung aus. »Wer ist das?«

»Das«, sagt der Admiral mit Genugtuung, »ist Diego Colón von meiner Insel San Salvador, mein Patenkind, das ich selbst aus der heiligen Taufe gehoben habe.«

»Diego Colón – und was treibt er hier auf deinem Schiff?«

»Er gehört zu den Mustern, die ich mitgebracht habe, um sie den Majestäten vorzustellen«, sagt Columbus unbekümmert. »Ich habe ihn zu meinem persönlichen Diener gemacht, denn ich mag ihn sehr gern.«

»Muster?« Beatriz zieht die Augenbrauen hoch.

Der junge Mann stellt das Tablett ab und füllt die Becher. Er verbeugt sich, will gehen. Die Gouverneurin streckt einen Finger aus, tippt auf das Kreuz, das er auf der Brust trägt.

»Was ist das?«, fragt sie, und, da der Junge nicht antwortet, nur weiter verschreckt lächelt: »Verstehst du unsere Sprache?«

»Diego versteht sehr gut«, mischt sich Columbus ein. »Er ist nur schüchtern gegenüber einer so hohen Persönlichkeit. Antworte der Señora, nur zu!«

Der junge Indianer flüstert: »Christus. Gott.« Er bekreuzigt sich mit einer ausholenden Bewegung.

Der Admiral macht ein triumphierendes Gesicht. »Sehr Ihr, Doña Beatriz?«

»Ja, ich sehe«, sagt sie trocken. »Du hast ihn abgerichtet. Was wird nun mit ihm? Soll er als dein Sklave leben?«

Columbus schüttelt den Kopf. »Daraus wird leider nichts. Ich bringe ihn nach Hause zurück. Wie die anderen Muster auch. Sie sind alle krank geworden. Manche wohl nur aus Heimweh. Sie sind nicht so brauchbar, wie ich anfangs dachte.« Er streicht dem Jungen über das schwarze Haar. »Du kannst jetzt gehen, Diego.«

Beatriz trinkt ihren Wein, wie immer in langen Zügen. Wiederholt dann, als sich der Indianer entfernt hat: »Muster?«

»Nun, es sind alles schöne, gut gewachsene Menschen, von sanftmütigem Charakter, freundlich und dienstwillig. Ich hatte gedacht, sie eignen sich gut zu Dienern, und hatte den Majestäten vorgeschlagen, den ganzen Stamm nach Kastilien zu bringen, wenn ihnen die Proben zusagen. Aber sie schwinden gleichsam dahin in der Fremde. Daraus wird nichts.«

Die Cazadora schüttelt langsam den Kopf. »Du hattest tatsächlich vor, diese Menschen zu exportieren wie Gewürze oder Perlen? Sie alle zu Sklaven zu machen? Es sind deine Untertanen, Herr Vizekönig!« Sie ist zum vertraulichen Du übergegangen, wie fast immer, wenn sie allein sind.

»Ach!«, erwidert er. »Es sind Wilde, *querida*! Du würdest Augen machen. Sie laufen da drüben doch wirklich nackt herum, so wie ich es damals in dem Brief von deinen Guanchen behauptet habe – du erinnerst dich?«

»Ich erinnere mich sehr wohl, Colón! Zugegeben, ich bin auch nicht zimperlich mit meinen Eingeborenen umgegangen und habe den einen oder andern zwangsweise verfrachtet, und wenn das Señorio nicht in der richtigen

Höhe geliefert wurde, dann habe ich auch wohl mal eine Strafexpedition ausgeschickt. Aber es gibt die Friedensbünde, und das, Herr Vizekönig, ist das Beste, was du machen kannst. Meine Guanchen sind ein verwegener Menschenschlag, kämpferisch, stolz, selbstbewusst. Wenn deine – wie nennst du sie? – deine ›Indianer‹ alle so weich und verschüchtert sind wie dein Diego hier, dann sieh dich vor! Geh behutsam mit ihnen um, das rate ich dir von Landesherrin zu Landesherr.« Sie trinkt ihren Wein aus. Zwischen ihren Brauen erscheint eine Falte. »Einmal«, sagt sie leise, »habe ich meine Soldaten ausgeschickt gegen einen Guanchenclan – ich weiß den Grund nicht mehr. Die Männer haben sich verteidigt wie die Berglöwen, aber schließlich hat man alle eingekesselt und sie aufgefordert, sich zu ergeben. Der ganze Stamm, Männer, Frauen und Kinder, hat sich von der Klippe gestürzt, Cristobal. Ich selbst habe sie da unten liegen sehen mit zerschmetterten Gliedern. Manchmal träume ich davon.« Sie schluckt. »Lade keine Schuld auf dich, mein Freund. Es sind Kinder Gottes wie wir.«

»Wenn sie denn erst getauft sind«, erwidert er hart.

Sie schweigen. Das Wasser plätschert gegen den Schiffsrumpf, irgendwo gießt jemand eine Pütt über die Planken aus. Das Holz schrumpft schnell unter den Strahlen der Sonne.

Die Cazadora erhebt sich. »Wären Euer Gnaden wohl so freundlich, mich an Land bringen zu lassen? Ich habe noch Amtsgeschäfte zu erledigen.«

Am letzten Abend gibt die Gouverneurin einen Ball für ihren hohen Gast, ein Fest, bei dem man, der neusten Mode an Europas Höfen folgend, verkleidet daherkommt. Der Admiral nimmt sich nicht die Mühe, sich großartig zu verstellen, sondern bleibt bei seinem scharlachroten Samtmantel des Vizekönigs und dem Federbarett – was bösen Zungen Anlass zu der getuschelten Bemerkung gibt, das sei ja schließlich auch eine perfekte Maskerade für einen Schiffskapitän zweifelhafter Herkunft... Die Bodadilla erscheint in einem Mieder aus bläulich schimmerndem Stahl, Pfeil und Bogen in der Hand, und ansonsten trägt sie Hosen. Schwarze Samthosen. Sie ist die Jägerin.

Das hohe Paar eröffnet den Ball mit einer Pavane, ein majestätischer, gesetzter Tanz, wie er an Höfen üblich ist. Danach beteiligen sie sich nicht mehr an der gespreizten, tänzerischen Würde. Sie sitzen nur nebeneinander, schauen den anderen zu und sich an. Starren sich an wie zwei verliebte Katzen, findet die kleine Hofgesellschaft, finden die spanischen Großen, die von den Schiffen zu dem Fest dazugeladen wurden.

Die Bobadilla war schon immer für einen Skandal gut, das wissen die vom Mutterland Spanien natürlich noch besser als die Gomeros. Und man erinnert sich an ihre Vorliebe für bläulich schimmernden Stahl, damals, als sie siebzehn und die Geliebte König Fernandos war. Damals, so flüstern die Herren, die das Hofleben in Kastilien kennen, den ahnungslosen Damen von La Gomera zu, während sie sie in weiten verschlungenen Figuren über den Tanzboden führen, damals trug diese zuchtlose Frau eine Art Überrock aus Stahl, der die Oberschenkel frei ließ, darunter schwarze Samthosen, so wie heute – die Schamlosigkeit in Person. Und da sie sich nicht bewegen konnte in dem Panzerkleid, ließ sie sich in einem Wagen fahren, der von zwei Zwergen gezogen wurde. Damals besaß König Fernando den Schlüssel zu dem Panzer... Aber da gab es noch andere... Namen werden geflüstert. Rodrigo Téllez de Gíron, der Meister des Calatrava-

Ordens. Alonso Carrillo, Herr zu Caracena. Gonzalo Fernández de Oviedo. Und andere mehr.

Und die Damen verbergen ihre Entrüstung über so viel Verderbtheit hinter ihren Fächern und werfen hämische Blicke hinüber zu diesem sündigen Paar. Sicher, wenn das so ist – einer mehr oder weniger, darauf kommt es bei ihrer Herrin wohl nicht an …

Und dieser Emporkömmling und seine Nähe zu Santangel, dem Converso – stimmt es, dass er eine ganze Schiffsladung kastilischer Juden hier von Bord gelassen hat bei seiner ersten Reise? Man munkelt dergleichen. Nun, die beiden stehen einander in nichts nach.

Es ist ein gelungenes Fest.

Spät in der Nacht liegen sie nebeneinander in dem großen Repräsentationsbett, nackt, durch die geöffneten Fenster kommt Kühle in den Raum.

»Hast du mir jemals gesagt, woher du das hast?«, fragt die Jägerin und lässt ihre Finger behutsam über die Narbe unter seinem Schulterblatt gleiten.

»Eine Seeschlacht«, erwidert er müde. »Ich hab mich an Land gerettet und ein Pfeil hat mich gestreift.«

»Sie stimmen also, die Geschichten, die man über dich erzählt.«

»Was erzählt man denn?«

»Dass du in deiner Jugend Pirat gewesen bist …«

Er lacht leise. »Lass sie nur erzählen. Die Wahrheit über mich weiß nur ich selbst.«

»Siehst du, auch das verbindet uns. Auch ich weiß nur allein die Wahrheit über mich.« Ihre Finger gleiten von der Narbe fort, seinen Rücken entlang. Dann sagt sie: »Bleib noch einen Tag.«

»Unmöglich. Ich bin zu spät fortgekommen von Cádiz. Jeder Tag länger bringt uns in Gefahr, meine Siedler, meine Mannschaft…«

»Die Herbststürme, ich weiß.« Sie seufzt, richtet sich halb auf, gestützt auf den Ellenbogen, betrachtet ihn. »Kann sein, wir sehen uns nicht wieder, Colón.«

»Wieso sagst du das jetzt?«, fragt er und runzelt die Stirn. »Bei unserem letzten Abschied, ja, da gab es wohl so eine Gefahr. Aber jetzt, wo ich den Weg kenne und mit aller Macht und Herrlichkeit des kastilischen Imperiums ausrücke – was soll mir da geschehen?«

»Gott allein weiß, was einem geschehen kann!«, erwidert sie. »Aber ich rede von mir. Ich werde irgendwann wieder heiraten müssen, Cristobal.«

»Ich habe es dir angetragen!«, sagt er heftig.

Sie legt ihm liebevoll zwei Finger auf den Mund. »Das ist ein Traum. Und du weißt, dass es ein Traum ist: Die Gouverneurin und der Vizekönig, die sich einmal im Jahr begegnen, seltener als Morgenstern und Abendstern zur gleichen Zeit am Himmel stehen. Du hast Feinde, Colón, ich habe Feinde. Wenn wir uns verbinden würden, würden sie sich auch gegen uns verbünden. Außerdem« – sie lächelt – »was ist mit deiner anderen Frau? Jener Beatriz in Cordoba? Die Mutter deines Sohns? Gibt es sie noch?«

»Sprich nicht von ihr«, murmelt er. »Für sie ist gesorgt. Ich bekomme eine Leibrente, weil ich als Erster das neue Land gesichtet habe. Ich gebe sie ihr.«

»Sehr fürsorglich«, sagt sie ironisch. Natürlich ist das Gerücht zu ihr gedrungen, dass er einen einfachen Matrosen um diese Rente geprellt hat.

Er schweigt. Dann sagt er fast zornig: »Wieso willst du wieder heiraten, und diesmal aus freien Stücken?«

»Das ist ganz einfach, Colón. Eine Frau als Regentin hat einen schweren Stand. Es gibt mächtige Feinde hier auf den Inseln, die mich gern verjagen würden und sich mein Gebiet aneignen. Die Herrera-Sippe sitzt auf Lanzarote und giert nach La Gomera – und übrigens tut sich die Mutter meines verstorbenen Gatten, Ines Peraza y Herrera, dabei besonders hervor. Ich brauche Schutz. Einen starken Arm. Es wird so sein. Außerdem: Ist es Gott wohlgefällig, dass eine Frau so lange als Witwe lebt?«

»Spotte nicht!«, sagt er streng. »Ich weiß sehr wohl, dass wir in Sünde sind. Aber ich trage den Glauben an Christus über das Meer – Gott wird mir einiges verzeihen.«

»Manchmal bist du wie ein Kind.« Sie lässt sich zurückfallen in die Kissen. »Übrigens, war Luis Santangel denn zufrieden?«

»Was willst du wissen?«

»Die Suche nach den verlorenen Stämmen Israels …«

»… die ist noch nicht vorüber!«, erwidert er und starrt hinauf zum Betthimmel, in die Schatten und Falten des gerafften Leinens. »Ich werde die Durchfahrt finden. Ich werde vorstoßen bis nach Kathay und Zipangu und dort werden sie sein – unsere Ahnen von biblischen Zeiten her …«

»Jetzt klingst du wieder wie der Mann, den ich kennen lernte«, sagt sie zärtlich und küsst seinen Hals, seine Schulter. »Nicht wie der Admiral des ozeanischen Meeres.«

»Und wie klingt der Admiral des ozeanischen Meeres?«

»Sehr gebieterisch. Und er trägt einen Gesichtsausdruck zur Schau, als würde er aller Welt verkünden: Seht ihr, ich habe es doch immer gesagt! Und ich habe Recht behalten!«

»Das ist kein Kompliment, Cazadora, was du mir da machst!«

»Das soll es auch nicht sein. Es kann dich ruhig ein bisschen nachdenklich machen.«

Und dann schweigen sie.

Auf dem Höhepunkt

Ja, es ist in der Tat das letzte Mal, dass sich Columbus und Beatriz begegnet sind. Und wie diese Begegnung die Erfüllung ihrer Liebe ist, so ist diese letzte Ausfahrt der triumphale und glanzvolle Höhepunkt in Columbus' Leben. Noch ist er – fast – »unschuldig«, noch halten sich seine Übergriffe der Urbevölkerung gegenüber in den Grenzen einer etwas rüden Neugier, noch treibt ihn die Lust an Entdeckungen und nicht nur das Gold.

Der französische Schriftsteller Victor Hugo hat einmal sinngemäß gesagt, die Großtat des Columbus bestünde nicht darin, dass er angekommen sei, sondern dass er überhaupt die Segel gelichtet habe. Dem kann ich nur zustimmen. Denn was sich in den folgenden Jahren, Jahrzehnten und Jahrhunderten in Amerika abspielt, das muss noch heute jedem Europäer die Schamröte ins Gesicht treiben.

Uns sind die Taino-Indianer, ein Volk der kulturellen Gruppe der Arawak, nahe – ihre Vertreter hatte Columbus nach Spanien mitgenommen. Ihr Schicksal möge anstelle all der Massaker stehen, die Europäer in Lateinamerika verübten.

1500 Arawak wurden bereits zu Columbus' Lebzeiten als Sklaven nach Spanien verschifft. Tausende von Eingeborenen entzogen sich der Sklaverei oder den Quälereien ihrer weißen »Herren«, indem sie Selbstmord verübten. In zwei Jahren kamen mehr als ein Drittel der ungefähr dreihunderttausend Tainos ums Leben. Nach drei Jahrzehnten war das friedliche Volk, der »First Contact« von Columbus, ausgerottet. So ging es überall zu, auch nachdem die Eroberer auf das Festland vorgedrungen waren. Leisteten kämpferische und selbstbewusste Kulturen – wie etwa die Inka – Widerstand, war das nur ein Vorwand, noch grausamer gegen sie vorzugehen.

Da den neuen Herren irgendwann die einheimischen Arbeitskräfte ausgingen, kam man auf die Idee, die »widerstandsfähigen« Afrikaner nach Amerika zu exportieren. Und ein ganzes kulturelles Gefüge kippte…

Unterm Klang von Pauken und Trompeten und mit dem rauchgeschwängerten Salut aus allen Kanonen, die die Gobernadora zur Verfügung hat, sticht die Flotte, über die Toppen geflaggt, von San Sebastian aus in See. (Die Frau, die zurückbleibt, verwandelt sich nun von der großzügigen Gastgeberin, der Dame von Welt, der leidenschaftlichen Liebenden wieder in eine Person, die hart um ihre Position zu kämpfen hat – so hart, dass sich dabei auch ihre Seele verhärtet.)

Diesmal braucht man keine Angst vor Portugiesen auf Abfangkurs zu haben: Die politischen Hoheitszonen waren neu verteilt worden und die Spanier hatten freie Passage. Dafür verschleiert Columbus jetzt die Reiseroute vor seinen Offizieren. Die Kapitäne erhalten von ihm versiegelte Anweisungen, die sie nur öffnen dürfen, falls die Schiffe getrennt werden. Bei der Ankunft in Hispaniola werden sie ungeöffnet wieder eingesammelt. Nur er, Columbus selbst, wusste, wohin gesegelt wird!

Columbus nimmt Kurs noch weiter in südlicher Richtung als bei der ersten Fahrt, ehe er mit seiner Flotte in den Passatstrom einschwenkt. Er ist souverän und gelassen, und er weiß auf eine erstaunliche Weise genau, wohin er segelt. Ein

Beispiel: Am sechzehnten Tag nach dem Aufbruch von La Gomera, also schon fast in »indischen« Gewässern, geraten einige der Schiffe nachts in einen heftigen Sturm, werden beschädigt und verlieren ihre Trinkwasservorräte.

Einer der Passagiere berichtet später: »Da er in dieser Weltgegend Bescheid wusste, verteilte er das gesamte verbliebene Wasser und versicherte, er werde uns allen in drei Tagen ein neues Land und friedvolle Küsten mit glasklaren Quellen und schimmernden Bächen zeigen.« Und in der Tat treffen sie am dritten Tag auf eine Insel (nördlich von Martínique), die der Vizekönig Dominica tauft.

Die Geschichtsschreiber und Seeleute können sich nicht genug wundern, welche unglaubliche Sicherheit Admiral Colón auch im weiteren Verlauf der Reise an den Tag legt. Sie berichten mit Staunen, dass Columbus seine Flotte genau an die Stelle der Kleinen Antillen führt, die heute in modernen Segelhandbüchern für die Einfahrt ins Karibische Meer empfohlen wird – er war noch nie da gewesen!

In einem Brief an Santangel schreibt er, die Insel, die heute Martínique heißt, sei »die erste Insel, der man auf dem Weg von Spanien nach Indien begegnet«. Er war aber diese Route noch nie gefahren, sondern, wie wir wissen, war die erste Landkennung bei einer der Jungferninseln gewesen. Hatte er die Information von den Indianern? Mit denen er sich nur durch Zeichensprache verständigte, die weder Karten noch Kompass kannten, denen abstraktes Denken europäischen Zuschnitts völlig fremd war und die die Insel ohnehin nur vom Hörensagen kannten? Es klingt sehr unwahrscheinlich und dürfte einmal mehr ein Hinweis darauf sein, dass er über sehr detailliertes Material verfügt hat.

Statt direkten Kurs auf Hispaniola zu nehmen, der zweitgrößten der westindischen Inseln, kreuzt er mit traumwandlerischer Sicherheit mal nordwärts, mal westwärts, und entdeckt eine wundervolle Insel nach der anderen – sie liegen oft nicht einmal in Sichtweite voneinander. Er »wusste eben in dieser Weltgegend Bescheid«. Woher auch immer.

Aber seemännische Tüchtigkeit unter Beweis stellen, das genügt ihm nicht. Er muss auch noch in die Trickkiste greifen, um sich vor den adligen Passagieren aufzuspielen. So erklärt er: »Señores, ich werde Euch an einen Ort bringen, an dem einer der drei Magierkönige lebte, die gekommen waren, Christus anzubeten – nach Saba.«

Der Eingeborene, den er nach dem Namen der Insel fragt, sagt so etwas wie »Sobo«. Alles nur eine Frage der Aussprache! Blufft er oder glaubt er selbst daran? –

Hochgestimmt und voller Tatendrang erreicht er schließlich Hispaniola. Bald gibt es keinen Grund mehr zum Lachen.

Der Anfang vom Ende

Auf einer der Inseln kommt es zum ersten Mal zu einer bewaffneten Auseinandersetzung zwischen Ureinwohnern und Spaniern. Männer mit Pfeil und Bogen stellen sich den Ankömmlingen mit großer Entschlossenheit entgegen, müssen aber der Überlegenheit der Feuerwaffen weichen. (Offenbar hatte sich inzwischen auf den Inseln herumgesprochen, dass diese Fremden alles andere als friedliche Gäste sind.) Ein Spähtrupp, der ins Landesinnere vordringt, weiß Schauermärchen zu berichten: Es würde sich da um Menschenfresser handeln! Gebeine in den Häusern, ein Menschenhals, der im Topf schmurgelt, leckere Babys auf dem Rost!

Der Bordarzt des Flaggschiffs, Doktor Chanca, schreibt die Gruselgeschichten beflissen auf, und die Spanier sind nur allzu bereit, sie zu glauben. Liefern ihnen doch solche Gräuel später den willkommenen Vorwand, brutal und unnachgiebig gegen die Inselbewohner vorzugehen und ihnen, den barbarischen Bewohnern einer fremden Welt, christliche Zivilisation einzuprügeln.

Heutige Forscher halten Kannibalismus in diesen Breitengraden für höchst unwahrscheinlich. Die einzige bekannte Form waren die rituellen Menschenopfer der Azteken auf dem Festland – einer Hochkultur, die in keiner Verbindung zu jenen Stämmen stand, die auf diesen Inseln anzutreffen waren.

Dann steuert man Hispaniola an. Bei der ersten Landung, etwa zwanzig Seemeilen vor Navidad, stößt man in einer Bucht auf zwei stark verweste Leichen. Seevögel haben ihnen die Augen herausgefressen. Nach ihren Bärten und Haaren zu schließen, sind es Spanier.

Columbus ahnt nichts Gutes.

Wo das von ihm gegründete Navidad gestanden hat, gibt es nur noch ein paar verbrannte Holzstücke. Alle 39 Männer sind tot. Irgendwann waren die Indianer der anmaßenden Herrenmenschen überdrüssig geworden und hatten diese Leute, die ihr Gold stahlen, ihre Frauen vergewaltigten und ihre Dörfer plünderten, einen nach dem anderen niedergemacht.

Es ist wie ein Zeichen. Von nun an ist der Stern des Cristobal Colón im Sinken. Und indem seine Vision zum Raubzug verkommt, verschwinden mehr und mehr jene Eigenschaften, die wir an ihm bewundern konnten: Seine Wissbegier, sein Wagemut, seine Ausstrahlung, seine Nervenstärke und die zähe Entschlossenheit, einem Ziel nachzujagen, seine Fantasie und seine Fähigkeit, im entscheidenden Moment das Richtige zu tun oder zu sagen. Immer mehr trübt sich sein Charakterbild, und immer mehr rückt er in die Nähe all der gewissenlosen und goldgierigen Konquistadoren, der skrupellosen Geschäftemacher. Gern würden wir ihn hier verlassen – aber ich denke, wir sind es ihm schuldig, bis ans bittere Ende mit ihm zu gehen. Eine Mission, die bald nur noch schmutziges Geschäft ist – sie steht stellvertretend für ganz Europa, für das, was wir im Namen des Christentums der Neuen Welt angetan haben. Wir können nicht wegsehen.

Columbus kann Schiffe führen – aber keine Menschen. Wir haben sein beschämendes Verhalten gegenüber der Mannschaft erlebt, den Diebstahl der Rente eines kleinen Matrosen, die ständigen Zänkereien mit Pinzón und seinen anderen Offizieren, und nur wenn es um seine Idee ging, konnte er über sich hinauswachsen und das Schiffsvolk auf seine Seite bringen. Man hat ihn bei der ersten Überfahrt nicht geliebt – bald wird man ihn hassen.

Mit seiner Rolle als Vizekönig, als Landesherr sozusagen, ist der Kartenzeichner aus Mallorca, der Seefahrer und Abenteurer hoffnungslos überfordert. Davon zeugen eine Reihe verhängnisvoller Fehlentscheidungen.

Jetzt soll er eine Kolonie gründen, mit hunderten von Siedlern. Er hat keinerlei Erfahrung in Stadtplanung und Stadtverteidigung und er hat außerdem die falschen Leute auf den Schiffen. Es waren zu wenig Bauern, Handwerker und Bergleute unter den Umsiedlern, aber dafür allzu viele hochnäsige Hidalgos, ruhmsüchtige Glücksritter, die mit nichts umgehen konnten als mit dem Schwert.

Der erste Patzer, den er macht, ist die Wahl des Ortes, wo er seine Kolonie anlegen wird. Um ja nahe genug an der erhofften »Goldquelle« Cibao zu sein und möglichst rasch mit den Grabungen anfangen zu können, wird für die Niederlassung »Isabela« eine Gegend gewählt, die man sich unpassender gar nicht vorstellen kann. Sie ist sumpfig, es gibt zu wenig gutes Trinkwasser und die Bucht bietet den Schiffen wenig Schutz. Nur ein paar Meilen weiter östlich hätte es gute Naturhäfen gegeben! Aber nein, es muss hier sein.

Und nun sollen all diese von sich überzeugten Kämpfer und Beutemacher plötzlich Hand anlegen – wo man ihnen doch erzählt hat, sie würden wie die Granden leben, bedient von Massen unterwürfiger Wilder, die für sie außerdem die Felder bestellen und das Gold aus der Erde holen! Kein Wunder, dass der Aufbau der Ansiedlung sehr schleppend vonstatten geht.

Bald holen sich die Siedler die Ruhr und in dem von Moskitos verseuchten Sumpfgebiet die Malaria – auch Columbus fängt sich dies tückische Fieber ein. Außerdem leidet er zunehmend an Gicht. Die langen harten Jahre zur See machen sich bemerkbar.

Das mitgebrachte Saatgut gedeiht nicht in dem fremden Boden. Die Lebensmittelvorräte werden knapp, und die Indianer sind nur sehr zögernd bereit, freiwillig auszuhelfen. Die Kolonisten greifen zur »Selbsthilfe« – spanische Banden streifen über die Insel, plündern und rauben, terrorisieren die Eingeborenen. Columbus sieht weg. Wenn er einmal eine Entscheidung treffen soll, reagiert er so unentschieden und taktisch unklug, dass keine der Parteien zufrieden ist. Immer haben die Recht, die als Letzte sein Arbeitszimmer verlassen. Ständig stößt er Entscheidungen um, oder er verhält sich andererseits wieder völlig starrköpfig, wo er hätte Einsicht zeigen müssen.

Zu alledem ist die Goldausbeute eher bescheiden. Und das treibt die Siedler zur Raserei. Gold muss her! Columbus, der Vizekönig, verfügt, dass jeder Ureinwohner über vierzehn Jahre alle drei Monate eine bestimmte Menge an Gold abzuliefern hat – ein umgekehrtes Falkenglöckchen voll, jene Glöckchen, die die Spanier als »Gastgeschenke« ins Land gebracht hatten und die damals die Menschen auf Guanahaní so entzückten … Die Forderung ist kaum erfüllbar. Aber wer das »Soll« nicht schafft, wird aufs Schwerste bestraft. Der Franziskanermönch Bartolomeo de las Casas, ein Mann, der sowohl Columbus verehrte als auch für die Rechte der Indianer eintrat, schildert die unmenschlichen Gräuel in seiner »Historia de las Indias« (Geschichte der indischen Länder). Er ist der Erste, der die Spanier als schlechte Christen brandmarkt und Abhilfe fordert.

Und Columbus? Er sieht weg. Er ist lieber auf Entdeckungsfahrt unterwegs – was die Probleme nicht kleiner macht. Und um die eigene Tasche zu füllen, entblödet er sich nicht, fünfhundert Taino-Indianer als Sklaven nach Spanien zu verschiffen. Damit sinkt er auf das Niveau eines primitiven Seeräubers herab …

Bruder Bartolomeo wird gleich mit dem Amt eines Stellvertreters betraut. Vetternwirtschaft, wie sie im Buche steht! Und keine gute Wahl – denn der gelernte Kartenzeichner meint, sich durch martialische Strafaktionen bei Spaniern und Einheimischen durchsetzen zu müssen, damit man ihn für voll nimmt. Diego und Bartolomeo verwandeln sich mit Macht in den Händen zu brutalen Despoten. Indianer, die ihr »Soll« an Goldstaub nicht erbringen können, werden verstümmelt, mit Hunden zu Tode gehetzt, auf Scheiterhaufen verbrannt. Aber auch Siedler, die etwa auf eigene Faust die Goldsuche starten, hängt man kurzerhand auf.

Er, Columbus, wird also lieber erst einmal von April bis September weiter gen Westen segeln und neue Länder entdecken. Da bekommt er nicht mit, was geschieht.

Das Wüten der Eindringlinge ist unvorstellbar. –

Unser Admiral entdeckt Jamaika und umschifft die Südküste Kubas, immer noch seinen Wahnvorstellungen hinterherjagend. Während dieser Reise, die er einmal wieder in der klassischen »Drei-Schiffe-Kombination« unternimmt, passiert das wohl Absurdeste, was dieser in Widersprüchen und Absurditäten lebende Mann jemals getan hat. In der Bucht von Bahia Cortes lässt er am 12. Juni 1494 seine kleine Flotte dicht nebeneinander vor Anker gehen. Er beauftragt den königlichen Notar, der natürlich mit von der

Partie ist, um Ländereien nach »Recht und Gesetz« der spanischen Krone einzuverleiben, er beauftragt den Mann also, eine Erklärung zu verfassen, des Inhalts, dass alle Beteiligten an dieser Expedition der felsenfesten Überzeugung seien, sie hätten das asiatische Festland erreicht. »Sie alle sollten sagen«, beschreibt später ein Zeitgenosse den denkwürdigen Vorgang, »dass hier Indien beginne und ende; wer immer wolle, der könne von hier aus zu Fuß nach Spanien gelangen.« Denen, die später einmal diese Erklärung widerrufen würden, droht Geldstrafe oder sogar das Herausschneiden der Zunge (die übliche Strafe bei Meineid.)

Natürlich unterschreiben alle, und wer nicht schreiben kann, macht seine drei Kreuze. Wahrscheinlich hatte keiner Lust, »von hier aus zu Fuß nach Spanien« zu gehen – falls Columbus ihn nämlich wegen Meuterei ausgesetzt hätte.

Hat er den Verstand verloren?

Ich glaube, diese Geschichte zeugt von zwei Dingen: einmal davon, unter welch verzweifeltem Erfolgsdruck der Mann damals steht. Er weiß, dass der Hof und seine Geldgeber ungeduldig auf Ergebnisse warten, weiß, dass die versprochene Goldschwemme noch für lange Zeit oder vielleicht überhaupt nicht eintreten wird und sicher auf die Dauer keiner in ein Risikounternehmen investieren wird. Er hat mit diesem Dokument etwas in der Hand, um sich zu rechtfertigen.

Zum Zweiten: Es ist offensichtlich, dass er jetzt wusste, woran er war. Es war nicht Indien. Es war die Neue Welt. Und sie war anders. So ganz anders als erwartet. Man lässt sich nur etwas auf so rigorose Weise bestätigen, wenn man weiß, dass es *nicht* das ist, was bestätigt wird.

Wollte er den Königen und Santangel gegenüber sein Gesicht wahren? Oder ist es eine Art Ablenkungsmanöver, um andere Entdecker fern zu halten? Legen wir dies bizarre Rätsel noch auf den beträchtlichen Berg von Rätseln um diesen Mann drauf.

Als er schließlich schwerkrank, von Malaria und Arthritis geplagt, zurückkommt, erleidet er kurz vor der Ankunft in Isabela einen Kollaps; mangelnde Ernährung, Stress und Depressionen lassen ihn für Tage in eine totenähnliche Starre verfallen. Es liegt nahe, dass er sich auch in die Krankheit flüchtet, weil er schon ahnt, was in der Ortschaft auf ihn zukommt.

Zu Recht. Die Siedler gehen ihn wegen seiner mangelhaften Führung so massiv an, dass er es vorzieht, nach Spanien zurückzukehren. Außerdem ahnt er, dass er am Hof im Augenblick keinen guten Stand hat. Andere sind bereits vor ihm nach Spanien gefahren, darunter einige seiner ärgsten Widersacher. Alle Anschuldigungen, ob berechtigt oder unberechtigt, haben schon das Ohr der hohen Herrschaften erreicht. Und natürlich wird man ihm nicht nur Führungsschwäche nachgesagt haben, sondern bestimmt auch Unterschlagung und Betrug an der Krone. Er will das Schlimmste verhindern, reparieren, was geht.

Schnell gründet er noch eine neue Stadt (Santo Domingo) – die alte verlässt man einfach, sie taugte ja sowieso nichts.

Wer heute die Dominikanische Republik besucht, kann die wieder ausgegrabenen Reste der ersten Siedlung »Isabela« besichtigen, mit dem Haus des Columbus, das von einem hohen Steinwall mit Schießscharten umgeben ist. Wahrscheinlich musste sich der Herr Gouverneur vor seinen eigenen Landsleuten beschützen lassen …

La Gomera, zum Letzten

Auf den zwei Karavellen, die im März 1496 in See stechen, reisen außer der Besatzung noch fast zweihundert Siedler, die die Nase voll haben von diesem gottverfluchten Indien. Fast alle sind krank. Es muss ein Gedränge wie auf einem Sklavenschiff gewesen sein. Außerdem befinden sich im Kielraum dreißig Taino-Indianer in Ketten; als Rädelsführer von Aufständen sollen sie in Spanien vor Gericht gestellt werden; die meisten überleben die Reise nicht.

Nach mühseliger dreimonatiger Überfahrt erreichen sie endlich Cádiz an der spanischen Küste.

Nein, diesmal gibt es keine Salutschüsse, keinen Glockenklang und keinen Volksjubel, als die Männer, nur Haut und Knochen, die ramponierten Schiffe verlassen.

Und schon rüstet der unglaubliche Seefahrer, keineswegs bereit, sich geschlagen zu geben, zur nächsten Schlacht.

Einmal wieder zieht er alle Register seines theatralischen Talents. Zunächst einmal läuft er nur in einer braunen Franziskanerkutte herum, zum Zeichen seiner christlichen Demut und Lauterkeit.

Auf eine Audienz bei den Majestäten muss er zwar einige Wochen warten. Als er sich dann endlich nach Burgos begeben kann, wo der wandernde Hof sich gerade aufhält, macht er aus seiner Reise dorthin eine große Show. Immer bevor sie eine Ortschaft passieren, lässt er die überlebenden gefangenen Taino-Indianer mit allem nur vorhandenen

Goldschmuck ausstaffieren, und dass er selbst wieder in großer Robe daherkommt, ist ohnehin klar.

Es läuft auch alles ganz glimpflich ab, die Verdächtigungen und Verleumdungen, die zu Ferdinand und Isabella gelangt sind, werden dank der Beredsamkeit des Admirals schließlich als Bagatellen abgetan – aber das ist auch alles. Es besteht nämlich im Augenblick absolut kein Interesse an der »indischen Unternehmung«. Sie hat sich, machen wir uns nichts vor, weitgehend als Flop herausgestellt, und die Majestäten haben im Moment völlig andere Interessen. Man hat sich wegen des Königreichs Neapel in einen Krieg mit Frankreich eingelassen und sucht sich durch eine Doppelhochzeit mit Österreich zu verbünden: Ein Erzherzog und eine Erzherzogin aus Wien werden mit einem Infanten und einer Infantin vermählt. (So nennt man die Königskinder in Österreich, beziehungsweise in Spanien.) Teilnehmer an den glanzvollen Feierlichkeiten ist auch Don Cristobal Colón – aber für Schiffe ist kein Geld da.

Kein Geld und kein Interesse. Private Unternehmer rechnen sich keinen Profit aus, Neusiedler gibt es nach den Schauergeschichten von »drüben« auch nicht mehr so recht, selbst die ärmsten Hungerleider wollen lieber weiter im Mutterland betteln oder, falls sie Hidalgos sind, in den Krieg gegen Frankreich ziehen.

Aber dann gibt es mal wieder eine unverhoffte Wendung in der Weltpolitik. Es kommt den spanischen Königen zu Ohren, dass Portugal eine Entdeckerflotte in die Gegend südlich des Äquators entsenden will. Isabella und ihr Kronrat sind sich rasch einig: Wenn jemand den Portugiesen die Stirn bieten kann, dann nur »Unser geliebter Admiral«. Auf einmal stehen sechs Karavellen zur Verfügung. Es ist Juni 1498. Auf zur dritten Reise! –

Im gleichen Jahr, ebenfalls im Sommer, steht Doña Beatriz de Bobadilla y Peraza, La Cazadora, in der Kirche de la Asuncion von San Sebastian vor dem Altar. Sie heiratet einen gewissen Don Alonso Fernandez de Lugo.

Wir wissen nicht, ob diese Ehe von der Königin befohlen wurde wie die erste, oder ob die Gouverneurin aus freien Stücken den neuen Bund eingegangen ist. Das Zweite ist sogar ziemlich wahrscheinlich, denn dieser Bund ist gleichzeitig ein Bündnis. Die Machtverhältnisse auf den Kanaren, die inzwischen bis auf die letzte Insel von Spanien beherrscht werden, sind unklar. Verschiedene große Familien raufen sich um die Einflusssphären. Die Regentschaft auf La Gomera ist gefährdet. Immer wieder muss die Bobadilla gegen Angriffe von den anderen Inselherrschern vorgehen oder nach Spanien segeln, um sich gegen irgendwelche Anschuldigungen wegen schlechter Amtsführung zu verteidigen – und es ist durchaus vorstellbar, dass es Doña Isabel von Kastilien eine gewisse Genugtuung bereitet hat, solchen Anklagen gegen ihre alte Feindin mit besonderer Strenge nachzugehen.

Die Heirat mit Lugo ist also eine Zweckallianz. Der Mann stammt aus altem Militäradel, er ist ein Abenteurer und Glücksritter reinsten Wassers, das, was man damals einen Konquistador, einen Eroberer, nennt. Dieser Warlord ist für die Gouverneurin ein starker Trumpf in der Auseinandersetzung mit ihren Widersachern, denn wenn ein Lugo das Haus hütet, kann eine Bobadilla unbesorgt in Spanien ihre Prozesse führen.

Lugo packt mit harter Hand zu. Einige Quellen nennen ihn ganz unverblümt einen »Räuber und Sklavenhändler«. Jedenfalls ist er nicht unbedingt ein liebenswerter Charakter, und diese Ehe, diese Interessengemeinschaft, basiert gewiss nicht auf Zuneigung, sondern auf Macht und Geld. Außerdem ist er der Jägerin ebenbürtig, und das ist damals von Wichtigkeit, selbst für eine Frau wie sie.

Als diesmal im Hafen von La Gomera sechs Schiffe vor Anker gehen, bleibt es so still wie zuvor. Ein paar Gomeros sammeln sich an der Mole und halten Maulaffen feil; hier ist ja nicht viel los. Der Admiral und sein Stab – Schreiber, Proviantmeister, Priester, königliche Räte – gehen an Land.

Es dauert eine Weile, bis ein jüngerer Mann auftaucht, hübsch, mit einer schwarzen Haarlocke bis zu den Augen, gekleidet in dunkle Tracht, die ihn als einen Beamten ausweist.

»Don Cristobal, welch hohe Ehre! Womit kann ich Euer Gnaden dienen?«

Der Admiral runzelt die Stirn. »Warum empfängt mich Ihre Gnaden die Gobernadora nicht persönlich?«

Der Mann breitet bedauernd die Arme aus. »Sie wird untröstlich sein, zu erfahren, dass Ihr hier seid und sie nicht. Aber leider – Doña Beatriz lebt neuerdings nicht mehr hier. Sie weilt jetzt bei ihrem Gemahl, Don Alonso de Lugo, auf Tenerife. Nehmt mit mir vorlieb. Ich bin ihr Statthalter. Hernán Muñóz, zu Diensten.« Er verneigt sich.

Columbus schweigt. Er steht ganz still und sein ohnehin blasses Gesicht wird womöglich noch bleicher. Schließlich sagt er: »Ich wusste nicht, dass Doña Beatriz wieder in den Stand der Ehe eingetreten ist. Nun, übermittelt ihr bei Gelegenheit meine Gratulation. Ich bin – sehr erfreut. Wenn Ihr der Stellvertreter seid, so werdet Ihr uns gewiss die Person benennen können, mit der mein Proviantmeister verhandeln kann. Wir brauchen einiges an Vorräten, frisches Wasser und – ja, vielleicht drei, vier Ziegen.« Er schluckt.

»Ganz nach Euren Befehlen, Don Cristobal. Darf ich Euer

Gnaden bitten, für die Dauer Eures Aufenthalts mein Gast zu sein? Im einstigen Palacio der Gobernadora! Wir haben den ganzen Cabildo, den Inselrat, dorthin verlegt. Es ist eine vernünftige Lösung – warum soll der schöne Bau leer stehen.«

»Sehr vernünftig«, erwidert der Admiral. Seine Stimme klingt gepresst. »Das Haus ist ja noch neu. Was Eure Einladung angeht, Señor, so verzichte ich dankend und nehme lieber hier unten Quartier. Meine Glieder schmerzen häufig und der ständige Auf- und Abstieg wäre zu mühsam.«

»Wie Euer Gnaden wünschen. Ich werde alles Notwendige veranlassen.« Er verneigt sich wieder, will gehen, aber Columbus hält ihn mit erhobener Hand zurück. »*Einen* Besuch würde ich dem Palacio in Lomada doch gern noch abstatten. Es gibt Erinnerungen …«

»Ich verstehe«, sagt Muñóz und verbirgt sein Lächeln. »Wann wäre es Euer Gnaden genehm?«

»Gleich. Schafft Maultiere herbei.«

»Unverzüglich. Und gewährt mir die Ehre, Euch zu begleiten.« Eine Sänfte oder ein Tragsessel wäre vielleicht angebrachter bei einem Mann mit Gicht, denkt der Statthalter, sagt es aber nicht. Der hohe Herr ist schroff und unzugänglich. Und er hat denn auch seine liebe Not, seine steifen Knochen auf das Tier zu hieven.

Sie reiten in Schweigen den gewundenen, staubigen Weg nach Lomada hoch, vorbei an der Plaza mit den Silberlorbeerbäumen, dann durch die von stattlichen Wohnhäusern gesäumte Hauptstraße; in den schattigen Hinterhöfen singen die Stare und jene gelben Spatzen, die es nur auf den Inseln hier gibt. Endlich die Serpentinen, vorbei an den Katen der Ärmeren, Unrat liegt am Weg. Schließlich das Tor, dann die hölzerne Eingangstür, die nach spanischem Brauch doppelflügelig ist, in die aber eine kleine zweite Pforte eingelassen ist.

Die Eingangshalle. Der Patio mit den Blumen, die holzgeschnitzte Treppe. Es ist sehr still.

»Habt Ihr mir nicht gesagt, hier würde die Inselverwaltung sitzen?«

»Der Cabildo tagt heut nicht«, erklärt Muñóz entschuldigend. »Es sind da nur einige Schreiber in der Bibliothek.«

Der Admiral mustert den jungen Mann. »In welchem Verhältnis steht Ihr zu Doña Beatriz?«, fragt er.

Der junge Mann lächelt. »Nun, ich gehöre ihrem Hofstaat an und genieße ihr Vertrauen. Sonst hätte sie mich ja nicht…«

Der andere fällt ihm ins Wort: »Natürlich nicht. Ich verstehe. Und jetzt lasst mich bitte für eine Sanduhrlänge allein, Don Hernán.« Er macht eine Handbewegung, als scheuche er einen Moskito fort.

Die Stufen der großen Treppe sind flach, eine Wohltat für seine schmerzenden Knochen. Mit zielstrebigen Schritten geht er hinauf, verschwindet im Gang. Muñóz sieht ihm nach, zuckt die Achseln. Die Dinge sind nun mal, wie sie sind…

Das ist das Zimmer. Unverschlossen. Das ist das Bett, dies große Prunkbett, viel zu hoch, um sich normal darauf zu setzen, außer man hat so lange Beine wie er. Da sind die gefältelten Bettvorhänge. Die Schnitzereien der Pfosten sind bereits mit einer feinen Staubschicht überzogen.

Er lehnt die Stirn dagegen, schlägt mit der Faust auf das Holz ein.

Sie hat es ihm ja gesagt, als er das letzte Mal mit ihr zusammen war. »Ich werde irgendwann wieder heiraten müssen, Cristobal.« Trotzdem. Es ist wie ein Messerstich dicht neben dem Herzen. Seine alte Narbe, die Narbe von dem Pfeilschuss, beginnt auf einmal zu brennen; er hat sie jahrelang nicht gespürt. Verdammt, ich habe schon Schmerzen genug.

»Jägerin, Verräterin, Männerfängerin«, murmelt er mit zusammengepressten Zähnen. »Hure.« Dieser Knabe mit der hübschen Locke, der hier den Verwalter spielt – »Ich genieße ihr Vertrauen« –, was mag er wohl noch alles genossen haben?

Er ist maßlos in seiner Enttäuschung. Das Bild, das er von dieser Frau hatte, verzerrt sich vor seinen Augen.

Alles, was war, erscheint ihm auf einmal wie vergiftet. Er hat doch gewusst, dass sie die Frau ist, die sie ist. Hochmütig, spöttisch, selbstbewusst. Er hat doch gewusst, dass er nicht der Einzige ist. Wieso trifft ihn diese Heirat so?

Er verlässt den Raum, versetzt der Tür einen Fußtritt. Wenn dieser Knabe da unten im Patio jetzt auch nur die Spur eines Grinsens auf seinem netten Gesicht hat, ohrfeige ich ihn mit meinem Handschuh.

Aber der Stellvertreter ist nicht da und so geht Columbus durch den Wandelgang hinaus in den Garten.

Der Teide blickt herüber aus dem Dunst, wie eh und je. Der Teide liegt auf Tenerife. Damals war es noch nicht einmal erobert. Nun lebt *sie* da. Verflucht seien die Konquistadoren.

Vorn an der Klippe die steinerne Balustrade. Die Bänke unter den Silberlorbeeren sind noch da, aber es liegen keine Kissen mehr darauf. Hier waren sie zusammen, bevor alles begann. Hier hat er noch seine Träume träumen können, ohne ihre Realität zu kennen. Hier waren sie voller Hoffnung und Bangen und Zuversicht.

Unten rauscht die Brandung. Und nun hört er: die hohen gellenden Pfiffe von Berg zu Berg, das Silbo. Die Guanchen teilen einander wohl die Ankunft seiner Schiffe mit.

Ich habe sie verloren, die einzige Frau auf der Welt, die ich wirklich geliebt habe. Mit der ich fühlen, träumen, denken konnte. Ich habe die Liebe der Cazadora verloren. –

Er quält sich auf das Maultier, und Hernán Muñóz, der beflissen herbeieilt und ihm den Steigbügel hält, kommt es so vor, als wäre der Admiral in dieser halben Stunde gealtert, seine Stirn noch faltiger, die verschleierten Augen noch tiefer in den Höhlen, der Mund schmal wie ein Strich.

Beim Hinunterreiten fragt der Admiral: »Wo genau hat Doña Beatriz Wohnsitz genommen auf Tenerife?«

»In La Laguna, Euer Gnaden.«

»Und wo liegt dies La Laguna?«

»Im kühlen und grünen Nordosten, Don Cristobal.«

Im Nordosten. Da hat sie ihn mit seiner Flotte nicht sehen können, als er an ihrer neuen Insel vorbeisegelte.

Weiter wird nichts gesprochen auf diesem Ritt.

Das Ende der Illusion

Zur Weiterreise trennt sich die kleine Flotte. Drei Schiffe sind auf Direktkurs nach Hispaniola unterwegs mit Hilfsgütern für die Kolonisten. Columbus selbst steuert mit den restlichen drei Schiffen zunächst die Kapverden an – wo sich nur Leprakranke aufhalten – und sucht zuerst in der Nähe der Inseln nach neuem Land westlich von Afrika. Man ist allgemein der Ansicht, dass auf gleicher geografischer Höhe liegende Länder gleiche Produkte hervorbringen, und hofft nun dort auf den Gold-, Perlen- und Gewürzsegen.

Aber da ist gar nichts, nur eine Meeresgegend der Windstille, was ihn über eine Woche festhält. Endlich am anderen Ufer des Atlantiks angekommen, findet er zuerst die Insel Trinidad vor dem südamerikanischen Festland. Er betritt den nächsten neuen Kontinent – nur das weiß er nicht. Er ist der felsenfesten Überzeugung, dass es in diesem Teil der Welt nur Inseln gibt!

Dann geht es weiter nach Norden.

In Hispaniola findet er das Chaos vor. Eingeborenenaufstände, Siedlerrebellionen gegen die Männer, die er als seine Stellvertreter eingesetzt hat, Plünderungen, Krankheiten (vor allem die Syphilis), Kampf aller gegen alle. Sein rabiater Statthalter Bartolomeo gießt auch nur Öl ins Feuer; schwierig, ohne entsprechende Vorkenntnisse und Fähigkeiten aus dem Kartografenbüro herausgeholt zu werden, um eine Kolonie zu regieren – und die hochmütigen Adligen werden es ihm zu spüren gegeben haben.

Columbus trifft eine Fehlentscheidung nach der anderen. Schließlich ersucht er die Krone, einen kompetenten Juristen zur Beruhigung der Lage nach Hispaniola zu entsenden. Er kennt die Verhältnisse am Hof eigentlich gut genug, um zu wissen, dass man dergleichen unweigerlich als Eingeständnis seiner Inkompetenz und Ratlosigkeit ansehen wird. So schaufelt er gleichsam sein eigenes Grab.

Der Mann, den König Ferdinand im Sommer des Jahres 1500 über den großen Teich schickt, ist ein erfahrener Jurist, Rechtsberater der Majestäten. Er wird mit allen Vollmachten eines Obersten Richters ausgestattet

Der Mann heißt Francisco de Bobadilla und ist der Bruder von La Cazadora, Beatriz de Bobadilla.

Ich weiß nicht, ob König Ferdinand den schönen italienischen Spruch gekannt hat: »Rache ist ein Gericht, das kalt genossen am besten schmeckt.« Wie dem auch sei, seine Entscheidung sieht aus, als habe er dies Sprichwort selbst erfunden.

Über zehn Jahre ist es her, dass ihm ein gewisser Cristobal Colón, ein windiger Abenteurer und Spinner – dessen Ideen allerdings bei seiner Frau Isabella Anklang fanden und dann ja auch gewisse Folgen gezeitigt haben –, dass ihm dieser Niemand also seine Geliebte ausgespannt hat. So etwas vergisst man nicht.

Und nun ist es so weit.

Fernando hat freie Hand. Er weiß, mit welcher Ablehnung Francisco die Kapriolen seiner Schwester bei Hofe mit angesehen hat – aber immerhin, die Mätresse eines Königs zur Schwester zu haben, ist etwas, mit dem man sich als Verwandter abfinden kann. Aber den Emporkömmling Colón in Beatriz' Armen zu wissen, das war unerträglich. Francisco verfolgt den Admiral mit abgrundtiefem Hass. Und der König weiß das.

Im August 1500 trifft Francisco de Bobadilla in Hispaniola ein, in seinem Gefolge ein bewaffneter Trupp, groß genug, seinen Entscheidungen Nachdruck zu verleihen. Auf seinen Feind Nummer eins trifft er nicht sogleich; Columbus ist mit Bruder Bartolomeo auf einer Strafexpedition ins Landesinnere unterwegs. Stattdessen stößt er als Erstes auf einen Galgen, an dem sieben aufmüpfige Spanier baumeln – hingerichtet auf Befehl vom dritten Colón-Bruder, Diego, der ebenfalls unbekümmert »mitregiert«. Weitere fünf Kastilier harren der Hinrichtung.

Bobadilla zeigt seine Vollmachten und verlangt die sofortige Freilassung dieser fünf anderen Männer. Diego Colón erklärt ihm, er habe ihm gar nichts zu sagen, er unterstehe allein seinem Bruder. Worauf Bobadilla ihn kurzerhand ins Gefängnis wirft.

Die Gangart, die hier angeschlagen wird, präsentiert sich gleichsam mit einem Paukenschlag.

Der Oberste Richter erläutert den Siedlern, dass der Golderwerb fortan nicht mehr Kronmonopol sei – in Anbetracht der geringen Funde lohnte sich die Sache für Isabella nicht wirklich –, sondern jeder auf eigene Faust suchen könne, und hat damit das ganze gierige Pack auf seiner Seite. Cristobal und Bartolomeo werden per Eilboten nach Santo Domingo bestellt. –

Ob sich die beiden Männer jemals vorher bei Hofe begegnet sind, weiß man nicht. Wahrscheinlich sind sie sich tunlichst aus dem Weg gegangen. Aber natürlich weiß Columbus, dass er von den männlichen Mitgliedern der Familie Bobadilla nichts Gutes erwarten kann. Er empfängt den Abgesandten der Majestäten in seinem gut befestigten Haus.

Francisco – grau melierter Bart, verkniffener Mund – nähert sich dem Vizekönig mit energischem Schritt und übergibt ihm mit einer knappen Verbeugung sein Beglaubigungsschreiben.

Die Männer mustern sich. Er hat die Augen der Cazadora, denkt Columbus beklommen.

Er ist eine erbärmliche Figur, denkt der Richter, wie er da sitzt – mit seinen gichtverkrümmten Fingern, seinen dürren langen Beinen, seiner schiefen Haltung. Ein Ritter von der traurigen Gestalt. Wie hat der jemals die Frauen bezaubern können …

»Nehmt doch Platz, Señor!«, fordert Columbus ihn auf, aber der andere schüttelt nur den Kopf. Columbus zuckt die Achseln und erbricht das Siegel.

Francisco beobachtet ihn genau. Er sieht mit Triumph, wie dem da der Schrecken die Züge verzerrt, wie seine Hände zu zittern beginnen. Denn dieser Brief beginnt mit der Anrede: »An Unseren Admiral der ozeanischen Meere, aller dortigen Inseln und des Festlands.« Nichts von Vizekönig, nichts von Statthalter. Aus der Traum.

Columbus hebt die Augen. Sieht den anderen an. Beatriz' Augen blicken ihm aus dem fremden Gesicht voller Hass entgegen.

»Don Cristobal, aufgrund der mir vorliegenden Beweise erhebe ich Anklage gegen Euch wegen schlechter Amtsführung, Untreue, Unterschlagung und Zuwiderhandlung gegen die Befehle der Majestäten. Kraft meiner Eigenschaft als Oberster Richter für die Inseln erkläre ich Euch für abgesetzt und zusammen mit Euren Brüdern verhaftet. Euer Vermögen wird eingezogen. Ihr werdet in Spanien vor ein Gericht gestellt.« Er hebt die Hand. Der Raum füllt sich mit eisenrasselnden Bewaffneten.

Columbus fährt auf. »Wie könnt Ihr es wagen!?«

Don Francisco hört gar nicht hin. »Legt ihn in Ketten!«, befiehlt er kalt.

Stumm und fassungslos lässt es der Entdecker einer neuen Welt geschehen, dass man ihm Hand- und Fußfesseln anlegt.

Das war es.

Das Desaster ist vollkommen.

Keine Hand regt sich für den einstigen Beherrscher der Inseln, als er und seine Brüder in Ketten wie die Schwerverbrecher vom Gefängnis aufs Schiff gebracht werden; sie sind verhasst.

Wie muss sich ein Mensch fühlen, der von der höchsten Machtfülle abstürzt in die tiefste Schmach – ein Mensch wie Columbus, dessen Stolz und Selbstbewusstsein genauso stark sind wie sein Gefühl für Kränkungen? Das ganze Gebäude seines Lebens, all die Nischen und Verstecke und die prachtvollen Fassaden – es ist zusammengestürzt wie ein Kartenhaus. Und dass der Bruder jener Frau, die er liebt und die ihn verlassen hat, ihm das antut, macht es noch einmal so entsetzlich.

Aber unser Admiral wäre nicht der, der er ist, wenn er nicht seine Variante fände. Nach dem ersten Schock nimmt er eine neue Rolle an – die Rolle der zu Unrecht verfolgten Unschuld, die Rolle des Märtyrers.

Bereits auf dem Schiff bietet ihm der Kapitän an, ihn von den Ketten zu befreien. Er lehnt stolz ab. »Im Namen des Königs hat man mich angekettet, und ich werde die Ketten tragen, bis der König den Befehl gibt, sie mir abzunehmen.«

Ansonsten verbringt er die Überfahrt im Gebet. Er hat unerträgliche Schmerzen, ein Malariaanfall schüttelt ihn, seine Sehkraft lässt nach. Und trotzdem verfasst er Briefe und Rechtfertigungsschriften, die gleich nach der Landung in Spanien an den Hof oder vors Gericht getragen werden sollen.

Sehr beeindruckend ist ein Brief, den er an die ehemalige Amme Isabellas schickt, sicher mit der Absicht, dass ihn die Königin über diesen Umweg selbst liest. Denn was er hier schreibt, das hat eine gewisse – seine gewisse – Logik.

»Man beurteilt meine Tätigkeit als Gouverneur, als wäre es Sizilien oder ein anderes Land mit regulären Verhältnissen, wo die Gesetze respektiert werden, und man tut mir schweres Unrecht. Ich soll nun also vor Gericht gestellt werden als ein Kapitän, der von Spanien in die Indischen Länder fuhr, um zahlreiche und kriegerische Völker zu unterwerfen, deren Gebräuche und Religion ganz anders sind als die unseren. Ich habe sie mithilfe des göttlichen Willens unter die Herrschaft Unserer Königin und Unseres Königs gebracht; eine andere Welt, wodurch Spanien, das als armes Land galt, bald eines der reichsten Länder der Erde sein wird.«

Bemerkenswert. Es ist eine der wenigen Äußerungen von ihm, in denen er seine frühere Klarsicht bewahrt. Und bemerkenswert ist freilich auch, dass die »sanftmütigen und edlen Wilden«, die er entdeckt hat, wenn es nötig ist, ganz schnell zu »kriegerischen Völkern« mutieren …

In Spanien – der Hof residiert gerade in Sevilla – erwartet ihn kein Gericht, keine Behörde versucht, ihn festzunehmen, er ist ein freier Mann. Nichtsdestoweniger legt er seine Fesseln nicht ab!

Der Hof kümmert sich zunächst gar nicht um die Ankunft des gescheiterten Statthalters. Erst als es sich herumspricht, dass Admiral Cristobal Colón demonstrativ kettenrasselnd durch Sevilla spaziert, wird ein Bote der Majestäten ausgesandt, der ihm besagte Ketten abnimmt und ihn mit einer ordentlichen Geldsumme ausstattet, »damit er seinem Rang entsprechend bei Hofe auftreten« könne.

Über die Audienz bei den Majestäten gibt es die rührendsten Schilderungen von Historikern späterer Zeiten: Zuerst soll die Königin bei seinem Anblick in Tränen ausgebrochen sein; dann habe Columbus seine Selbstbeherrschung verloren und sich dem Herrscherpaar schluchzend zu Füßen geworfen, unfähig, etwas zu sagen. Der König habe ihn dann aufgehoben und ihm gut zugeredet.

Aber ich glaube, auf so rührselige Szenen können wir verzichten. Das entspricht nicht der Mentalität unseres Seefahrers, der zwar zu vielerlei Formen der Verstellung fähig ist, aber niemals die Kontrolle über sich verlieren wird. Seine Lebensschule ist hart; freilich, wenn er gemeint hätte, dass so ein Auftritt hilfreich ist, hätte er auch darauf nicht verzichtet. Aber Tränen vor Fernando? Niemals.

Zumindest so viel ist zu sagen: Die Begegnung geht einigermaßen gut ab. Angeblich hat Fernando überhaupt nichts davon gewusst, dass sein Abgesandter dort »drüben« so rabiat vorgehen würde (er hatte ihm »nur« die Vollmachten dazu erteilt!), denn die Gegenwart seiner dominanten Gattin bremst ihn aus. Dem Admiral wird sein einbehaltenes Vermögen wieder zuerkannt – aber was ist mit den anderen Ansprüchen? Was ist mit den in den »Capitulaciones« von 1492 zuerkannten Titeln und Ämtern? Man windet sich. Fakt ist: Dieser Mann ist unfähig, eine Provinz zu verwalten. Er wird nie wieder in Hispaniola Statthalter sein.

Columbus' Rolle in der »anderen Welt« ist ausgespielt.

Und seine Söhne, die ja, wie wir wissen, als Pagen am Königshof dienen »dürfen«, werden nun mit den höhnischen Bemerkungen gepiesackt, da, auf der anderen Seite des Ozeans, sei doch eh nichts zu holen, und ihr Vater sei nichts weiter als der »Statthalter der Moskitos«.

Columbus zieht sich ins Kloster zurück.

Besuch bei Santangel

Im Jahre 1497 hat der Finanzminister eine »Limpieza de Sangre«, einen »Christlichen Nachweis« von den Majestäten bekommen, der ihn vor allen Nachstellungen der Inquisition schützt. Wie begegnet er nun 1500 dem Loser Colón, der ihm zwar sein investiertes Geld mit Müh und Not ohne Zinsen aufs Kapital wieder eingebracht hat, aber sonst nichts von den Dingen erfüllte, über die man gesprochen hat unter vier Augen? Denn da waren keine jüdischen Königreiche und alle geheimen Hoffnungen waren gescheitert.

Vielleicht findet ja noch einmal eine Begegnung statt zwischen dem noch immer mächtigen Herrn über die Schatztruhe und dem Gescheiterten. Vielleicht ersucht ja Columbus um dies Gespräch. War Santangel, sein eigentlicher Auftraggeber, nicht immer sein Freund und Förderer gewesen? Bestand zwischen ihnen nicht die besondere Vertrautheit derer, die vom »alten Bund mit Gott« herkamen? Wenn Santangel sich bei den Majestäten dafür einsetzt, dass er, Colón, seine Titel zurückerhält – das müsste doch wirksam sein! –

Sie treffen sich in den Amtsräumen des Ministers, das gibt der Unterredung einen offiziellen Anstrich. Freilich wird der sonst bei allen Gesprächen anwesende Protokollant hinausgeschickt.

Schweigend mustern sie einander. Nein, an ihnen beiden ist die Zeit nicht spurlos vorübergegangen. In Santangels pechschwarzen Bart mischen sich jetzt weiße Strähnen und die bitteren Falten von der Nase zu den Mundwinkeln sind tiefer eingekerbt als vorher. Und der andere – ein von Krankheit gezeichneter Mann mit erloschenen Augen.

»Nun, Don Cristobal«, beginnt der Minister das Gespräch, »was verschafft mir die Ehre Eures Besuchs?«

»Baruch Haschem!«, beginnt der Admiral, aber Santangel bremst ihn mit erhobener Hand. »Nicht in diesen Räumen!«, sagt er scharf und leise. Und fügt laut hinzu: »Gelobt sei Jesus Christus!«

»In Ewigkeit, Amen!« Columbus bekreuzigt sich erschrocken. Santangel steht auf, schleicht mit leisen Schritten zur Tür und öffnet sie mit einem Ruck. Der Schreiber ist gerade damit beschäftigt, eine lose Schuhschnalle festzuziehen … Er sieht mit unschuldiger Miene auf, verbeugt sich und geht.

Santangels Gesicht ist steinern. »Hier haben die Wände Ohren, wie Ihr seht! – Also noch einmal: Was verschafft mir die Ehre?«

»Don Luis, ich erbitte Eure Gunst. Ihr allein habt die Macht, mir wieder zu dem zu verhelfen, was mir zusteht. In Gedenken an alte … Verbundenheiten: Nehmt Euch meiner an!« Er schüttelt das Haar aus dem Gesicht, hat den Kopf hoch erhoben.

(Er hat verlernt zu bitten, denkt der andere. Hat zu lange nur befohlen.) Columbus betrachtet den Minister, der, die Hände auf dem Rücken verschränkt, gesenkten Kopfs im Raum auf und ab geht. Warum lässt er sich so viel Zeit mit seiner Antwort?

»Herr Admiral«, sagt er schließlich, »als ich Euch damals auf Eure erste Reise schickte, hatten wir gewisse Punkte besprochen. Zugegeben, es waren teilweise Spekulationen. Es ist Euch jedoch nicht gelungen, die Erwartungen zu erfüllen, das wissen wir beide.«

Columbus fährt auf. »Wie könnt Ihr so etwas…«

Wieder stoppt der Minister seine Worte mit energisch erhobener Hand. »Ich gestehe Euch zu, dass Ihr gewisse Personen, wie wir es abgemacht hatten, vertragsgetreu nach den Kanarischen Inseln befördert habt. Aber es gab noch zwei andere Punkte: Ihr verspracht zu Beginn und am Ende der Reise reichen Profit für die Krone und mich. Nun, es hat sich bisher gerade so rentiert, mehr nicht. Aber von den *anderen* Entdeckungen, die zu machen Ihr angedeutet habt, ist nichts mehr zu hören noch zu sehen.«

Columbus ist die Röte ins Gesicht gestiegen. »Don Santangel, meine Entdeckungsfahrten sind noch nicht am Ende! Ich *habe* den Großkhan noch nicht getroffen, ich *war* noch nicht bis Kathay vorgedrungen! Also konnte ich weder die Reichtümer finden noch das, wovon Ihr sprecht! Auf meiner nächsten Fahrt…«

»Colón, glaubt Ihr im Ernst, man wird Euch noch einmal hinausschicken? Längst sind andere unterwegs. Männer, die auf Eurer ersten Reise Schiffsführer und Steuermänner waren, fahren jetzt die gleiche Route auf eigene Rechnung – und mit mehr Erfolg als Ihr, verzeiht schon!«

»Aber ich *weiß,* dass ich sie finden werde!« Er dämpft die Stimme zu einem Flüstern. »Sie sind dort drüben – die jüdischen Königreiche!«

»Es müsste wirklich bald geschehen«, sagt Santangel bitter. »Denn was hier geschieht…« Plötzlich vergisst er alle Vorsicht. Er ist dicht vor dem anderen, packt ihn an den Aufschlägen des Mantels. »Ihr sitzt da drüben und lasst Wilde schikanieren oder Ihr hockt hier in den Mauern eines Klosters und fresst Euren Groll in Euch hinein. Und dabei verschließt Ihr Augen und Ohren für das, was unseren Brüdern hier in Spanien geschieht! Torquemada ist nach wie vor der mächtigste Mann nach den Majestäten – und täglich lodern die Scheiterhaufen. Täglich überführt man Conversos der Ketzerei! Ganz Spanien ist eine Hölle für alle, die einmal den Alten Bund bekannt haben. Glücklich die, denen es gelungen ist, dies Land zu verlassen! Auch nach dem 2. August 1492 wird weiter nach Ketzern gesucht – und jeder, der keine ›limpieza de sangre‹ vorweisen kann, gilt nach wie vor als verdächtig! Tausende leben in Furcht und Schrecken, von einem Tag auf den anderen denunziert, verhaftet, gefoltert und verbrannt zu werden! Oh, es wäre sehr nötig zu wissen, dass es draußen auf der Welt eine Macht gibt, mit der man hier rechnen muss in Zukunft, eine Macht, die …« Er bricht ab, lässt Columbus los.

»Ich werde sie finden!« Es ist der alte, halsstarrige Ton.

Santangel seufzt. »Man soll die Hoffnung nie aufgeben«, sagt er, es klingt müde. »Admiral, versucht noch einmal, ein Kommando zu erlangen. Es bringt wenig, wenn ich mich für Euch einsetze. Ihr müsst es selbst versuchen. Schwafelt der Königin etwas vor von einem Heiligen Krieg gegen die Heiden, zieht alle Register Eurer Kenntnis der Kirchenväter und begründet Eure Absicht mit den biblischen Autoritäten, erklärt, Ihr werdet der allein Seligmachenden unbedingt noch dies riesige, neu zu entdeckende Festland zum Fraß vorwerfen – vielleicht steigt sie ja drauf ein. Isabella kränkelt. Ihr solltet Euch beeilen.«

»Und meine Titel und Privilegien?«

Santangel schüttelt den Kopf. »Verzeiht mir. Aber ich bin

nicht der Mann, durch den Ihr sie wiederbekommt. Gelobt sei Jesus Christus.«

»In Ewigkeit, Amen!«

Das Gespräch ist zu Ende.

Und Beatriz?

Die Spuren dieser bemerkenswerten Frau verlieren sich im Dunkel der Geschichte.

Sicher ist, dass sie und Columbus sich nicht wieder gesehen haben. Die »Jägerin« hätte durchaus Gelegenheit dazu gehabt, denn sie befand sich häufig wegen irgendwelcher Prozessangelegenheiten im Mutterland Spanien. Aber sie wird Takt und Klugheit genug besessen haben, dem gescheiterten Mann zu ersparen, als Gedemütigter vor sie zu treten, und er ist viel zu stolz, um sich ihr in seinem Elend zu zeigen.

Das Ende einer großen Liebe ist gekommen.

Die Historiker behaupten sehr unterschiedliche Dinge über die letzten Jahre der Bobadilla und über ihr Sterben. Manche Varianten sind reine Spekulationen, die sich ganz schnell widerlegen lassen. So wird ihr Tod für das Jahr 1501 angegeben: In der rabiaten Variante, dass sie ihren Mann Alonso de Lugo, als sie seiner überdrüssig ist, vergiftet und dann selbst in Spanien von der noch immer eifersüchtigen Isabella ebenfalls vergiftet wird. Sehr dramatisch – und Unsinn!

Denn die Originalquellen belegen, dass Doña Beatriz de Bobadilla im Jahre 1502 die stellvertretende Statthalterschaft für Alsonso de Lugo auf Tenerife übernimmt, da ihr Gatte in echter Konquistadorenmanier zu einem Raub- und Eroberungsfeldzug in die Berberei (Nordafrika) aufgebrochen ist, natürlich um die »Heiden« dort zu christianisieren!

Außerdem kann man Isabella von Kastilien zwar eine ganze Reihe wenig positiver Eigenschaften zuschreiben, aber eine Giftmischerin ist sie wohl nicht gewesen. Der Grund für ihre Eifersucht lag ja inzwischen überdies fünfzehn Jahre zurück!

Andererseits könnte ich mir schon vorstellen, dass die Cazadora irgendwann genug hat von ihrem grobschlächtigen Mann. Ob sie deshalb zur Giftphiole greift, sei dahingestellt. Die Zeit hat es ihr durchaus zugetraut.

Im Oktober 1503 taucht Columbus' große Geliebte noch einmal in den Akten des Hofs auf, sie ist wieder einmal zu einem *pleito,* einer Anhörung in einer der zahllosen Streitereien um die Macht auf ihrer Insel, geladen.

Danach hören wir nichts mehr von ihr.

Einem Kometen gleich, der vor den unveränderlichen Sternbildern seine ganz eigene Bahn beschreibt, hat Beatriz in einem Zeitalter, in dem Frauen eine fest fixierte und wenig aktive gesellschaftliche Stellung zugewiesen ist, ihr ganz eigenes Leben gelebt und nichts ausgelassen, was ihre Leidenschaften ihr befahlen. Sie war bezaubernd schön, dominant, klug, herrisch und ihrer Umgebung haushoch überlegen.

Die Zeitgenossen haben es ihr verübelt.

Das Urteil eines damaligen Autors lautet: »Eine mitleidlose, grausame Frau, voller Wildheit, ehrgeizig, räuberisch und mannstoll.«

Wenn wir das ein bisschen abwandeln, könnte Folgendes dabei herauskommen: Sie war eine Frau, die mit Entschiedenheit wusste, was sie wollte, und es auch ausführte, von ungestümem Temperament, ehrgeizig, besitzergreifend und freizügig in der Liebe.

Damit könnte ich mich durchaus zufrieden geben. So kann ich sie akzeptieren.

Cristobal Colón zumindest tat es.

Die letzten Jahre

Vielleicht waren es ja die Ratschläge von Santangel, die Majestäten zu einer neuen Entdeckungsfahrt »christlich zu motivieren«. Wir wissen es nicht. Jedenfalls verfasst unser Mann ein wirres und von Frömmigkeit triefendes Traktat, genannt »Die Prophezeiungen«. Es ist eine Mischung von flammendem Aufruf zum »Heiligen Krieg« gegen die Heiden und mysteriöser Rechtfertigung aus der Bibel, die er ja sehr genau kennt.

Die Majestäten nehmen dies Schriftstück mit höflichem Dank entgegen und legen es beiseite – wenn überhaupt, wurde es wohl nur mit Kopfschütteln gelesen.

Inzwischen ist Isabella krank. Sie hat wohl weder die Kraft noch das Interesse, sich weiter um ihren Schützling zu kümmern.

Zutiefst gekränkt muss Columbus erleben, dass ein anderer Statthalter in Hispaniola wird – das geht gegen die Verträge! Dass er als Vizekönig schlichtweg versagt hat, will er nicht wahrhaben. Er beginnt, gegen die Könige zu prozessieren, als wäre er tatsächlich ein Monarch auf Augenhöhe mit den katholischen Majestäten. Diese bleiben bei ihrer Entscheidung, die ausnahmsweise einmal das einzig Vernünftige war – kein »Heiliger Krieg«! Indessen werden die von Columbus in der Neuen Welt eingeführte Ausbeutung und Abschlachtung der Urbevölkerung im großen Stil fortgesetzt...

Brennend vor Ungeduld, liegt der inzwischen schwerkranke Admiral nun den Majestäten in den Ohren: Schickt mich noch einmal los, auf eine »Hohe Reise«, um endlich die Passage zum Festland zu finden – noch immer glaubt er, nur Inseln entdeckt zu haben; Südamerika als Kontinent ist weiter unbekannt. Er zeichnet Karten, legt Pläne vor. Als das Argument »kein Geld« einmal wieder auftaucht, erbietet er sich, die Fahrt aus eigener Tasche zu bezahlen.

Es ist anzunehmen, dass man Querulanten endlich loswerden will. Und zwar gründlich. Der Verdacht liegt nahe, wenn man erfährt, dass dem Entdecker der Neuen Welt vier winzige Karavellen für seine Expedition zur Verfügung gestellt werden, wahre Seelenverkäufer, die zu versenken es nicht einmal einen Sturm braucht. König Ferdinand, der dem einstigen Rivalen nie gewogen war, ist ein Mann nicht ohne Heimtücke. Er sieht endlich die Möglichkeit gekommen, sich den lästigen Fanatiker vom Hals zu schaffen …

Die »Hohe Reise«, angetreten am 3. April 1502, wird zu einem einzigen Höllentrip. Sie hat schon immer die Aufmerksamkeit der Romanschreiber und Historiker auf sich gezogen, weil auf ihr alles Negative, was man sich nur vorstellen kann, eintritt. Columbus übersteht einen Hurrikan, der einer spanischen Flotte, die gerade von Hispaniola aus unterwegs zum Mutterland ist, zum Verderben wird. Bei dem gewaltigen Schiffbruch kommt unter anderem sein Widersacher Francisco de Bobadilla, der Bruder unserer Jägerin, ums Leben. Und was für ein Triumph muss es für Columbus gewesen sein, zu erfahren, dass sich nur ein einziges Schiff dieser Armada retten kann: das, in dem sein wieder freigegebenes Vermögen nach Haus transportiert wird. Dass dies ein Werk des Höchsten ist, steht für ihn außer Zweifel.

Columbus ist 51 Jahre alt – für damalige Begriffe ein alter

Mann. Gicht und heftige Malariaanfälle quälen ihn, er ist halb blind und sein Geist ist nicht mehr klar. Die Berichte, die er von dieser Überfahrt gibt, sind wirr und unverständlich.

Und alles geht schief. Keine Meeresstraße, kein Gold. Schließlich verliert er alle vier Karavellen.

1504 kehrt er schließlich von Hispaniola, wo man ihn ohne jede Achtung behandelt hat, mit dem schlechtesten Schiff, das aufzutreiben ist, nach Spanien zurück, ein armseliger Havarist, ein gescheiterter Mann.

Noch immer kämpft er mit Nägeln und Zähnen um seine Privilegien, um die versprochenen Einnahmen aus den neuen Ländern. Aber er hat keine Freunde mehr. Verarmt und verbittert, stirbt der Entdecker der Neuen Welt am 20. Mai 1506 in Valladolid.

Nachspiel

Nicht lange nach Columbus' Tod beginnen die Schätze der Neuen Welt zu fließen. Konquistadoren, die noch brutaler und skrupelloser vorgehen als der Entdecker, dringen vor aufs lateinamerikanische Festland. Sie bringen Gewalt, Folter, Mord und Krankheiten, von denen die Urbevölkerung dahingerafft wird, und schleppen Gold, Gold, Gold nach Spanien. Die Großreiche der Inka und der Azteken vergehen in Blut und Feuer, ihre Herrscher werden hemmungslos belogen, betrogen und schließlich umgebracht. Die Spanier erobern Mexiko, sie bemächtigen sich der Länder Mittelamerikas und dringen schließlich über Peru bis nach Chile und Feuerland vor – bis ans Ende der bewohnten Welt.

Riesige Summen stehen auf dem Spiel. Columbus' Sohn Diego verklagt die Krone auf Einhaltung der Verträge, die sein Vater 1492 in Santa Fé geschlossen hat. Er will seinen Anteil.

In diesen Prozessen, die sich über Jahrzehnte hinziehen, versucht der Anwalt der Majestäten, Martín Pinzón als den eigentlichen Entdecker der Neuen Welt hinzustellen. Unzählige Zeugen werden befragt – und mit jeder Zeugenaussage wird alles nur noch verworrener, denn jede Seite versucht zu manipulieren.

Columbus, der so erfolgreich versucht hat, den Schleier des Geheimnisses über seine Herkunft und über seinen Seeweg nach den neuen Ländern auszubreiten, hätte eigentlich zufrieden sein können. Nun war überhaupt nichts mehr klar. Der Mönch Las Casas, ein Bewunderer des Admirals, hatte zudem das Logbuch, das nun als Beweismittel hinzugezogen wurde, auseinander gerissen und neu zusammengestellt und überarbeitet, um eine für Columbus besonders vorteilhafte Version herzustellen und die Fehler des Entdeckers zu vertuschen – was die Verwirrung steigerte.

Der realistische Visionär, der sehr wohl wusste, dass seine Reise keine Fahrt ins Blaue war, sondern der seine Informationen klug unter Verschluss hielt und nur hier und da gerade genug vorzeigte, um die Zweifelnden von seinem Unternehmen zu überzeugen, der Mann, der aufgrund der fanatischen Verfolgung des Volkes, in dem seine Wurzeln verankert waren, stets auf der Hut sein musste, der Emporkömmling, der sich selbst erfinden musste – er zerbrach an den Grenzen, die eine eng gezimmerte Gesellschaft ihm setzte. Und er zerbrach an sich selbst – an seinem blinden Eifer, an seiner Gier nach Anerkennung, an seiner Gier nach Gold.

Dass ihm über Zeiten eine Frau zur Seite stand, die auf ihre Weise genauso kühn und außergewöhnlich war wie er selbst und für die Zeitgenossen mit dem Makel behaftet war, nicht dem Rollenklischee der tugendhaften und weitgehend passiven Frau zu entsprechen, war für ihn ein großes Glück – genau wie für sie, Beatriz, die Jägerin, die sich den ungewöhnlichsten Mann ihres Jahrhunderts »erjagt« hatte.

Das Rätsel um Columbus bleibt auch im Tode bestehen. Der große Reisende kommt nicht zur Ruhe.

Erst sieben Jahre später, 1513, besinnt man sich auf den Mann und exhumiert, wie es heißt, seine Gebeine aus dem kleinen Friedhof des Klosters in Valladolid. Er wird in der Kathedrale von Sevilla beigesetzt, aber bereits 1636 nach Santo Domingo auf Hispaniola, jetzt Dominikanische Republik, gebracht. Es heißt, irgendwie seien die sterblichen Überreste dann nach Kuba gelangt und von dort wieder zurück nach Sevilla.

In Santo Domingo allerdings behauptet man steif und fest, die berühmten Knochen hätten die Stadt nie verlassen. Es gibt also zwei prunkvolle Monumente für unseren Admiral! Wo er nun wirklich ruht, das wird wohl schwer zu entschlüsseln sein. Denn weder die Regierung von Spanien noch die der Dominikanischen Republik wollen sich ihren Mythos von ein paar eifrigen Gerichtsmedizinern kaputtmachen lassen, die DNS-Proben von den Gebeinen nehmen könnten…

Und wer weiß: Vielleicht ruht ja der große Entdecker immer noch dort, wo damals der Friedhof von Valladolid war. Heute befindet sich dort ein Café mit einem Billardsaal.

Zeittafel

1451 wird Isabella (Isabel) von Kastilien geboren.
Das Jahr ist auch das vermutliche Geburtsjahr von Columbus. Er ist wahrscheinlich auf Mallorca der Sohn eines zum Christentum übergetretenen jüdischen Kartenzeichners und trägt den katalanischen Namen Cristovao Colom.

1462 wird Beatriz de Bobadilla, La Cazadora (die Jägerin) geboren.

1465 geht Columbus zur See.

1478 kommt die Inquisition nach Kastilien, angeführt von dem 1420 geborenen Dominikanermönch und Großinquisitor Tomás de Torquemada.

1479 gelangen die Kanaren in alleinigen spanischen Besitz. Columbus heiratet Felipa Muñóz Perestrillo und siedelt mit ihr nach Porto Santo über.

1480 wird Columbus' Sohn Diego geboren.

1481 wird durch päpstlichen Erlass die Demarkationslinie zwischen spanischem und portugiesischem Einflussgebiet zur See festgelegt.

1484 (?) stirbt Felipa.
Columbus legt seinen Plan für eine Entdeckungsfahrt gen Westen König Johann II. von Portugal vor und wird abschlägig beschieden. Er geht mit seinem Sohn nach Spanien.

1485 bietet der Herzog Medina Celi Columbus seine

Unterstützung an. Die Pläne scheitern am »Entdeckermonopol« der Krone.

1486 reist Columbus an den Königshof und hat im Mai Audienz. Man übergibt sein Projekt einem Ausschuss. Columbus lernt die Hofdame Beatriz de Bobadilla kennen. Obwohl sie die Mätresse König Ferdinands ist, werden die beiden ein Liebespaar. Im Januar 86 verheiratet Isabella ihre Rivalin mit Hernán Peraza, Statthalter von La Gomera, und schiebt sie so auf die Kanaren ab.

1487/88 geht Columbus ein Verhältnis mit Beatriz de Harana in Cordoba ein. Der »Ausschuss« prüft weiterhin ohne Wohlwollen das Projekt.

1488 wird der Sohn Fernando geboren.

1490 lehnt die Kommission den Plan ab.

1491 versucht Columbus, in England oder Frankreich Geldgeber aufzutreiben – ohne Erfolg. Isabella lässt eine neue Kommission einsetzen.

1492 Isabella und Ferdinand besiegen die Mauren und vertreiben sie aus Spanien. Columbus scheint kurz vorm Ziel, da der Converso Santangel sich bereit findet, die Expedition zu finanzieren.

Beatriz de Bobadilla hat sich als Witwe des Gouverneurs Peraza am Hof gegen Anwürfe übler Amtsführung zu verteidigen. Das Paar sieht sich wieder. Am 17. April werden die »Capitulaciones« unterzeichnet – der Vertrag zwischen den Monarchen und Columbus über die Westfahrt.

Columbus beginnt, im Hafen von Palos drei Schiffe auszurüsten, die »Niña«, die »Pinta« und die »Santa Maria«. Er wird tatkräftig von den Kauffahrern Pinzón unterstützt.

Am 2. August tritt das Edikt der Vertreibung der Juden aus Spanien in Kraft. Am gleichen Tag läuft die Entdeckerflotte des Columbus aus.

Unter dem Vorwand einer Havarie wartet Columbus zwei Wochen auf den Kanaren auf Beatriz de Bobadilla.

Am 12. Oktober landet Columbus auf der Bahamas-Insel Guanahaní. Im Dezember entdeckt er Hispaniola. Nach dem Schiffbruch der »Santa Maria« lässt er ein Fort bauen und segelt mit den verbleibenden zwei Schiffen

1493 im Januar nach Spanien zurück.

Im März kommt er nach Zwischenlandungen auf den Azoren und in Lissabon wieder in Palos an und wird gefeiert.

Triumphaler Empfang durch das Königspaar in Barcelona.

Im September zweiter Aufbruch in die Neue Welt mit siebzehn Schiffen voller Kolonisten.

Trotz strikter Anweisung des Königs, keinen »Zwischenstopp« einzulegen, bleibt Columbus fünf Tage auf La Gomera.

Im November erreicht er Hispaniola und stellt fest, dass die zurückgelassenen Seeleute von den durch ihre Übergriffe zur Verzweiflung getriebenen Indianern umgebracht wurden.

1494 gründet er eine neue Kolonie und entdeckt Kuba und Jamaika.

Es beginnt der Prozess der barbarischen Ausbeutung und Abschlachtung der Ureinwohner.

1496 Rückkehr nach Spanien

1498 Beatriz de Bobadilla heiratet den Konquistador

Alonso Fernandez de Lugo.
Dritte Atlantiküberquerung
Columbus erkundet die Nordküste Südamerikas. Seine Statthalterschaft auf Hispaniola entwickelt sich zur Katastrophe.

1500 Auf Befehl Ferdinands wird er seines Amtes enthoben und von Francisco de Bobadilla, dem Bruder von Beatriz, in Ketten nach Spanien gebracht. Die Rehabilitierung am Königshof erfolgt nur teilweise. Er erhält das Amt des Vizekönigs nicht zurück.

1502 tritt Columbus seine vierte und letzte Reise an. Sie ist ein einziges Scheitern.

1504 stirbt Königin Isabella.
Rückkehr nach Spanien. Alle vier Schiffe sind verloren.

1506 Columbus stirbt unbeachtet und vereinsamt in Valladolid. Es vergeht fast ein Jahrzehnt, bis sein Tod offiziell bekannt gegeben wird.
In den sich über viele Jahre hinziehenden Gerichtsverhandlungen versuchen die Söhne, die vertraglich zugesagten Einnahmen aus der Statthalterschaft einzuklagen. Ohne Ergebnis für die Hinterbliebenen

Rainer M. Schröder

Das Kloster der Ketzer

416 Seiten 3-570-12897-0

Passau zur Reformationszeit: Sebastian ist auf der Flucht vor den Häschern des Domherrn Tassilo von Wittgenstein. Doch warum er verfolgt wird, weiß er nicht. Ein geheimnisvoller Kapuzenmann gibt ihm den Rat, sich in dem nahe gelegenen Zisterzienserkloster zu verstecken. Als dort zwei Mönche ermordet werden, ist Sebastian auch hier nicht mehr sicher. Erst nach und nach kommt er den wahren Hintergründen der Anschläge auf die Spur und er erkennt, wem er wirklich vertrauen kann …